民事法律与基础法学

（一）

王冠玺 著

法律出版社
LAW PRESS·CHINA

作 者 简 介

王冠玺

浙江大学光华法学院教授　博士生导师

北京大学法学博士

中国人民大学法学院博士后研究

哈佛燕京学人

主要研究领域：

民法　宪法　国际关系　两岸关系　心理文化学

序

本书汇集的文章，以民法方面为主，部分兼及宪法、法社会学与法律史等领域。肇因于中国当代特色与传统政治文化等重要影响，中国的法律有其明确的自身逻辑与规律；仅仅通过法律条文，很难精确地掌握中国的法律发展现状与其所发挥的社会功能。本书在充分理解中国社会背景的基础上，从现代化法律功能所能发挥的角度，让许多重要法律议题得到进一步研究的机会。

大陆与台湾地区共同承袭着中华文化，使用相同的语言与相通的文字，从社会科学研究这个角度来说，一位来自宝岛台湾的学者所能够纵横捭阖的文化地理空间，远远超过台湾地区的实际地理面积。我期勉自己能不断地从法律的内在逻辑与外部进入这两方面，对我们中国的法律与法律文化进行更深刻的研究。本书在出版过程中，获得了浙江大学光华法学院民商法研究所与法律出版社独立策划部高级策划编辑张岩的鼎力协助，在此表示诚挚谢忱。

王冠玺

2017.9.20 杭州

目　　录

第一章　法学发展的“十字现象”
——以物权行为制度与《合同法》第51条为说明主体 …… 1
一、引　言 …… 6
二、不采用物权行为制度的主要见解与本章对其之评释 …… 8
三、是否采用物权行为制度之案例比较分析,兼论《合同法》第51条规定之不当 …… 19
四、意思主义下的物权变动模式学说探讨 …… 30
五、以法律经济分析法,探究是否应采用物权行为制度与《合同法》第51条规定之交易成本辨析 …… 42
六、结　论 …… 46

第二章　法人得否主张精神损害赔偿的再探索
——比较法上的观察 …… 49
一、大陆与台湾地区有关法人不得主张精神损害赔偿之司法解释与学说争议 …… 53
二、精神损害赔偿本质的辨析 …… 58
三、精神损害赔偿、非财产上损害与慰抚金的概念区分及制度选择 …… 70

四、结　论 …………………………………………………………… 79

第三章　法人的基本权利探索
——法人得否主张精神损害赔偿的宪法上论证 …… 81
一、引　言 …………………………………………………………… 84
二、法人是否具有基本权利的比较法研究 ………………… 85
三、法人基本权利的内容及法人得以主张精神损害赔偿的宪法理论基础 ………………………………………………… 91
四、基本权利保障在私(民)法上的应用 ………………… 100
五、结　论 …………………………………………………………… 107

第四章　《侵权责任法》第二条的立法模式检讨
——从比较法的观点出发 ………………………………… 110
一、侵权行为一般条款的基本问题——权利与利益的辨析 …… 113
二、侵权行为法一般条款立法模式的功能——比较法研究 …… 117
三、结　论 …………………………………………………………… 136

第五章　从法律视角谈农村土地融资的相关问题与建议 ………………………………………………………… 138
一、前　言 …………………………………………………………… 141
二、农民融资难的具体解决途径 …………………………… 141
三、以农村土地融资的社会实践现况与相关规定的完善建议 ……………………………………………………………… 148

四、县一级地方政府对开展农村土地融资应有的具体政策考虑…………………………………………………………… 152
五、结　论……………………………………………………………… 154

第六章　土地承包经营权抵押范围的再探索 ……………… 155
一、引　言……………………………………………………………… 158
二、海南岭南农业开发有限公司与海口新华典当有限责任公司抵押借款合同纠纷再审案……………………………… 159
三、限制土地承包经营权得抵押范围之法规检讨………… 162
四、承包经营权抵押范围扩大之可行性分析………………… 170
五、结　论……………………………………………………………… 178

第七章　农村土地、林木、农作物与相关权利主体的辨析——兼论民事法律体系建构的反思 ……………… 182
一、前　言……………………………………………………………… 185
二、相关民事权利主体所涉若干概念问题分析……………… 187
三、相关民事权利客体问题所涉若干概念问题分析………… 195
四、民事法律体系建构的反思——代结语……………………… 217

第八章　知识产权法律与国家发展政策的整合研究 …… 223
一、前　言……………………………………………………………… 226
二、知识产权保护的前瞻与界限……………………………… 227
三、知识产权法律效力与基本权保障的辩证关系及解决方式……………………………………………………………… 238

四、结论——知识产权法制与政策的因应之道与展望………… 249

第九章　两岸民事判决的认可与执行问题研究 ………… 253
一、前　言…………………………………………………… 258
二、法律规定与实务现状…………………………………… 259
三、问题焦点与分歧探讨…………………………………… 263
四、期待模式与未来展望…………………………………… 295

第十章　清代涉台官式文书析要 ………………………… 297
一、序　言…………………………………………………… 301
二、清代官式文书之源流及其释义………………………… 301
三、清初三朝奏折选录……………………………………… 308
四、结　论…………………………………………………… 319

第一章

法学发展的“十字现象”

——以物权行为制度与《合同法》第51条为说明主体

一、引　言

二、不采用物权行为制度的主要见解与本章对其之评释

（一）不采用物权行为制度的主要见解

（二）对不采用物权行为制度主要见解的评释

三、是否采用物权行为制度之案例比较分析，兼论《合同法》第51条规定之不当

例一：抛弃动产

例二：出卖他人之物

例三：夫妻之一方出卖共有物

例四：一物二卖

例五：买卖合同有意思表示得撤销之法律原因时，出卖依该买卖合同所取得之物

四、意思主义下的物权变动模式学说探讨

（一）法国民法意思主义下的物权变动模式

（二）日本民法意思主义下的物权变动模式

（三）中国学者所创设的物权变动模式

(四)小　结
五、以法律经济分析法,探究是否应采用物权行为制度与《合同法》第51条规定之交易成本辨析
六、结　论

摘　要

由于中国法学发展忽略“十字现象”，民法典不采物权行为制度似已成定论，并决定采用意思主义辅之以交付、登记制度；此制度确有难以操作之处，是否即应采用，兹事体大，仍值再予辩证。本文论述不限于理论，并提出数例说明；此外，《合同法》第 51 条规定的失误，亦一并叙之。文中分别介绍不采物权行为制度的主要见解及本文对其之评释；并分举数例以说明不同制度的优劣；同时探讨意思主义下的物权变动模式，其内容涉及法国民法模式、日本民法模式、我国学者所创设的模式；最后并以法律经济分析法，探究是否应采用物权行为制度与《合同法》第 51 条规定的交易成本辨析，以为民法典立法应采用物权行为制度之佐证。

关键词：物权行为　意思主义　债权形式主义　无权处分　善意取得　法律经济分析　《合同法》第 51 条

Abstract

Since the academic community neglects the*cross phenomenon* of law development, it seems that the *dingliches Rechtsgeschäft* principle will not be adopted by the Civil Code; instead, the principle under which the French model regarding transfer of property rights serves as the primary means, with delivery of property and registration of transfer serving as back-up requirements would be opted for. However, such framework would hardly be an ideal one, and since this issue is of the utmost importance, it would be advisable for all to discuss it more thoroughly before any decision whether to adopt it or not is made. In addition to many theories and representative cases, the author will also provide some of his own comments on Article 51 of the Contract Law. Furthermore, through the introduction of the reader to various academic views against *dingliches Rechtsgeschäft* as well as comments thereon, the author would like to come up with some typical examples regarding the comparison as to exactly which system would be the most preferable. At the same time, the author would also like to elaborate on how property title changes hands under several systems, including the French model, the Japanese model and some innovative ideas of scholars from China. Last but not least, the author will, by means of the methodology of economic analysis, highlight the potential transaction costs of both adopting the *dingliches Rechtsgeschäft* and not adopting it, as well as the transaction cost of putting Article 51 of the Contract Law into practice, which may well serve as one of the main justifications, as the author argues, for the introduction of the *dingli-ches Rechtsgeschäft* into China’s Civil Code.

Key Words: Dingliches Rechtsgeschäft Verfügungeines Nichtberechtigten Economy Analysis of Law Article 51 of the Contract Law

一、引　言

各国法学界均面临着不断地完善该国法律的挑战，此乃法律进步的一种纵向发展过程。在中国，由于未具法律内涵的既存制度，已与社会盘根错节紧密结合，所以在制定新法律时，应使新法律能够纵向地符合社会进步的要求；为了尽量降低新法律实施后所带来的各式交易成本，还必须要使大量的既存制度能为新法律所包容，以符合新法律所欲达到的涵摄(subsumtion)目的。因此法学界所面临的问题，不仅是纵向的，还是横向的。此种纵横交错的特殊状态，是法学发展中的国家的共通特色，我们不妨称其为法学发展的"十字现象"。

研究中国的法学问题，如果不能掌握此一现象，就无法正确继受西方理论，遑论提出新的发明。本章所讨论的命题，既有的主流见解似未真正意识到"十字现象"与本命题之间的关系，在继受西方理论与自我发明的过程中亦未臻严谨；值此物权法即将公布之际，因影响重大，故有再为论证的必要。

依据《中国物权法草案建议稿》中的说明，在强调物权变动必须遵守公示原则的情况下，物权的变动只能在公示之后生效，而非仅依当事人之意思表示，物权变动和债权变动之界限划清。此即物权变动与其原因行为的区分原则。① 此原则不采法国民法的意思主义，及日本《民法典》第 176 条的意思主义、第 177 条的登记对抗主义；亦不采

---

① 《中国物权法草案建议稿》，第 94 页。转引自王泽鉴：《物权法上的自由与限制》，载孙宪忠主编：《制定科学的民法典——中德民法典立法研讨会文集(2002)》，法律出版社 2003 年版，第 242 页。

德国法上的物权行为理论。故此中国大陆民法理论上虽有民事行为[2]或法律行为之概念，但却无“物权行为”制度。[3]

部分学者认为关于物权之变动，宜采用意思主义与登记或交付制度之结合，并且采债权行为与物权行为区分说之不当。学者引经据典，提出诸多学说予以论证，以裨益其确立物权法草案所采制度之立论基础。此制度虽有可取之处，仍不乏持保留态度者，管见以为此制度在许多情形之下，确有难行之处；惟纯粹的理论辩难，有时候反而会失去问题的焦点。因此，笔者之论述并不仅限于理论部分，文中并就此制度实际运作时将遭遇的种种困难，不揣浅陋地提出数例说明。此外，《合同法》第51条规定之误，在此一并指出。此一命题所涉及的深层问题争议，实系肇因于理论架构与价值取向的选取不同。[4]

---

② 由于民法之立法一直受到苏联法律概念之影响，因此只有“民事法律行为”之概念，并无“法律行为”之概念。法律行为的精髓在于透过意思表示将私法自治发挥到极限；苏联民法将意思表示制度、法律行为制度极度简化，其目的乃在于尽量压缩社会大众意思自治的机会。参见孙宪忠：《制定民法典的主要难题》，载《法学》2003年第5期。

③ 王泽鉴：《物权法上的自由与限制》，载孙宪忠主编：《制定科学的民法典——中德民法典立法研讨会文集(2002)》，法律出版社2003年版，第242～243页。

④ 如学者所言，“在具体分析、评论这几种存在严重分歧的观点之前，必须首先指出一个前提性的问题，这就是：从表面上看，这几种观点仅仅是对无权处分行为的效力认定有差异，但在更深层面上，它们的逻辑前提已然不同。它们代表着论者对我国物权变动模式的立法选择在认识上的差异”。参见王轶：《论物权处分行为的效力——以物权变动模式的立法选择为背景》，载王利明主编：《民商法理论争议问题——无权处分》，中国人民大学出版社2003年版，第129页。

二、不采用物权行为制度的主要见解与本章对其之评释

(一)不采用物权行为制度的主要见解

目前反对民法典应采用物权行为制度,以及对《合同法》第51条规定抱持肯定态度的主流见解,大致可以归纳为以下几点:

1. 物权行为独立性和无因性理论违背交易之实态和人们的认识,使法律关系复杂化;对出卖人显失公平;其保护交易安全的作用已经被善意取得制度所取代;⑤……虚构物权变动中"物权的合意"这一概念,并使之具有独立性与无因性,结果不独使物权变动之际的法律关系徒增紊乱,同时也与社会生活的实际理念不符;⑥……立法要求物权之变动,除债权意思表示外,还须以登记或交付为要件⑦……从实际情况来看,采取此种模式较之于采用物权行为模式,其优越性明显表现在:一方面,它符合我国的立法传统;另一方面,它易于被执法者

---

⑤ 梁慧星:《物权变动与无权处分》,载王利明主编:《民商法理论争议问题——无权处分》,中国人民大学出版社2003年版,第45页。

⑥ 陈华彬:《物权的变动》,载梁慧星主编:《中国物权法研究》,法律出版社1998年版,第185页;王利明:《无权处分的若干问题》,载王利明主编:《民商法理论争议问题——无权处分》,中国人民大学出版社2003年版,第65页。

⑦ 刘德宽:《民法诸问题与新展望》,台湾三民书局1979年版,第466页。转引自王利明主编:《民商法理论争议问题——无权处分》,中国人民大学出版社2003年版,第65页。

理解和掌握。⑧

……不采用德国民法物权行为理论，及《民法通则》第72条⑨已将所有权变动作为契约的直接效力，因此，《合同法》第130条⑩关于买卖契约的定义，对负担行为与处分行为一体把握，将处分行为纳入债权行为之中，视目标物所有权变动为买卖契约直接发生的效果。此与法国《民法》和日本《民法》的立法思想是一致的。此与买卖契约的定义相应，我国《合同法》第135条规定：“出卖人应当履行向买受人交付目标物或者交付提取标的物的单证，并移转标的物所有权的义务。”依据该条，买卖契约不仅产生出卖人交付目标物的义务，还产生移转目标物所有权的义务。移转目标物所有权直接依据契约，而不须在买卖契约之外，再有什么关于所有权移转的合意即物权行为。既然买卖契约的效力包括了目标物所有权移转，则当然要求出卖人对出卖之物有处分权。因此，第132条规定：“出卖的目标物，应当属于出卖人所有或者出卖人有权处分。法律、行政法规禁止或者限制转让的目标物，依照其规定。”采用反对解释，不属于出卖人所有且出卖人无处分权的物，不构成买卖契约的效力。这与《拍卖法》第6条的规定也

---

⑧　王利明主编：《民商法理论争议问题——无权处分》，中国人民大学出版社2003年版，第65页。有关中国基层法院法官素质之评论，可参见贺卫方：《复转军人进法院》，《南方周末》1998年1月2日；苏力：《送法下乡——中国基层司法制度研究》，中国政法大学出版社2000年版，第322～421页。

⑨　《民法通则》第72条规定：“财产所有权的取得，不得违反法律规定。按照合同或者其他合法方式取得财产的，财产所有权从财产交付时起转移，法律另有规定或者当事人另有约定的除外。”

⑩　《合同法》第130条规定：“买卖合同是出卖人移转标的物的所有权于买受人，买受人支付价款的合同。”

是完全一致的。该条规定:“拍卖目标应当是委托人所有或者依法可以处分的物品或者财产权利。”

法律不允许出卖他人之物,是为了维护财产静的安全。此与法国《民法》第1599条的规定相同。该条规定,就他人之物所成立的买卖,无效……违反《合同法》第132条做反对解释,无权处分本应无效,似无专设规定的必要。但考虑到经济生活的复杂性,虽然属于无权处分,如果权利人追认或处分人事后取得处分权,没有理由强使其无效,故设《合同法》第51条[11]之规定。[12]

2. ……物权行为无因性理论,主张“源于错误的交付也是有效的”,第三人基于恶意也能取得所有权,买受人在买卖契约被确认为无效后仍能转卖目标物等,这些规则不仅不利于维护交易安全,同时也将破坏交易秩序。……从维护交易的安全和秩序出发,在无权处分的情况下,法律应当着重保护相对人的利益,但并不意味着在任何情况下都应该通过违约责任制度来维护相对人的利益。相对人如果并非出于善意,或者其接受无权处分人转让的财产时没有支付对价,在此情况下,通过使契约有效的方法来保护相对人显然是不必要的。

如果恶意的相对人也要予以保护,从客观上不仅鼓励了无权处分行为,而且也违背了诚实信用原则的要求。物权行为理论未区分善意

---

⑪ 《合同法》第51条规定:“无处分权的人处分他人财产,经权利人追认或者无处分权的人订立合同后取得处分权的,该合同有效。”

⑫ 梁慧星:《物权变动与无权处分》,载王利明主编:《民商法理论争议问题——无权处分》,中国人民大学出版社2003年版,第48页;崔建远:《无权处分辨——契约法第51条规定的解释与适用》,《法学研究》2003年第1期。学者崔建远见解,与学者梁慧星、王利明不尽相同,惟其主要见解是不采物权行为制度,同时认为《合同法》第51条之规定无误。

和恶意，认为债权契约一概都是有效的，则未必是妥当的。此外，即使在权利人拒绝追认的情况下，债权契约被宣告无效也并没有完全免除无权处分人的责任。相对人仍然可以基于缔约过失等责任提出请求。当然，其得到的赔偿可能会受到一定的限制。所以，我认为，在行为人实施无权处分行为并与相对人订立契约的情况下，即使在权利人拒绝追认时，使契约继续有效，在大多数情况下对相对人是有利的。但使契约有效并不一定需要透过物权行为理论加以解释。尤其应当看到，完全有效说（指无权处分时契约之效力）没有区分相对人是善意还是恶意的情况，而认为契约一概有效，这对权利人的保障并不十分充分。……所以，对买卖契约中的无权处分行为，只有在买受人是善意的情况下，无权处分行为才是有效的。⑬

3. 是否可以认为《合同法》第51条的含义是指将所有的无权处分行为都作为效力待定的民事行为处理，而不区分相对人是否具有善意或者恶意呢？我认为，这样理解将非常不利于对善意当事人的保护以及对交易安全的维护。表现在：

（1）……第一，这一观点给予权利人极大的确认契约效力的权利，即凡是未经权利人追认，无权处分行为一概无效，这显然不妥。《合同法》第51条也规定，经权利人追认和无权处分人事后取得财产处分权的，都可以导致契约有效，不是仅仅因为未经权利人追认，无权处分一概无效。然而，事后取得财产所有权通常需要经过一定的时期，如果权利人发现转让人无权处分了其财产马上做出拒绝追认的表示，该行为就宣告无效，那么，受让人事后即使获得了所有权已不能再

---

⑬　王利明：《无权处分的若干问题》，载王利明主编：《民商法理论争议问题——无权处分》，中国人民大学出版社2003年版，第64～67页。

使该行为变得有效了。这就使受让人的权利受到了追认行为不要的限制,且会造成根据权利人单方的意志决定契约效力的状况。⑭

(2)第二,不利于对善意第三人的保护。我国适用善意取得制度,则权利人不得以其享有追认权而否认善意取得的效果,所以,如果将所有的无权处分行为都作为效力待定的民事行为处理,将否认善意取得制度的适用。即使是在不符合善意取得的各项条件的情况下,如果相对人主观上是善意的,虽不适用善意取得制度而使相对人实时取得所有权,也不能简单的宣告契约无效。⑮

在司法实践中,也承认善意购买者可以取得对其购买的、依法可转让的财产的所有权。最高人民法院《关于贯彻执行〈中华人民共和国民法通则〉若干问题的意见(试行)》第89条指出:“……第三人经同意有偿取得该项财产的,应当维护第三人的合法权益。”按照该条规定,“共同共有人对共有财产享有共同的权利,承担共同的义务。在共同共有关系存续期间,部分共有人擅自处分共有财产的,一般认定无效。但第三人经同意有偿取得该财产的,应当维护第三人的合法权益;对其他共有人的损失,由擅自处分共有财产的人赔偿”。善意取得制度的适用仍然要以契约有效为前提。因为善意取得制度是为保护交易安全而设定的,只有在让与人与受让人之间存在交易行为时,法律才有保护的必要;适用善意取得制度,除要求交易行为中让与人无权处分外,必须具备法律行为的其他一切生效要件,如该交易行为本身无效或可撤销,则不能发生善意取得……(惟)在无权处分的

⑭ 王利明:《无权处分的若干问题》,载王利明主编:《民商法理论争议问题——无权处分》,中国人民大学出版社2003年版,第67~68页。

⑮ 同上书,第68页。

情况下，权利人拒绝追认该无权处分行为，但此种拒绝追认不得对抗善意的相对人。这就是说，即使权利人拒绝追认，但如果有偿交易行为中的相对人是善意的，无权处分的契约仍然有效，相对人可以基于善意取得制度取得目标物的所有权。⑯

总之，我认为对《合同法》第51条可以做如下理解，即无权处分权的人处分他人的财产，如果未经权利人追认或者无处分权的人订立契约后未取得处分权的，该行为无效，但权利人拒绝追认排除善意制度的适用、不得对抗善意第三人。在无权处分的情况下，如果经权利人追认或者无处分权的人订立契约后取得处分权的，该契约有效；如果符合善意取得制度的适用条件或相对人在订约时出于善意，且支付了合理的对价，则即使权利人拒绝追认，该因无权处分而订立的契约有效。⑰

（二）对不采用物权行为制度主要见解的评释

前述学者之论述，有多处十分精湛，只是部分立论基础有值得商榷之处，现分析评论如下：

1. 物权行为无因性理论，⑱固然可能导致在目标物所有权移转之后，出卖人始发现买卖契约不成立，或归于无效，惟物权行为具有无因

---

⑯　王利明：《无权处分的若干问题》，载王利明主编：《民商法理论争议问题——无权处分》，中国人民大学出版社2003年版，第72～74页。

⑰　同上书，第77页。

⑱　有关物权行为无因性理论，参见王泽鉴：《物权行为无因性理论之检讨》，载《民法学说与判例研究》（第1册），台湾地区，作者发行1986年版，第275～291页；李富成：《无因性法理及其体系》，载孙宪忠主编：《制定科学的民法典——中德民法典立法研讨会文集2002》，法律出版社2003年版，第121～147页。

性,不受债权行为影响,买受人仍取得该物之所有权,若买受人将目标物让与第三人时,第三人不论善、恶意,均取得该物所有权。就此而言,确有其不便之处,⑲对原所有权人之保障不足。然而物权行为无因性理论得依学说判例之解释,使其与债权行为同命运,以限制无因性理论的适用范围。⑳ 此外,在制度的选取上,采用物权行为与债权行为分离,在逻辑上并不必然亦采用物权行为无因性理论;在规范上得采用德国民法的无因物权行为,或瑞士、奥地利、荷兰等国所采用的有因性物权行为。㉑ 之所以强调物权行为存在之必要性,乃因其维系了体系与概念的完整性。此外,应予说明的是,于无权处分之时,该无权处分之物权行为系属效力未定,若权利人就该处分不予承认,则除非买受人系属善意,得主张善意取得;如为恶意,"并不能即取得该物之所有权",就此点而言,其与物权行为无因性理论之弊尚属无涉。

2. 无权处分之时,该契约之所以有效并非为了要保护相对人或是其他任何人,而是契约系属负担行为,仅发生债权债务关系,并不直接

---

⑲ 王泽鉴:《物权行为无因性理论之检讨》,载《民法学说与判例研究》(第1册),台湾地区,作者发行1986年版,第286~287页。

⑳ 使物权行为无因性相对化之方法如下:(1)条件关联;(2)共同瑕疵;(3)法律行为一体性。参见王泽鉴:《物权行为无因性理论之检讨》,载《民法学说与判例研究》(第1册),台湾地区,作者发行1986年版,第287页。

㉑ 瑞士、奥地利民法参见 Stadler, Gestaltungsfreiheit und Verkehreschutz durch Abstraktion, 1995, S. 25 ff.;荷兰民法参见 Drobing, Transfer of Property, in: Towards an European Civil Code, p. 50 1 f. 转引自王泽鉴:《物权法上的自由与限制》,载孙宪忠主编:《制定科学的民法典——中德民法典立法研讨会文集(2002)》,法律出版社2003年版,第234~235页。

引起目标物权利之变动，㉒买受人仅得向出卖人请求交付其物，并移转其所有权。出卖人对目标物虽无所有权，其买卖契约仍属有效。就交易安全而言，出卖他人之物的买卖契约，倘须待所有人之承认始生效力，则所有人不予承认时，买卖契约则不生效力，买受人根本无从向出卖人请求履行契约上之相关法律责任。如此，则出卖他人之物者，可不必负担契约责任，显然违背民法之原则，不但不符合买受人之利益，亦严重妨害交易安全。㉓

3. 论者以为于无权处分之时，相对人仍然可以基于缔约过失等责任提出请求赔偿，以弥补契约不生效时，相对人无从主张权利之困境。依缔约上之过失（culpain contrahendo）理论可知，主张缔约上之过失请求损害赔偿，其类型受到一定限制，其法定类型有：错误意思表示的撤销、无权代理与给付的自始客观不能；缔约上过失原则建立后得适用之类型则有：契约不成立、契约无效、缔约之际未尽通知等义务致他方遭受财产损失，以及缔约之际未尽保护义务致他方身体健康遭受损害，等等。㉔ 应注意的是，缔约上过失理论之源起、发展与成熟，主要均系在德国许多法学家之努力下而成，㉕其在实体法上的基础，是德

㉒ 即使依国内部分学说及物权草案所采用的制度，所有权之移转，也必须在动产交付、不动产登记之后生效。

㉓ 王泽鉴：《出卖他人之物与无权处分》，载《民法学说与判例研究》（第4册），台湾地区，作者发行1986年版，第137～138页。

㉔ 王泽鉴：《缔约上之过失》，载《民法学说与判例研究》（第1册），台湾地区，作者发行1986年版，第87～88页。

㉕ 缔约过失理论分别在Jhering及Larenz二位德国伟大法学家，以及其他学者与判例学说的努力下发展茁壮。参见王泽鉴：《缔约上之过失》，载《民法学说与判例研究》（第1册），台湾地区，作者发行1986年版，第87～88页。

国《民法》第 242 条规定的诚实信用原则(Treu und Glauben)。然而无权处分之人,通常未必违反诚实信用原则,故不得归属于缔约过失中契约无效之类型,且基于无权处分所订立之契约本属有效,如有违约情事发生,按照既有之法律规定及法理原则,即可为当事人间法律关系妥适之安排,实毋庸在违背法理之情形下,徒增困扰,将无权处分契约无效之情形另外适用缔约过失理论。且应注意的是,在德国法的体系之下,无权处分他人之物所订立之契约本属有效,并无适用缔约过失责任之余地。

4. 依论者所言,契约是否有效,取决于买受人是否知其系属无权处分,即是否善意;之所以如此设计,须考虑到买受人是否违反公序良俗或诚实信用等基本原则。也就是说,甲欲卖丙车给乙,乙明知该车所有权非属甲所有,丙若不予承认,则按照论者所述,乙因系恶意,故甲、乙间所订立之买卖契约无效。然而乙究竟系违反何种法律规定或法律原则?使其在法律利益分配上,应承担契约无效之不利益。实践上,在订约之时,通常系甲、乙双方均预期在届契约履行期之时,甲已然取得该车之所有权。若其后系因种种原因,使得甲无法取得该车之所有权,如因此使得契约无效,则致使乙不能对甲主张违约责任,对乙之法律权益侵害甚大。因乙之行为并无任何“恶意”可言,自然也不涉及是否违反公序良俗或诚实信用等原则,故以区分买受人是否善恶意,来决定无权处分他人之物的买卖契约是否有效,纯属多此一举,且与法理有违。而且此设计的另一个层面,系契约有效与否取决于第三人的意志,完全破坏了契约的相对性原则;而此点也是论者在评论《合同法》第 51 条规定,使受让人之权利受到追认行为的不必要限制,且致使权利人(第三人)单方的意志决定契约效力的状况时，㉖所予以否定的。

5. 论者在评论《合同法》第51条规定时，使受让人之权利受到追认行为的不必要限制，且致使权利人（第三人）单方的意志决定契约效力的状况时之批评，甚为精辟；问题之根本解决方式，在于真正地认识无权处分他人之物的契约生效与否，与契约以外的第三人（该物之所有权人）的意志毫无关系。

6. 论者以为，无权处分出卖第三人之物时，只要权利人对无权处分行为予以追认，即可使得买卖契约生效［应系指使契约效力得到“完补”（Konvaleszenz）］，㉗同时使权利人成为该契约之当事人。㉘依据法理可知，权利人之承认，不能使买受人因而取得向权利人请求履行契约之权利。当事人若欲发生此种效果，得依债务承担之方式为之；㉙亦即权利人并不因此即当然成为该契约之当事人，自不待言。

7. 论者以为，司法实践历来承认在无权处分的情况下，相对人善意、无过失，并支付合理对价时，可基于善意取得制度取得所有权。如果将所有的无权处分行为都作为效力待定的民事行为处理，将否认善

㉖　王利明：《无权处分的若干问题》，载王利明主编：《民商法理论争议问题——无权处分》，中国人民大学出版社2003年版，第67～68页。

㉗　王泽鉴：《出卖他人之物与无权处分》，载《民法学说与判例研究》（第4册），台湾地区，作者发行1986年版，第138页。

㉘　此点是王利明教授于2003年11月11日在烟台大学参加海峡两岸民法典制定研讨会时所表示，如有误解之处，当由笔者负完全责任。另参见葛云松：《论无权处分》，载梁慧星编：《民商法论丛》（总第21卷），金桥文化出版社2001年版，第221～223页。葛教授亦采王泽鉴教授之见解，与管见同。

㉙　王泽鉴：《出卖他人之物与无权处分》，载《民法学说与判例研究》（第4册），台湾地区，作者发行1986年版，第139页。

意取得制度的适用。[30] 事实上,在采取物权行为制度的前提下,无权处分系指物权行为效力待定,债权行为(契约)并无效力待定的问题。论者将两个层次的问题混为一个层次论述,以符合其体系架构之选取;善意取得,通说并不以契约有效为前提,盖法律并未规定无权处分时,善意取得以有效之契约为要件;[31]依据德国通说,认为动产善意取得不必以原因行为(债权行为)的有效为要件,[32]盖有效原因行为存在时,善意受让人取得动产所有权,具有法律上之原因,原因行为不存在时,则善意受让人系无法律原因取得动产所有权,应依不当得利规定负返还义务。此项法律状态符合现行民法的基本原则,与善意取得制度的精神亦无违背。[33]

论者为了使得善意买受人得主张善意取得,而使契约有效的设计,以使善意受让人得有法律上之原因取得该物之所有权,事实上还是借用了债权行为与物权行为区分时的理论架构与概念;同时必然要对《合同法》第51条之适用情形予以限制,否则依其说,无适用善意取得之可

---

[30] 王利明:《民商法理论争议问题——无权处分》,中国人民大学出版社2003年版,第68页。

[31] 张谷教授于此之见解与史尚宽先生同,其认为:"善意受让人究竟可以取得什么样的权利,应以其负担行为有效为前提。"参见张谷:《略论契约行为的效力——兼评契约法第三章》,载王利明主编:《民商法理论争议问题——无权处分》,中国人民大学出版社2003年版,第97页。

[32] Boehmer, Grundlagen der Bürgrlichen Rechtsordnung, Ⅱ. 2, 1952, §23. 转引自王泽鉴:《民法物权(2)占有》,台湾地区,作者发行1996年版,第128~129页。

[33] 王泽鉴:《民法物权(2)占有》,台湾地区,作者发行1996年版,第128~129页;王泽鉴:《无权处分与不当得利》,载《民法学说与判例研究》(第2册),台湾地区,作者发行1986年版,第119~120页。

能。设计之思路细致虽值称道,却舍直就曲之法,徒增困扰矣。

三、是否采用物权行为制度之案例比较分析,兼论《合同法》第51条规定之不当

有学者曾表示,目前民法之立法思维,只能适应自然经济和简单的市场经济。此问题之根源,是因法学界之部分人士对法律行为理论之接受,尚停滞于19世纪上半叶之“泛意思表示理论”时期,对萨维尼(Friedrich Carl von Savigny)㉞以及其后之潘德克顿学派(Pandektenwissenschaft)㉟等对法律行为理论,及其相关法律关系理论之发展缺乏真正的认识。既往之经济发展未臻高度复杂化地步,法学思维欠缺可模仿之平台;此外,法学界部分人士受日本法及法国法影响,于继受过程(reception),未能妥善地去芜存菁,㊱致使在体系建立与实务运作上不符现代社会需要,使众人必须在基本问题上争议不休;其所反应于法律规定与司法解释之不合理处,可举例说明:

㉞　Savigny系德国历史法学派最重要核心人物、德国伟大法学家,确立德国私法的体系化。参见C. F. Hermann Kantorowicz, Savigny Friedrich Carl von.(1779～1861)(Editor-in-Chief Edwin R. A. Seligman, Encycl Opaedia of the Social Science, Vol. 13, 12th Printing 1957), pp. 547－548。转引自林文雄:《法实证主义》,台湾三民书局1989年版,第12页。

㉟　史浩明:《借鉴与反思——谈〈德国民法典〉对制定我国民法典的几点启示》,载《东吴法学》2000年版;王利明:《试论我国民法典体系》,《政法论坛》2003年第1期。

㊱　孙宪忠:《关于民法典总则编“法律行为”一章建议稿的设想及说明》,载孙宪忠主编:《制定科学的民法典——中德民法典立法研讨会文集2002》,法律出版社2003年版,第75页。

例一:抛弃动产

动产所有权是一种物权,抛弃动产是法律行为的一种,其与债权行为无涉,如不采物权行为制度,则抛弃动产此一行为就必须解释成是一种带有物权内容的民事法律行为。而带有物权内容的民事法律行为,是否较诸物权行为更易为一般人民了解?诚值怀疑。㊲

例二:出卖他人之物

甲将丙屋卖给乙,履行期为2年后,丙对甲的无权处分不予承认。依照《合同法》第51条的规定,甲、乙之间的买卖契约无效。其不合理处非常明显,因为丙现在不承认甲之无权处分,在甲的游说之下或自己改变想法,一段时间之后可能会予以承认;而按照《合同法》第51条的规定,则甲、乙间契约的效力取决于第三人之意志,其不合基础法理之处,前已论及;甲如果届期不能履行契约,乙本可依照债务不履行规定向甲请求损害赔偿,现因契约不生效,使乙无法向甲求偿,只能视情形向甲主张侵权行为损害赔偿,而侵权行为所主张之赔偿范围为回复原状,违约责任则可请求履行利益,哪一种法律责任对乙的保障更为完备,毋庸争

㊲ 类似见解,参见谢鸿飞:《物权行为中的三重问题:概念体系与语词还原》,载 http://www.jcrb.com/zyw/n55/ca154423.htm。"如果说有一个事实使所有法系都不得不承认物权行为独立性问题的话,那就是单方物权行为。典型的是物权的抛弃,即所有人以意思表示放弃自己特定的所有权的行为。抛弃行为放弃所有权意思的外在表示,而且放弃处分的是所有权,按照前文判断法律行为的标准,这一行为毫无疑问是法律行为。而且,这种法律行为不是债权行为,而只能是物权行为,因为它发生的是物权法上的法律效果,而不发生任何债权法上的效果。"

辩。此外,实践上,甲、乙只要有此契约之订立,即可向金融单位或他人融资,然而《合同法》第51条的规定,使契约效力极不安定,不仅损害当事人利益,同时妨害交易安全,致使商业经济运行难以顺畅。

值得注意的是,即使是不采用债权行为、物权行为区分论的学者也表示:“……在现实生活中,出卖人为了能够及时将从上家买到的货物销售出去,在没有取得目标物所有权的情况下,便联系下家并与买受人订立合同。此种无权处分也并非对权利人有害,相反既有利于处分人融通资金、减少市场风险,也可能对权利人是有利的。如果立法将无权处分的合同一律视为效力待定的民事行为,将会使交易处于一种不稳定的状态。”㊳

例三:夫妻之一方出卖共有物

甲、乙为夫妻,共有一屋。(在承认物权制度的前提下,夫妻财产不论是共同共有还是约定为按份共有,只要一方未经他方同意而处分共有财产,均属无权处分;其债权行为有效,物权行为效力未定)现丈夫甲对丙宣称该屋为其个人所有,将该屋卖给丙;后其妻乙表示甲处分该屋未与其商议,故不予承认。最高人民法院《关于贯彻执行民事政策法律若干问题的意见》第55条规定:“部分共有人未取得其他共有人同意,擅自出卖共有房屋的,应废除其买卖关系。部分共有人未取得其他共有人同意,擅自出卖共有房屋的,应宣布买

㊳　王利明:《无权处分的若干问题》,载王利明主编:《民商法理论争议问题——无权处分》,中国人民大学出版社2003年版,第68页。另参见葛云松:《论无权处分》,载梁慧星编:《民商法论丛》(总第21卷),金桥文化出版社2001年版,第210~213页。葛教授亦举出数精辟例子,分析《合同法》第51条规定之不当。

卖关系无效。”[39]最高人民法院《关于共有人之一擅自出卖共有房屋无效的批复》指出:“崔希舜未经赵文运等房屋共有人同意,擅自将……东屋北头二间出卖给于金明是不合法的……共有人赵文运等……要求废除房屋买卖关系。一、二审法院判决买卖关系无效并无不当。”[40]根据上述规定及《合同法》第51条的规定可知,甲、丙间之买卖契约应属无效。

学者见解,本例不属于无权处分,而是《合同法》第150条[41]之权利瑕疵担保责任问题。[42] 此种情形是否不属于无权处分,论者所言已可质疑;再者,权利瑕疵通常发生在订约以前即已存在。因契约成立之前,当事人间是否会发生法律关系尚未确认,债权债务关系尚未发

---

[39] 1984年8月30日最高人民法院公布《关于贯彻执行民事政策法律若干问题的意见》第55条规定:“非所有权人出卖他人房屋的,应废除其买卖关系。部分共有人未取得其他共有人同意,擅自出卖共有房屋的,应废除其买卖关系。部分共有人未取得其他共有人同意,擅自出卖共有房屋的,应宣布买卖关系无效。买方如不知情,买卖关系是否有效应根据实际情况处理。其他共有人当时明知而不反对,事后又提出异议的,应承认买卖关系有效。”

[40] 最高人民法院《关于共有人之一擅自出卖共有房屋无效的批复》[1988年10月24日(1988)民他字第56号]河南省高级人民法院:你院1988年9月15日《关于于金明和赵文运等5人房屋纠纷一案的请示报告》收悉。经研究认为,崔希舜未经赵文运等房屋共有人同意,于1972年11月4日擅自将郑州市南学街67号院内东屋北头二间出卖给于金明是不合法的。1984年11月,该房屋共有人赵文运等诉至郑州市管城回族区人民法院,要求废除房屋买卖关系。一、二审法院判决买卖关系无效并无不当。故同意你院审判委员会的意见,可维持一、二审判决、驳回于金明的申诉。此复。

[41] 《合同法》第150条规定:“出卖人就交付的目标物,负有保证第三人不得向买受人主张任何权利的义务,但法律另有规定的除外。”

[42] 梁慧星:《物权变动与无权处分》,载王利明主编:《民商法理论争议问题——无权处分》,中国人民大学出版社2003年版,第49~50页。

生,故无所谓归责之问题,更遑论是否有损害赔偿责任。因此,当权利瑕疵发生于买卖契约成立之前,即使是基于“可归责”于出卖人之事由所致,出卖人亦无“债务不履行损害赔偿责任”可言,因其本不属于债务不履行之范畴。惟此,买受人之权益势必无法充分保障,因而于“债务不履行”之违约责任外,有另设制度之必要。此外,权利瑕疵之所以属于“担保责任”,是因买卖契约涉及财产权之买卖,而有些财产权并无客观形体存在,买受人经常无从查证,或不能及时查证,因此,施加出卖人担保其所出售之权利无瑕疵之法律责任。[43] 应予进一步说明的是,权利瑕疵发生在订约以后的,仍然可能成立瑕疵担保责任。例如,甲于出售A房屋于乙后,在转移登记前,设定抵押权于丙,乙嗣后取得负有抵押权之所有权,甲应负权利瑕疵担保责任。

然而,依据目前司法解释及实务见解,共有人未经共有人同意处分共有物,属于无权处分他人之物,其契约之生效与否,取决于目标物权利人是否承认,或事后处分人是否取得所有权;即在订约之时,当事人间尚无从确认该契约是否有效,也无从判定权利是否将会有瑕疵,但可以确认的是,当契约确定无效时,在抽象上、逻辑上,目标物一经交付,权利之瑕疵将随同出现;只有当契约无效时,当事人间至多可以视情形主张侵权行为损害赔偿,或因缔约过失而产生信赖利益范畴的损害赔偿,并无主张权利瑕疵担保责任之余地。[44] 由此可知,就法律

---

[43] 李淑明:《民法例题演练》(中),台湾保成出版公司1999年版,第325～326页。

[44] 张谷教授除采物权行为无因性理论之见解外,亦认为买卖契约无效时,出卖人无权利瑕疵担保责任可言。参见张谷:《略论契约行为的效力——兼评契约法第三章》,载王利明主编:《民商法理论争议问题——无权处分》,中国人民大学出版社2003年版,第97页。

体系而言,将出卖他人之物,视为“权利瑕疵”并不合适;赞成《合同法》第51条规定无误时,更是如此。

探究社会实际情形,常常是房屋已由夫妻之一方预售给他人(未告知买受人该房屋为夫妻共有),后来随着房价高涨,便由夫妻另一方谎称不知情,并指其系无权处分,意图使契约无效,以谋取更大的经济利益。投机者经常利用《合同法》第51条及相关司法解释规定,以谋取不当私益。此种行径破坏公序良俗,妨害交易安全与经济发展。假如必须接受相关法律之不合理性,当夫妻共有一物(依物权法草案第96条㊺规定的反面推论可知,夫妻之共有应为共同共有)时,依据最高人民法院公布《关于贯彻执行民事政策法律若干问题的意见》第55条、㊻最高人民法院《关于适用〈中华人民共和国婚姻法〉若干问题的解释(一)》第17条㊼等司法解释的规定可知;当夫妻之一方将其共有物

㊺ 物权法草案第96条规定:“共有人对共有的不动产或者动产为按份共有或者共同共有,没有约定或者约定不明确的,除共有人具有夫妻关系或者家庭关系等以外,视为按份共有。”

㊻ 最高人民法院公布《关于贯彻执行民事政策法律若干问题的意见》第55条规定:“……部分共有人未取得其他共有人同意,擅自出卖共有房屋的,应宣布买卖关系无效。买方如不知情,买卖关系是否有效应根据实际情况处理。其他共有人当时明知而不反对,事后又提出异议的,应承认买卖关系有效。”

㊼ 最高人民法院《关于适用〈中华人民共和国婚姻法〉若干问题的解释(一)》第17条规定:“婚姻法第17条关于‘夫或妻对夫妻共同所有的财产,有平等的处理权’的规定,应当理解为:夫或妻在处理夫妻共同财产上的权利是平等的。因日常生活需要而处理夫妻共同财产的,任何一方均有权决定。夫或妻非因日常生活需要对夫妻共同财产做重要处理决定,夫妻双方应当平等协商,取得一致意见。他人有理由相信其为夫妻双方共同意思表示的,另一方不得以不同意或不知道为由对抗善意第三人。”

出卖于他人时,夫妻之另一方及买受人是否知情,应由出卖人负举证责任,以避免买受人承受过度之不利益。

例四:一物二卖

甲于1月1日与乙签订买卖契约,将A房屋卖给乙,并约定于1月15日办理所有权权属登记;其后甲又于1月10日将A房屋卖给丙,并于次日马上办理产权登记。在本案中,甲卖给乙在先,甲乙间的买卖合同有效,但因为甲乙未办理产权移交手续,所以当甲再将A房屋出卖给丙,且将该房屋所有权转移给丙,属于有权处分;丙无论是否知悉甲乙间的买卖合同,均享有该房屋所有权。在此饶富趣味的是,甲因将A房屋移转于丙,致使不能履行对乙之给付义务,应负债务不履行责任,乙可向甲主张积极利益之损害赔偿;甲如知道《合同法》第51条之规定,为避免承担违约责任,则可能对乙表示,当1月11日其将A房屋过户给丙时,甲则非A房屋之所有权人,故甲乙之间买卖A房屋的合同,在甲将A房屋所有权移转于丙之时,变为无权处分他人(丙)之物的合同,依据《合同法》第51条规定,除非甲之后取得A房屋之所有权,或丙追认甲之无权处分行为,否则甲乙间的买卖合同归于无效,甲不承担违约责任。

甲诠释合同效力所引之理由,纯属诡辩,只是《合同法》第51条规定之不当,通过该案例的说明,更加凸显。由于实践中,许多人故意曲解此条文,导致许多民事纠纷不断出现,最高人民法院因而公布《关于适用〈中华人民共和国合同法〉若干问题的解释(二)》,其第15条规定:“出卖人就同一目标物订立多重买卖合同,合同均不具有合同法第五十二条规定的无效情形,买受人因不能按照合同约定取得目标物所有权,请求追究出卖人违约责任的,人民法院应予支持。”以期遏止此一风气。

例五:买卖合同有意思表示得撤销之法律原因时,出卖依该买卖合同所取得之物

甲卖东西给乙,乙再卖给丙。现甲、乙之间买卖行为之原因行为无效或可被撤销(乙诈欺甲。“依照《民法通则》第58条规定,当事人一方以欺诈手段,使对方在违背真实意思的情形下所为的民事行为无效”。为区分是否采用债权行为、物权行为制度之细致不同处,本文在此对民事法律行为间有欺诈情形时,暂不采用《民法通则》第58条之规定,而采用“因被欺诈而为意思表示者,表意人得撤销其意思表示”之原则,以利说明方便),当事人间均已交付或为移转登记。

如采用:

1. 第一种观点:债权行为、物权行为区分说[48]

甲在撤销其因乙之欺诈所为之意思表示前,丙不管善、恶意均取得该物所有权。因甲表意之意思自由受到侵害,即人格权受到侵害,视法律规定或可向乙主张精神损害赔偿(慰抚金);甲于撤销该意思表示后,可依不当得利之规定向乙主张占有或登记利益之返还,以及

---

[48] 采此说予以说明案例时,不能采用《合同法》第51条之规定,因该规定与此说理论抵触;此外,依《合同法》第54条之规定,当有撤销事由时,向人民法院请求撤销该契约,事实上当事人所撤销的是法律行为(契约)中之意思表示。当事人之一方有法定事由时,仅得撤销其所为之意思表示而已,因该法律行为乃双方当事人合意后所成立,当事人之一方无法撤销该法律行为。《合同法》第54条规定向人民法院请求撤销该契约,系以诉讼方法达到撤销契约之目的,因此在法理上尚无疑义。为求说明方便,并体现意思表示在法律行为中所扮演之角色,本文亦暂不采用《合同法》第54条之规定。

依物上请求权向乙主张所有物返还请求权。如甲在撤销意思表示前，乙已将该物卖给丙，则因乙于出卖该物时为有权处分，不论丙善意或恶意，均取得该物之所有权，其所取得权利之法律原因，乃基于乙丙间有效之债权行为。若甲撤销该意思表示，则乙自始未取得该物之所有权，乙将该物出卖于丙之债权行为仍然有效，但物权行为效力未定。甲如不承认乙所为之无权处分（物权行为），则甲可对丙主张物上返还请求权，如丙已将该物毁损或再转卖他人时，则甲因原物返还不能只得向丙主张侵权行为损害赔偿，或视具体情形向丙主张不当得利。若丙为善意，则丙可主张善意取得，此时甲仅得向乙主张不当得利及侵权行为损害赔偿。

2. 第二种观点：意思主义、动产交付、不动产登记制度说

（1）采用《合同法》第 51 条之规定

甲撤销因乙之欺诈所为契约中的意思表示之前，乙将该物卖给丙系有权处分，丙取得该物之所有权。在甲撤销意思表示后，乙自始未取得该物之所有权，乙因系无权处分该物，因此乙丙间之买卖合同无效，甲可依物上返还请求权向丙主张所有权之返还。丙如善意，则可以主张善意取得或信赖利益对抗之。

《合同法》第 51 条以及第二种观点所坚持的，是使当事人始终能保有物上返还请求权之地位，但实践中可能很难达到《合同法》第 51 条以及第二种观点所要达到的保障目的。如果丙已将东西卖给丁，丁可能将该物卖给戊，或是吃掉、消耗掉、毁损掉。因而最终甲仍然只能依侵权行为、不当得利向乙或丙、丁、戊（于丙、丁、戊等人为恶意时）主张权利。

学者们坚持所有人（甲）之利益应高于交易安全，所以认为无权出卖他人之物，该合同原则上应属无效，其用意在于让出卖人能享有

物上返还请求权,但藉由上述之说明发现,此制度在实际运作上意义并不明显。依《合同法》第 51 条之规定,出卖他人之物,必须经权利人追认或嗣后出卖人订立另一合同取得处分权时,原买卖合同才生效。此规定违背社会一般运行之商业习惯,致使当事人间所订立之合同效力不定,影响当事人以之融资并且妨碍交易安全、增加交易成本。

学者们希望能剔除物权行为制度,以避免法律概念过度抽象,但又希望仍然能分别基于物权与债权请求权不同来予以区分,这不论在逻辑上或理论上都有困难。物权法草案对物权公示原则、物权特定原则一般已经接受,但是却对是否接受物权无因性理论颇有争议。必须指出的是,物权绝对、物权法定、物权公示以及物权特定此四个原则具有一定程度之关联,后三者与物权绝对性均有密切关系;无权行为的独立性(或无因性)和物权绝对原则似无逻辑或体系上的必然关系,但是物权行为制度的舍弃,在某种程度上将减弱物权的自主性,影响物权特定原则,而物权行为与债权行为的分离有助于维护及贯彻物权特定主义。[49] 物权必须特定,才能维持其绝对性的完整,而物权绝对性所表彰的意义,为得对抗一般人的对世效力;[50]也就是基于此一特性,物上请求权才有与基于债权请求权不同而具有的差异;而维护了"物权行为"制度,在整体理论上才得以圆满。

---

[49] Stadler, Gestaltungsfreiheit und Verkehrsschutz durch Abstraktion, S. 114 ff.. 转引自王泽鉴:《物权法上的自由与限制》,载孙宪忠主编:《制定科学的民法典——中德民法典立法研讨会文集(2002)》,法律出版社 2003 年版,第 245 页。

[50] 王泽鉴:《民法概要》,台湾地区,作者发行 2002 年版,第 483 页;王泽鉴:《民法物权(1)通则·所有权》,台湾地区,作者发行 1992 年版,第 32 页。

(2)不采用《合同法》第51条之规定

因为依照第二种观点,并不区分债权行为与物权行为,因此,甲乙间之买卖合同被视为一个整体的法律行为。现甲如撤销其因受欺诈所为之意思表示,则该法律行为即不能成立,而乙占有该物即无法律上之原因,甲得向乙主张依不当得利及所有物返还请求权之规定返还该物。若乙已将该物卖给丙,因乙系无权处分他人之物,乙、丙间之买卖合同效力如何?有数种情形可以讨论:

①买卖合同无效。则丙自始未取得该物之所有权,丙若为善意,则可以善意受让之规定对抗之。此说之结果与采取《合同法》第51条之规定相同。

②买卖合同效力待定。但因甲既已撤销其意思表示,依逻辑上之必然性可推知,甲并不同意乙之处分行为,因此,该契约之最终效力仍然归属无效;丙若为善意,则可以善意受让之规定对抗之。此说原则上,亦与采取《合同法》第51条规定之结果相同。

③买卖合同有效。则乙虽为无权处分他人之物,他人不论善、恶意均取得该物之所有权,其取得该物所有权之法律原因即为乙、丙间有效之买卖合同。此说将破坏社会私有财产秩序,无存在之价值。

由上述分析可知,就此案例而言,只要采取第二种观点(意思主义,动产交付、不动产登记制度说),则在适用上自然同时接受了《合同法》第51条之规定。部分学者一方面赞同第二种观点,另一方面又批评《合同法》第51条之规定不合理,其理论系统未能一贯,在适用法律上徒增困扰。

四、意思主义下的物权变动模式学说探讨

(一)法国民法意思主义下的物权变动模式

意思主义为法国所采。法国《民法》第 1138 条第 1 款规定,交付目标物的债务仅以契约当事人的合意即成立;第 2 款规定,自目标物应交付之日起,即使尚未现实交付,债权人即成为所有人,并负担该目标物损的风险,但交付人如迟延交付,则目标物受损的风险由交付人负担。第 1583 条则规定,当事人就目标物及其价金相互同意时,即使目标物尚未交付,价金尚未支付,买卖即告成立,而目标物的所有权也于此时在法律上由出卖人移转于买受人。此二条均属原则性规定,依据法国《民法》第 1138 条之规定,目标物所有权于应当交付时移转给买受人;而其第 1583 条规定,买卖目标物之所有权,于契约成立时由买受人实时取得。此二条规定之内容,就字面上分析并非完全兼容,物权究系何时发生变动并不清楚;故此必须依赖法律解释。通说以为,系由当事人合意来决定物权发生变动的时点。如为种类之债,则在目标物被特定的某一时点(通常系以交付目标物时)为判定基准,所有权发生移转。[51] 简言之,法国《民法》规定所有权的移转系以契约为依据,既不须另有物权行为,也不以交付或登记为生效要件。其所奉行的即是单一契约原则(reine vertragsprinzip)。[52]

---

[51] 肖厚国:《物权变动研究》,法律出版社 2002 年版,第 95 ~97 页。

[52] [德]亚历山大·冯·阿雷廷:《德国法律行为制度构成与展望》,郑冲译,载孙宪忠主编:《制定科学的民法典——中德民法典立法研讨会文集(2002)》,法律出版社 2003 年版,第 67 页。

在法国法制度中，契约一旦无效，第三人的利益常常可能遭受威胁。不过在法国之契约法中，契约的无效并非对于任何第三人都具有对抗力。只有对于根据契约而取得权利的一方当事人的特定财产继受人，该契约的无效才能导致其订立的契约无效。而且在法国的制度中，这种契约涉及溯及无效的情形还必须受下列限制：(1)出卖人的担保责任(甲提出，则乙丙契约无效；但乙提出，则乙丙契约仍有效，因为这是乙卖给丙的)；(2)保存行为(保存行为的效力不因无权处分行为而受影响，如屋已出租)；(3)动产的善意占有；(4)取得时效；(5)表见所有权。[53]

学者歌德梅(Gaudemet)认为：最符合逻辑的处理方法，乃当事人之间的返还不采实物返还，而采用经济补偿(货币返还)。[54] 实际上，英美法系的“效力补正”理论与物权行为无因性理论有异曲同工之妙；此理论系指于无权处分之时，对所有权人利益之保护，不要求所有物返还，系以一补充契约要求无权处分人对所有权人支付价款，以补偿所有人之损失。[55] 此二种方式均与采取不当得利的利益结果完全相同。而英美法在主张不当得利时，其重点亦系在于利益之返还，而

---

[53] 尹田编著：《法国现代契约法》，法律出版社 1995 年版，第 232 ~ 235 页。

[54] Gaudemet, Théorie générale des obligations, p. 165. 转引自尹田编著：《法国现代契约法》，法律出版社 1995 年版，第 233 页。

[55] 孙宪忠：《关于民法典总则编“法律行为”一章建议稿的设想及说明》，载孙宪忠主编：《制定科学的民法典——中德民法典立法研讨会文集(2002)》，法律出版社 2003 年版，第 78 页。

不坚持原物之返还。[56]

法国之不动产行政注册登记只能算是所有权的标志而非所有权的证明。法国民事立法上不存在任何强制证明的制度,因此,法国最高法院也就尽一切可能赋予基层法院权力来评价证据。对于所有权证明的方式,法国《民法》未做任何规定。因此,证明方式的效力只能由法院认定。至于证明的对象,则是可以真正确定有关权利的“事实”之总和。依我国目前社会情形,整体环境尚难达到实施此之一制度所需之社会标准,因此并不适宜完全继受法国法。

法国之所以不以登记为认定所有权之唯一标准,仅以此为法官之参考,正是体现了适用意思主义的必然性,因为所有权的移转是基于契约的生效并不是登记。而且在实践中,经常在登记之前或占有之前,东西就已经转卖了好几手,所以法官也不得不综合各种情形之后再予以判断;其情形甚为复杂,因为法官除了必须探求当事人间之真实意思表示之外,还需虑及在民法以外之各式特别法与法律解释以判定当事人间之权利归属;其细分与抽象化的程度,并不亚于德国法。

---

[56] One person should not be permitted unjustly to enrich himself at expense of another, but should be required to make restitution of or for property or benefits received, retained or appropriated, where it is just and equitable that such restitution be made, and where such action involves no violation or frustration of law or opposition to public policy, either directly or indirectly. See Tulalip Shores, Inc. v. Mortland, 9 Wash. App. 271, 511 P. 2d 1402, 1404. 转引自谢哲胜:《物权行为独立性之检讨》,《政大法学评论》1994 年第 52 期。蒙谢哲胜教授惠赐大作,在此特予致谢。

莫论一般民众。[57]

(二)日本民法意思主义下的物权变动模式[58]

依据日本《民法》第176条之规定,物权的设定及移转,仅依当事人的意思表示发生效力。本条系因继受法国民法之意思主义而制定。日本在制定民法之后,因为意思主义形诸于法条,在理论与实践上均造成许多问题,于是学者在解释上展开极为激烈的争论,其争议之焦点主要是围绕日本民法在物权变动的过程中是否应采物权行为理论。[59] 其间赞成与反对意见各领风骚,最后仍以反对说为主流。赞成说之意见主要为:当事人之间的契约(债权契约)仅使当事人之间发生债权关系;为发生物权变动的效果,还必须有与该契约不同的,以物权变动为目的的意思表示,即“物权行为”,而此意思表示即为日本

[57] 以多重买卖(一物多卖)为例,买受人均系善意,自买受人之利益考虑点而言,契约均应生效。然而依据法国民法之同一主义,即单一契约原则,契约既已生效,所有权即发生变动,则究竟系何买受人取得该物之所有权?于此,同一主义无法以其立法之基本模式予以解决;只能以其他特别法来弥补该立法原则下之法律缺陷。请参见孙宪忠:《制定民法典的主要难题》,《法学》2003年第5期。

[58] 本小节之完成,获益于日本静岗大学法学院朱晔教授对日本民法学说与判例之介绍及数据提供,在此特予致谢。

[59] 王茵:《日本法上物权行为理论的演变》,载孙宪忠主编:《制定科学的民法典——中德民法典立法研讨会文集(2002)》,法律出版社2003年版,第397~426页。

《民法》第176条中之意思表示。[60] 反对说则以我妻荣之见解为代表：在不以公示为物权变动要件的日本，无法以形式表现其仅存在观念上的物权契约。并且既然是观念上的物权合意，又当然地体现在外部表征行为上，这样的理论构成本身就存在逻辑矛盾。[61]

由于在物权发生变动之时不采物权行为理论，仅以纯粹的意思主义理论加以解释各式物权发生变动的样态，即有一定程度的困难。为了弥补此理论上之缺陷，日本学说对日本《民法》第176条中之意思表示，赋予了非常具有弹性的丰富内涵。其意思表示中所包含的意思，随着当事人的需要而调整。也就是说，在所有权移转之时，是依据意思主义或形式主义，或是否肯定物权行为之存在，以及其是采有因或无因，其与这些事项及理论并无必然联系；日本《民法》第176条所确定的，仅采用意思主义这一点，其他的部分则必须依赖解释。[62]

民法典实施后，日本实务见解，原则上依据意思主义，建立起一系列的判决以为物权变动的准则。其主要内容如下：

1. 依据日本《民法》第176条规定，特定物之买卖，没有特殊约定

---

[60] ［日］末川博：《物权法》，第79页。转引自［日］远藤浩编：《基本法评释——物权》，日本评论社1996年版，第14页；王茵：《日本法上物权行为理论的演变》，载孙宪忠主编：《制定科学的民法典——中德民法典立法研讨会文集2002》，法律出版社2003年版，第421页；［日］近江幸治：《民法讲义Ⅱ》，日本成文堂1998年初版补定版，第55页。

[61] 王茵：《日本法上物权行为理论的演变》，载孙宪忠主编：《制定科学的民法典——中德民法典立法研讨会文集(2002)》，法律出版社2003年版，第425页；［日］我妻荣：《新订物权法Ⅱ》，有权亨补订，日本岩波书店1989年版，第61页。

[62] ［日］伊藤真：《试验对策讲座——物权法》，日本弘文堂平成11年(1999年)版，第18页。

时，在意思表示之同时，可以立即发生物权变动。[63]

2. 特定物的买卖、赠与、代物偿还等，透过合意或意思表示之同时，目标物的权利发生移转。[64]

3. 关于不特定物的买卖，在目标物特定之时，所有权发生移转。[65]

4. 关于为第三人的买卖，在第三人为受益之意思表示时，所有权发生移转。[66]

5. 买卖他人之物时，当出卖人取得该特定物之所有权时，不必透过意思表示，所有权即移转至买受人。[67]

由大审院的判决可知，日本民法虽采意思主义，无权处分他人之物的契约效力，仍当然有效，不受出卖人于出卖目标物时并无处分权之影响。依据日本《民法》第 177 条之规定，关于不动产物权的得、丧、变、更，未经登记不得对抗第三人。由于第 176 条与第 177 条规定

---

[63] ［日］大审院判决，大正 2 年 10 月 25 日，民事判决录，第 19 辑，第 857 页。

[64] ［日］大审院判决，大正 7 年 2 月 28 日，民事判决录，第 24 辑，第 307 页。

[65] ［日］最高裁判所，昭和 35 年 6 月 24 日，民事判例集，第 14 卷，第 8 号，第 1528 页。转引自王茵：《日本法上物权行为理论的演变》，载孙宪忠主编：《制定科学的民法典——中德民法典立法研讨会文集（2002）》，法律出版社 2003 年版，第 424 页。

[66] ［日］大审院判决，昭和 5 年 10 月 2 日，民事判例集，第 9 卷，第 930 页。转引自王茵：《日本法上物权行为理论的演变》，载孙宪忠主编：《制定科学的民法典——中德民法典立法研讨会文集（2002）》，法律出版社 2003 年版，第 424 页。

[67] ［日］大审院判决，大正 8 年 7 月 25 日，民事判决录，第 25 辑，第 1258 页。

的理论基础不同；在实践上以及理论上，应如何调和这两个条文所发生的矛盾实属不易。解决此问题，现以我妻荣所建构的理论为通说，依其见解，既然第 176 条系属意思主义，则第 177 条之规定应属对抗要件。所以在买卖契约生效之时，目标物的权利即刻发生移转。在买受人均为善意，当发生一物二卖，或一物多卖之情形时，则买卖契约生效之际，出卖人只失去一部分的权利，买受人仅取得一不完整的权利，必须至登记之时，才发生完整的权利变动。当事人之间的契约生效时间虽有先后，但在登记之前，其权利大小却无二致。因此，即使是买卖契约最后生效之买受人，只要最先取得登记，即当然取得该买卖目标物的完整所有权；其他买受人则仅能向出卖人主张债务不履行之责。[68]

一物多卖，在买受人有恶意之时，涉及善意第三人时，为了衡平当事人之间的利益，以及学说之完整性，其解释则尤为细腻复杂。我妻荣之学说，虽然在实践上解决了一部分物权变动的复杂情形。但其理论上的缺陷也是极为明显的；既采意思主义，无论何种情形，当买卖契约生效之时，买受人何以仅取得不完整的权利。日本于此环节学说争议不断，源于一开始引用的制度不能解决物权的复杂变动模式，以致必须依赖一系列的判例与学说为其理论缺陷之弥补。相反地，德国的物权变动模式虽非完美，但其体系较为完备，实践上发生争议的情形就少得多。

(三) 中国学者所创设的物权变动模式

依据学者所建议的物权变动模式，系债权形式主义，亦称为意思

---

[68] [日]我妻荣：《新订物权法 II》，有权亨补订，日本岩波书店 1989 年版，第 148 ~ 151 页。

主义与登记或交付之结合。依此主义，物权因法律行为发生变动时，除当事人间有债权合意（债权行为）外，仅需另外践行登记或交付的法定方式，即发生物权变动的效力；不须另有物权之合意。[69]

采反对意见的学者认为，此说之物权变动以债权行为为其法律原因，物权变动乃债权行为之必然结果；未经交付或登记，则债权行为不生效，即将登记或交付作为债权行为的生效要件。并批评此说矛盾之处在于，债权行为订立之后，由于未经登记或交付，使本已达成合意的债权行为尚不能发生其意思表示的效果，而负有登记或交付义务的当事人，亦因为债权行为尚未生效，在法律上亦不必履行登记或交付之义务。[70] 深究可知，此说似无学者所推论“未经交付或登记，则债权行为不生效，将登记或交付作为债权行为的生效要件”之意涵，而应系于未履行公示要件时，则物权尚不发生变动之效力，与债权行为效力如何尚属无涉。

实际上，此说疑义之处应在于，当事人间为了转移物权而订立债权行为时，除了订立债权行为所需之意思表示外，“物权让与合意”[71]

---

[69] 陈华彬：《物权的变动》，载梁慧星主编：《中国物权法研究》，法律出版社1998年版，第178页。

[70] 孙宪忠：《物权行为理论中的若干问题》，载《论物权法》，法律出版社2001年版，第219页。

[71] 在德国法中，让与合意，乃由德文Dingliche Einigung所译，即系指物权契约（Dinglicher Vertrag）。参见Baur, Sachenrecht, 11. Aufl. 1981, S. 33 f.; Schwab, Sachenrecht, 1987, 21. Aufl. S. 7; Westermann, Sachenrecht, Bd. I. Grundlagen und Recht der bewegilchen Sachen, 1990, 6. Aufl. S. 29 f. 转引自王泽鉴：《论移转不动产物权之书面契约》，载《民法学说与判例研究》（第7册），台湾地区，作者发行1992年版，第200页。

之有无,虽不影响债权行为之效力,只是若无此合意,则当事人间所发生的债权债务关系,仅使当事人间负有移转物权之义务。在履行此义务时,必然还须有物权让与之合意,否则即无法细致地描述出在物权变动的过程中,当事人间意思表示之状态。由于不采物权行为制度,所以在此种物权变动模式之下,当要移转物权时,债权行为中除了有为了移转物权而订立之债权行为的意思表示外,必然还会有一个为了因履行移转物权意思表示合致后所发生之义务,而出现的物权让与合意。当然,在抽象上,此一物权让与合意可以与债之关系之意思一并表示。

依据学者王泽鉴就意思主义与交付原则之混合制度的基本要义论述,"使物权发生变动之意思表示,在观念上虽有独立存在之价值,但可纳入债权行为之中,与成立债之关系之意思表示一并表示之,不必加以独立化,自成一个法律行为"。⑫ 可观察出,在此一物权变动模式的债权行为中,除了要有债权之意思表示外,另须有显现出使物权发生变动之意思表示,只是其"可纳入债权行为之中,与成立债之关系之意思表示一并表示之"。其独立存在之价值,即在于维系债权行为的相对性与物权对世效力等概念上之完整性。

在《中国物权法草案建议稿》中之立法说明,坚持"……物权变动的契约和物权变动本身是两个法律事实。这也是物权法的一个基本原则,在德国民法中被称为'区分原则'或者'分离原则',其建立不但符合物权为排他权而债权为请求权的基本法理……"⑬的前提下,于

⑫ 王泽鉴:《物权行为无因性理论之检讨》,载《民法学说与判例研究》(第1册),台湾地区,作者发行1986年版,第291页。

⑬ 王泽鉴:《物权法上的自由与限制》,载孙宪忠主编:《制定科学的民法典——中德民法典立法研讨会文集(2002)》,法律出版社2003年版,第244页。

不采物权行为制度时，则在债权行为中为了移转物权而订立之债权行为的意思表示，与为了因履行移转物权意思表示合致后所发生之义务，而出现的物权让与合意之意思表示，如不予以区分或分离，则此说之核心思想，“在债权行为不成立或无效时，纵目标物已为交付或登记，物权仍不生变动，就买卖契约而言，仍不发生所有权移转之效力”。[74] 所建立的原则就会被破坏；依据分离说之原理，债权之合意无效或不成立并不当然影响物权移转之效力，必然是在没有物权行为制度的前提下，债权行为中亦含有物权让与之合意，且此合意亦不成立或无效时，才会使物权不发生移转，否则若仅是债权之合意不成立或不生效，但该债权行为中之物权让与合意却完全有效，则据此所为之践履公示要件后所发生之物权变动效力，如亦使其立即归于无效，则在学理上就难免产生瑕疵。特别是当观察学者依据此说所推导出之观点时，[75]尤能看出因其不采德国法意义下的分离说，同时混淆了债权行为的性质，致使推论发生错误；形诸于法条时所造成的实践上困难，则尤为明显。

由此可知，学者所采用之制度与德国学者 Larenz 所介绍的意思主义与交付原则之混合制度[76]并不相同。而《中国物权法草案建议稿》中之立法说明，认为学者所创设之制度基本上遵守了德国、瑞士与我国台湾地区所采用的所谓“区分原则或者分离原则”即有误会。至于其二

---

[74] 王泽鉴：《物权行为无因性理论之检讨》，载《民法学说与判例研究》第1册，台湾地区，作者发行1986年版，第291页。

[75] “……坚持既然买卖契约的效力包括了目标物所有权移转，则当然要求出卖人对出卖之物有处分权。……在这个意义上说，《合同法》第51条之规定并无不当。”

[76] 参见 Larenz，S. 20，转引自王泽鉴：《物权行为无因性理论之检讨》，载《民法学说与判例研究》（第1册），台湾地区，作者发行1986年版，第290～291页。

者之差异,在法学理论上之构成与法律适用上当事人的权利义务的区别;学者王泽鉴已为极精要之阐释,⑦在此不赘。至于 Larenz 所介绍之意思主义与交付原则之混合制度,虽有相当之优越性;惟其不采物权行为制度,在某种程度上将减弱物权的自主性,影响物权特定原则。⑧ 物权必须特定,才能维持其绝对性的完整,其所表彰的意义即为对世效力。⑨ 故此必须借助强大的法律解释功能,以及优秀的司法实务人员以为此一理论缺陷之弥补。权衡之下,自然以采用物权行为制度为宜。

(四)小 结

举例可知,学者拟采之方法既非德国制度、法国制度,亦非日本制度、瑞士制度:甲与乙订立契约将 A 地卖给乙,但尚未登记(依法国民法此时乙已取得所有权;依日本民法,一般情形下,乙已取得所有权,惟于一物多卖之时,则乙尚未取得完整之所有权;依德国民法,乙尚未取得所有权;依中国民法,乙尚未取得所有权),此时乙将 A 地卖给丙(依法国民法,此为有权处分,买卖契约生效;依日本民法,不管乙是否已取得该物之所有权,即令其系无权处分,该买卖契约生效;依德国民法,出售他人之物之债权行为"买卖契约"有效,并不以先取得目标物所有权为必要,故买卖契约有效;依中国民法,此为无权处分,买卖

---

⑦ 相关论述请参见王泽鉴:《物权法上的自由与限制》,载孙宪忠主编:《制定科学的民法典——中德民法典立法研讨会文集(2002)》,法律出版社 2003 年版,第 245 ~ 248 页。

⑧ Stadler, Gestaltungsfreiheit und Verkehrsschutz durch Abstraktion, S. 114 ff.,转引自王泽鉴:《物权法上的自由与限制》,第 245 页。

⑨ 王泽鉴:《民法概要》,台湾地区,作者发行 2002 年版,第 483 页;王泽鉴:《民法物权(1)通则·所有权》,台湾地区,作者发行 1992 年版,第 32 页。

契约无效)。

学者认为以其独创之意思主义,辅之以交付、登记制度,即可避开先进国家既有制度之缺陷并取其优点。殊不知西方先进国家所采取的制度,乃是随着社会发展而逐渐调整,且汇集了多年的不懈努力演化而成,有其重要的社会实践经验以及深厚理论基础。中国拟采用之制度,国内外学者对此制度之弊害已多所批评,是否应予以采用,实应三思而后行。

诚如学者所言,我国法律在法律行为理论以及制度建设方面的最重大缺陷,是只承认“泛意思表示”与“泛法律行为”,而不承认具体的意思表示和具体法律行为,如物权意思表示和物权行为、债权意思表示和债权行为等。[80] 实际上,概念越精确,规范之间的矛盾越少,概念抽象的层次越高,所形成的规范体系能处理自治事物的“复杂度”也越高,自然也越具有时空的超越性。[81] 美国著名法人类学家鲍哈那认为,习惯是社会发展的前法律阶段,而法律制度是习惯的再创造,是习惯的更高级形态,法律制度是习惯和文化的再制度化。[82] 因很多地区的司法实务工作者,尚不能精确地适用细致的法律,故在制定法律时,应避免过度细分及应考虑经济活动欠发达地区人民的法感情,应可理解;只有在市场经济持续发展及与世界接轨的前提下,运用细致且体

---

[80] 孙宪忠:《关于民法典总则编“法律行为”一章建议稿的设想及说明》,载孙宪忠主编:《制定科学的民法典——中德民法典立法研讨会文集(2002)》,法律出版社2003年版,第73页。

[81] 苏永钦:《社会主义下的私法自治:从什么角度体现中国特色》,载孙宪忠主编:《制定科学的民法典——中德民法典立法研讨会文集(2002)》,法律出版社2003年版,第258页。

[82] 朱景文:《现代西方法社会学》,法律出版社1994年版,第146~152页。

系化的法律与法律概念,已是不能回避的选择。

五、以法律经济分析法,探究是否应采用物权行为制度与《合同法》第51条规定之交易成本辨析

在追求社会财富极大化的原则下,[83]法律制度必须从成本效益分析着手,以追求减少法律规范与制度所带来的成本,此即科斯(Coase)所说的"交易成本"(transaction cost);学者将其类型化之后,可将交易成本区分为:"搜寻与信息成本"(search and information costs)、"议价与决策成本"(bargaining and decision costs)以及"管制与执行成本"(policing and enforcement costs)。[84] 在个案交易中须综合考虑这几项成本来决定总交易成本,再判断采取何种原则为佳。一般而言,"搜寻成本与信息成本"及"议价与决策成本",决定了当事人要花多少交易成本来做事前协商工作,如这两项之成本过高,则不宜采取较需要当事人双方达成协议的财产法则。如就个案情形,双方当

---

[83] Ronald Coase, the Problem of Social Cost, 3 *Journal of Law and Economics* 1(1960),转引自王文宇:《从经济观点论保障财产权的方式——以财产法则和补偿法则为中心》,载《民商法理论与经济分析》,台湾元照出版公司2000年版,第19页。有关以法律经济分析民法问题之相关文章,请参见苏永钦:《物权行为的独立性与无因性》,载《私法自治中的经济理性》,中国人民大学出版社2004年版,第140~145页;苏永钦:《物权法定主义的再思考》,载《私法自治中的经济理性》,中国人民大学出版社2004年版,第96~115页。

[84] Dahlman, the Problem of Externality, *the Journal of Law and Economics*, v 22, 148(1979). 转引自王文宇:《从经济观点论保障财产权的方式——以财产法则和补偿法则为中心》,载《民商法理论与经济分析》,台湾元照出版公司2000年版,第16页。

事人较不易揭露信息或是当事人容易对价格有过度预期而不易达成协议时,当事人交易所支出的成本过高,宜采取补偿法则以挽救当事人交易之失败。至于"管制与执行成本"如果过高,则不宜采取政府涉入较深的补偿法则,因为补偿法则须由政府取代市场反应价格的机能。当政府介入当事人的议价机制却未必能决定出一个符合效益的价格,亦即这个财产权的客观价值不易决定,或者将来执行政府的决定(判决或行政处分)要花费巨额的成本时,较宜采用财产法则,由市场机能自己决定何者为资源最有效率之配置方式。[85] 实际上,当私人间财产权发生冲突时,法律判定何方财产权优先受到保障(或限制),亦会对"公共利益"造成影响,而此两者间的关系甚为密切。科斯认为,我们在创设或界定财产权时,应使交易成本越低越好,因为交易成本越低,社会资源的运用就越有效率,也就越能增进公共利益。[86]

依此理论,我们可以思考并分析是否采用物权行为制度、与《合同法》第51条规定之交易成本区别。依据"搜寻与信息成本"分析可知,不采用《合同法》第51条之规定,而采用物权行为制度时,不论出卖人是否无权处分,该买卖契约(债权行为)均属有效,买受人至少可以得到债务不履行时之损害赔偿责任保障;同样地,如果不采用物权行为理论,而适用《合同法》第51条之规定时,买受人所受到的保障原则上将仅止于侵权行为损害赔偿。故此,相较此二种制度,在适用《合同法》第51条之规定时,出卖人因为要使买受人相信契约最终必

---

[85] 王文宇:《从经济观点论保障财产权的方式——以财产法则和补偿法则为中心》,载《民商法理论与经济分析》,台湾元照出版公司2000年版,第43~44页。

[86] 同上书,第47页。

然会生效以及买受人因为担心契约不能生效(因契约之生效与否可能取决于第三人之意志),必须不断搜寻信息以求确认,其中为了达成交易所耗费的成本,明显地超出了采取物权行为制度时所支出之成本;而依循“议价与决策成本”分析时,可发现在不采用物权行为制度,而采用《合同法》第51条之规定时,契约是否生效对当事人的重要性超过不采用《合同法》第51条之规定及物权行为制度,故其议价与决策经常需要耗费更多的时间成本、金钱成本,以尽可能慎重制定决策与降低金钱成本;而由于适用《合同法》第51条之规定时,已然与社会经济发展抵触。在已发生的诸多实例及可预期的未来中,都将不断有因此制度选取不当而导致的经济纠纷出现,私人与政府都将为此付出巨大的交易成本。因此,在考虑“管制与执行成本”时,不实行物权行为制度,是不智的。

我们应承认,价值是在不断的交易中显现,市场经济也是通过无数个交易所组成。因此,在考虑总体利益时,交易安全的重要性自然大过所有权的维护,因为除了其符合较“公共利益”外,所有权人不论就其个人整体生活,或融入社会生活以观,其本人也是着重保护交易安全的受益者。

必须承认的是,由于中国地区法学水平不平衡,部分地区的平均法学水平仍有待提高,细致化的法律体系对现有的司法实务人员而言,在适用上仍然有一定程度的困难。然而,此一现象已在逐渐改善之中,且不论何种制度,均为利弊互现,我们只能在综合整体利弊得失之后做出最优选择。当然混合型原则(mixed type)的选择,也是考虑的重点,[87]应予以澄清的是,本命题所涉及的制度选取,已然对混合型

---

[87] 王文宇:《从经济观点论保障财产权的方式——以财产法则和补偿法则为中心》,载《民商法理论与经济分析》,台湾元照出版公司2000年版,第47页。

原则选取予以批判,盖混合型原则之适用并非即得避免弊害之选择,或绝对系较佳之选择。

经济分析已成为法律人之思考方法,交易成本则是任何法律交易均应考虑的问题。而由前述可知,即使不以数字列表分析,也可明显判断出二种制度之交易成本相去甚远。简言之,由于物权行为制度,使得交易当事人间发生纠纷时,法律关系明确,归责容易,符合市场运作之需求,整体衡量可知,该制度之存在的确使得交易成本较低。[88]

学者提出:"在解释适用《合同法》第51条时,应当认为无权处分场合的合同仍然有效,在权利人追认或者无权处分人取得处分权时当然发生权利变动的效果;在权利人不予追认或者无权处分人不能取得处分权场合,不发生权利变动的结果,无权处分人要承担违约责任;在处分行为被追认或者被补正前,权利变动的结果是否发生处于未定状态,但合同效力并非待定而是确定有效。"[89]

即使是不采用物权行为制度的学者也认为:"尽管各国关于无权处分行为的效力规定不完全相同,但总体上说,绝大多数国家都规定基于无权处分行为而订立的合同仍然是有效的,同时在无权处分的情况下,应当对善意相对人给予特别的保护,这一点可以说是现代市场经济对合同所提出的必然要求。"[90]

---

[88] 王泽鉴:《物权法上的自由与限制》(北京大学演讲版),载李富成主编:《北大法治之路论坛》,法律出版社2002年版,第586页。

[89] 韩世远:《无权处分与契约效力》,载王利明主编:《民商法理论争议问题——无权处分》,中国人民大学出版社2003年版,第157页。

[90] 王利明:《无权处分的若干问题》,载王利明主编:《民商法理论争议问题——无权处分》,中国人民大学出版社2003年版,第57~58页。

六、结 论

罗马法曾确立,“任何人不能将大于自己的权利让与他人”的原则;此原则虽强调权利只能由权利人手中获得,但同时却带给相对人极大的负担,尤其是在现代社会中,要探知权利转让人是否即为权利人极为不易。近代民法相应于社会变迁,逐步确认了“物权变动的公示、公信”“表见代理”“善意取得”“无权处分”制度等,此皆源于日耳曼法之“授予他人信赖,仅得对受信赖之人寻求信赖”“以手护手”原则,以及法国法上之“动产不许追及”原则发展而来。

这些制度设立之根本目的在于维护交易相对人之信赖利益与交易安全。事实上,契约所产生的权利属于债权法律性质为相对权,不具有排他性。因此,买受人无法也无必要知道是否存在“一物二卖”(或出卖人是否有买卖目标物之处分权)的情形。所以,物权变动的契约和物权变动本身是两个法律事实,此系物权法之基本原则,在德国民法中被称为“区分原则”或“分离原则”;其建立不但符合物权为排他权,而债权为请求权的基本法理,亦能清晰地明确当事人间的不同法律责任。[91]

采取负担行为和处分行为分离,以及物权行为独立性与无因性(或有因性)制度,虽然一定程度地抽象化了当事人之间的法律关系,惟抽象化纵非用以解决实际问题,亦非为抽象而抽象,其系因法律规划的完善及认识法律之方法而然;目的则在于在法律中达到更高的理

---

[91] 王泽鉴:《物权法上的自由与限制》,载孙宪忠主编:《制定科学的民法典——中德民法典立法研讨会文集(2002)》,法律出版社2003年版,第244页。

性，并以理性的安排来运用法律。[92] 抽象化若非仅决定法律之外部结构，甚至影响到具体规定，则会具有更重要之意义，德国法即是如此，即在义务行为（负担行为）和处分行为（如买卖契约与所有权之移转）的关系上，运用了分离原则和抽象原则；虽然大多数的欧洲法未完全采用此设计，但此制度却是不可逆转的进步。[93]

进一步而言，物权法是否应考虑到法律关系复杂化与社会生活的实际理念不符等因素，其所涉及系技术优劣之选取问题。盖一般人民固然无从理解何谓“物权行为”，但其又何须了解“承诺”与“要约”之法律定义？或“法律行为”与“事实行为”之区分？真正的重点应在于将“物权行为”独立出来，是否有助于复杂案件的处理，以及司法人员是否能予以理解。如果以抽象度的高低，即处理社会事务“复杂度”之高低、规范的体系性，以及是否较能节约交易成本为评判标准；则采取独立、无因的物权行为制度，仍系较佳的体系选择。[94]

部分学者以为，中国应采用英美法之体系与概念，以规避大陆法过度抽象之弊；然而以日本之立法经验可知，肇因于判例法的特殊性质及其所需的社会与文化背景，若非系属英美殖民地，要移植英美法以建构该国之法律体系，其成本甚巨，亦难以成功。建立在罗马法基础上的大陆法系，虽然概念复杂，却易于学习及引进，是故

---

[92] [德]克劳斯－威廉·卡纳里斯：《欧洲大陆民法的典型特征》，郑冲译，载孙宪忠主编：《制定科学的民法典——中德民法典立法研讨会文集2002》，法律出版社2003年版，第37页。

[93] 同上书，第36页。

[94] 苏永钦：《社会主义下的私法自治：从什么角度体现中国特色》，载孙宪忠主编：《制定科学的民法典——中德民法典立法研讨会文集2002》，法律出版社2003年版，第261页。

英美法学者亦认为,罗马法之所以被普遍接受,依靠的不是强权而是理性。[95]

法学界的问题不仅在于立法机制的不尽合理,还在于立法之后应如何予以解释,此为真正考验之开始。[96] 而法律解释之发展,学说继受扮演了极其重要的角色;而学说继受必须在了解中国国情之后,才能将外来思想摆在适切的位置。法律体系必须经由现代的诠释,才能在全球法律体系中显现出其独特之功能与特色。在这个诠释的过程中,我们不可能避开西方的观念,但是要借助西方之力,必须要先认清西方制度的真正意义以及我们的传统。中国学者所创设之物权变动模式,并不是没有可取之处;惟其困难之处在于,当一个与其配套的体系化概念被完整创设之前,仍无法避免各界对此设计与选择的严重质疑,特别是在21世纪来临,财产权形态发展变化多端之际,如何选取与制定法律之度,尤为重要;[97]如能从善如流,深刻认识中国法学发展的"十字现象"重新在制度与体系上做正确的选择,则不失为一大幸事。

---

[95] 孙宪忠:《制定民法典的主要难题》,《法学》2003年第5期。

[96] 王泽鉴:《物权法上的自由与限制》,载李富成主编:《北大法治之路论坛》,法律出版社2002年版,第583页。

[97] 苏永钦:《民事财产法在新世纪面临挑战》,《人大法律评论》2001年第1辑,转引自 http://www.civillaw.com.cn/twcivillaw/research/yj10 - 2.asp:"……值得观察的,毋宁是最近二十年公法的发展与第三领域的出现,在理念和方法上对民法的冲击,乃至某种程度的使其'工具化';以及在全球化趋势下,随着法系樊篱的逐渐模糊,民法中频频出现的异种接枝。台湾地区'民法'能否在法律体系的溶解重组过程中找到适当的定位,在理念上和其他法律领域,乃至其他法律家族更兼容的并存,将直接关系到它继往开来,响应未来社会挑战的能力……"

第二章

法人得否主张精神损害赔偿的再探索

——比较法上的观察*

一、大陆与台湾地区有关法人不得主张精神损害赔偿之司法解释与学说争议

（一）相关法律规定与司法解释之演变

（二）反对法人可以主张精神损害赔偿的见解

（三）赞同法人可以主张精神损害赔偿的见解

二、精神损害赔偿本质的辨析

（一）欧陆国家承认法人可以主张精神损害赔偿的介绍

（二）德国的相关法律规定、法院见解与有力学说介绍

（三）日　本

（四）中　国

（五）小结——精神损害赔偿的本质：不以精神痛苦为必要

三、精神损害赔偿、非财产上损害与慰抚金的概念区分及制度选择

（一）非财产上损害与精神损害间的概念厘清及与法人得主张

* 本文在撰写过程中，曾获王泽鉴教授、周江洪教授、周翠副教授、张红副教授等协助，特此致谢。

精神损害赔偿的关系
(二)瑞　士
(三)德　国
(四)日　本
(五)中　国
四、结　论

摘　要

现行司法解释与《侵权责任法》均不支持法人主张精神损害赔偿。就此问题,长期以来在各界引起了广泛的讨论与争议。实际上,有不少欧洲与日本等发达国家,均承认在符合一定要件下,法人可主张精神损害赔偿的法律规定、法院判决或是学说;特别是德国学者新近所提出的理论,诚值借鉴。相关讨论并涉及精神损害赔偿、非财产上损害与慰抚金的概念辨析与制度选择,亦为本文之重点。

关键词:法人　侵权行为　精神损害赔偿　非财产上损害赔偿　慰抚金　痛苦金

Abstract

The basis attitude of the current laws and courts of China does not support a Legal Person's mental injury compensation. However, the law's developments are following social change, and mental injury compensation is gradually becoming different from before. Particularly in China, lack of support of a Legal person's mental injury compensation is closely related to the fact that Chinese laws fail to distinguish the difference between mental injury compensation and non-pecuniary loss. This article will introduce some prominent countries' laws and court opinions about the topic, particularly introducing two German scholars' powerful perspectives; meanwhile, providing suggestions about how to enact laws and interpret the current laws about this field.

Key Words: Legal Person　Mental Injury Compensation　Fundamental Rights　Consolation Money　Tort

一、大陆与台湾地区有关法人不得主张精神损害赔偿之司法解释与学说争议

《侵权责任法》第22条规定:"侵害他人人身权益,造成他人严重精神损害的,被侵权人可以请求精神损害赔偿。"最高人民法院《关于确定民事侵权精神损害赔偿责任若干问题的解释》第5条规定:"法人或者其他组织以人格权利遭受侵害为由,向人民法院起诉请求赔偿精神损害的,人民法院不予受理。"根据《侵权责任法》与上述司法解释的规定可见,其并不支持法人主张精神害赔偿。

(一)相关法律规定与司法解释之演变

学者虽然对于"精神损害"概念的解释不一,①但以往均认为《民法通则》第120条②所谓之赔偿损失包括"精神损害"在内,③该条就是主张"精神损害"赔偿的法律依据;而依据法律解释,当法人的名称权、名誉权或荣誉权遭到侵害时,得向侵权行为人主张精神损害赔偿。1993年8月,最高人民法院《关于审理名誉权案件若干问题的解答》

---

① 关今华:《精神损害的认定与赔偿》,人民法院出版社1996年版,第190~198页。

② 《民法通则》第120条规定:"公民的姓名权、肖像权、名誉权、荣誉权受到侵害的,有权要求停止侵害,恢复名誉,消除影响,赔偿道歉,并可以要求赔偿损失。法人的名称权、名誉权、荣誉权受到侵害的,适用前款规定。"

③ 关今华:《精神损害的认定与赔偿》,人民法院出版社1996年版,第408页;王利明、杨立新主编:《人格权与新闻侵权》,中国方正出版社1995年版,第164~165页。

第10条第4款规定:“公民、法人因名誉权受到侵害要求赔偿,侵权人应赔偿侵权行为造成的经济损失;公民并提出精神损害赔偿要求的,人民法院可根据侵权人的过错程度、侵权行为的具体情节、给受害人造成精神损害的后果等情况酌定。”但通过法律解释,则并未排除法人得以主张精神损害的可能性。于2001年3月开始实施的最高人民法院《关于确定民事侵权精神损害赔偿责任若干问题的解释》中第5条规定:“法人或者其他组织以人格权利遭受侵害为由,向人民法院起诉请求赔偿精神损害的,人民法院不予受理。”则明确否认了法人得以主张精神损害赔偿的权利。《侵权责任法》第22条规定:“侵害他人人身权益,造成他人严重精神损害的,被侵权人可以请求精神损害赔偿。”虽未明文排除法人得可以主张精神损害赔偿,但是参见相关立法背景说明可知,④该法条中之“他人”,仅限于自然人。

(二)反对法人可以主张精神损害赔偿的见解

1. 精神损害只限于受害人因人格权或其他权利受到侵害以后,而遭受的生理疼痛、精神痛苦以及其他不良情绪,并不包括人格权遭受侵害的事实本身,亦即所谓的“精神利益”的丧失。法人是社会组织,不可能像自然人一样具有思维活动和心理状态,法人的人格权遭受损害不会产生精神上的痛苦,至多仅是商誉权受到损害。⑤ 法人不存在精神损害的原因,是因法人没有生命,不会有生理上的精神活动,因此

---

④　王胜明:《中华人民共和国侵权责任法解读》,中国法制出版社2010年版,第95～99页。

⑤　张新宝:《名誉权的法律保护》,中国政法大学出版社1997年版,第141页。

不可能会有精神损害的情形产生。所谓法人的精神利益丧失，或称为人格利益的损害，本身也不是精神损害。在法人格利益受到侵害的情况下，其所导致的损失主要是财产上的损失。⑥

2. 我国台湾地区有相当部分之学说认同台湾地区司法主管部门 62 年台上字第 2806 号判例："公司系依组织之法人，其名誉被受损害，无精神上痛苦可言。登报道歉已足回复其名誉，自无依'民法'第 195 条第 1 项规定请求慰抚金之余地"的见解。台湾地区司法主管部门认为法人在本质上不是"人"，所以不会有人才具有的精神上的痛苦，仅系其社会价值与人相同而已。

（三）赞同法人可以主张精神损害赔偿的见解

1. 关于精神损害含义的通说，在理论上区分为广义与狭义两说。狭义说认为法人没有精神痛苦，故不存在精神损害赔偿之问题。广义说认为精神损害包括"精神痛苦"与"精神利益"的损失，法人虽无精神痛苦，但是有精神利益。在法律上使用精神这一概念主要是指精神活动，系与精神损害的法律后果，亦即精神损害赔偿联系在一起使用，以确定其在法律上之意义。法律学上的精神活动是指法律上财产流转活动相对应的活动，包括生理上或心理上的活动和维护精神利益的活动。自然人的精神活动包括上述两项内容。法人作为拟制的法律人格，不存在生理上的精神活动，但存在保持和维护精神利益的精神活动。⑦ 精神损害就是指对民事主体精神的损害。精神损害赔偿的

---

⑥　王利明：《人格权法研究》，中国人民大学出版社 2005 年版，第 694 ~ 695 页。

⑦　周利民：《论法人的精神损害》，《政法论坛》第 20 卷第 3 期。

本质与内涵在于赔偿受害人的精神利益的损害,而不在于直接慰抚受害人的精神痛苦。⑧

法人精神利益的损害,在客观上表现为两种形式:第一种是精神利益所引起的直接财产损失,如法人的名称权受到侵害之后,法人为消除影响而支出的广告宣传费、为诉讼支出的律师代理费等;第二种是精神利益所引起的间接财产损失,如侵害某公司之名誉权,致使该公司的声望下降,产品积压,其损失在金钱上无法估量,属于间接损失范畴,此为法人精神损害赔偿之范围。⑨

认为法人不是自然人所以没有精神痛苦,这种看法是错以生物学的观点来理解法律上的精神损害概念,将生物学上的精神损害与法律上的精神损害混为一谈。法人固无精神痛苦可言,但是法人之人格利益受到损害,致使法人人格发生损害,则与法人并非生物无涉。精神利益包括了人格利益和身份利益,是民事主体人格的基本利益所在。否认法人有精神损害,就等于否认法人的人格。⑩

2. 我国台湾地区司法主管部门认为,法人为组织体,所以不可能有生理上或心理上的痛苦,痛苦的感受系发生于其内部的自然人。但是痛苦的感受乃由客观予以认定,实际上有无则非所问,如自然人的人格权受侵害后,即使于受侵害后一直失去知觉,或是于胎儿时所受之侵害,仍然可以主张非财产上的损害赔偿。而法人的人格权受侵害时,如其内部之自然人有痛苦感受,以法人内部自然人为法人之机关

⑧　王利明:《人格权法新论》,吉林人民出版社1994年版,第645页。

⑨　周利民:《论法人的精神损害》,《政法论坛》第20卷第3期。

⑩　王利明、杨立新主编:《人格权与新闻侵权》,中国方正出版社1995年版,第164~165页。

或法人机关中的配置，其痛苦之感受即为法人之感受，亦必唯有如此认为，法人实在说——组织体的理论才能前后一贯。否则法人之人格权受到侵害，其内部自然人纵使极为痛苦，现行法律制度下，却无救济之可能，衡量情形，并非妥适。⑪

值得注意的是，我国台湾地区司法主管部门 90 年台上字第 2062 号判决表示："……必治妥公司虽为依法组织之法人，惟原审认其辛苦积累之商誉因端强公司不实之广告造成无法弥补之损害，除命端强公司将判决书本诉部分全文刊登联合报、中国时报、民生报各三日外，再命端强公司赔偿非财产上之损害 300 万元，显系认依'民法'第 195 条第 1 项后段规定命端强公司前开道歉之处分，尚不足回复其商誉之损害，而依必治妥公司之请求，再命端强公司赔偿，与本院 62 年台上字第 2806 号判例，所指公司之名誉遭受损害，登报道歉已足以回复其名誉之情形有殊。端强公司执以指摘原判决此部分为不当，尚无可取。因故意或过失不法侵害他人之权利者，负损害赔偿责任。故意以背于善良方俗之方法，加损害于他人者亦同，违反保护他人法律者，推定其有过失，修正前'民法'第 184 条第 1 项、第 2 项有明文。原审既认端强公司故意以背于善良风俗之方法，刊登不实之广告，加损害于必治妥公司，致必治妥公司之商品、信誉受有无法弥补之损害，则其商品销售数量及营业利益是否因此受影响，致造成财产上之损害，原审未遑详为推阐调查明晰，纵认其损害数额，该公司尚不能为确切之证明，法院亦应斟酌损害之原因及其他一切情事，依所得心证定其数额（本院 18 年上字第 2746 号、21 年第 972 号判例参照）。原审未予深

---

⑪　曾世雄：《非财产上损害赔偿》，台湾三民书局 1989 年版，第 63 ~ 64 页。

究,徒凭前揭情词,即为必治妥公司不利之判断,自欠允恰。"

依据学者王泽鉴见解,我国台湾地区司法主管部门 90 年台上字第 2062 号判决,实已变更我国台湾地区司法主管部门 62 年台上字第 2806 号判例所采之法人无精神痛苦,不得请求精神慰藉金的基本原则;该判决并认法人之名誉(或信用、姓名等)遭受损害,纵无精神痛苦,亦得请求精神慰藉金。惟其未就法人名誉受损害时,得否发生精神痛苦?如无精神痛苦而得请求慰抚金,其法律依据何在⑫予以说明。

二、精神损害赔偿本质的辨析

(一)欧陆国家承认法人可以主张精神损害赔偿的介绍

欧陆有不少国家认为法人在遭受"非财产上损害(或精神损害)"时可以获得合理的赔偿:⑬

1. 比利时完全承认法人得遭受非财产损害并可因此主张金钱赔偿。⑭ 比利时最高法院于 1985 年判决:"和一个有躯体和道德的自然人一样,法人应受的尊重也能因他人的过错而受到侵害,对由此造成

⑫ 参见王泽鉴:《人格权的主体》,载《人格权保护的课题与展望》,尚未出版。

⑬ 在此应注意的是,非财产上损害并不能与精神损害画上等号,此二者与慰抚金之概念,在欧洲法上各有不同的意义,本文前已叙明。

⑭ Von Bar, Ersatz von Nichtvermögensschäden auch zugunsten von juristischen Personen, FS für Kalus(2010). S.9.

的精神损害也必须加以补偿。”⑮

2. 意大利奎里拉(L’Aquila)上诉法院于1970年判决:“一个地方政府因为居民的大量死亡而遭受的声望与影响力损失获得了赔偿。之所以涉及法人请求权是因为其代表机构的官员都设身处地地感受到了受害人的痛苦,如同自己遭受了痛苦一样。”⑯其后意大利最高法院在1992年作出判决,使伊朗政府获得了5亿里拉的赔偿,并许可了伊朗政府要求公开发表判决书和毁坏题为《战争罪行》的纪录片中有损伊朗士兵形象的战争罪行照片之要求。⑰ 意大利热那亚上诉法院则在1994年作出判决,某一小区因其某一领导人侵吞和其他刑事违法行为被判刑,致使该小区名声因而受损,因而自该领导人处获得了10亿里拉的精神损害赔偿。⑱ 不过在此值得注意的见解是,意大利亦有学者认为,法人具有人格权,得受到侵害,而所谓的精神痛苦,不

---

⑮　参见比利时最高法院1985年10月7日之判决,载J. T. 1986年,第59页及1985年10月9日之判决,载Pas. belge1986,Ⅰ,129。转引自[德]Christian V. Bar:《欧洲比较侵权行为法》(下),焦美华译、张新宝审校,台湾元照出版公司2003年版,第174页。

⑯　参见意大利奎里拉(L’Aquila)上诉法院1970年10月3日之判决,载Giur. it. 1972,Ⅱ,177。转引自[德]Christian V. Bar:《欧洲比较侵权行为法》(下),焦美华译、张新宝审校,台湾元照出版公司2003年版,第175页。

⑰　参见意大利最高法院1992年12月5日之判决,载Foro. it. 1994,Ⅰ,561。转引自[德]Christian V. Bar:《欧洲比较侵权行为法》(下),焦美华译、张新宝审校,台湾元照出版公司2003年版,第173页。

⑱　参见意大利热那亚上诉法院1994年6月29日之判决,载Ciur. it. 1995,Ⅰ,2,274。转引自[德]Christian V. Bar:《欧洲比较侵权行为法》(下),焦美华译、张新宝审校,台湾元照出版公司2003年版,第175页。

以精神损害为唯一形态,其实际乃对满足某种利益的剥夺或阻碍。[19]与此见解相反的司法见解,则认为根据事理的性质,仅有自然人才会有精神痛苦。[20]

3. 西班牙最高法院于1972年做出判决,某一养老院因其中一位老人被杀害而获得了精神损害赔偿。[21]

4. 匈牙利1978年修订后之民法典规定,如果侵害行为使一个法人在经济往来上受到不利影响,侵权行为人还应对非财产上的损害负赔偿责任。司法界有人提出,实际上这种非财产损害赔偿可能比财产损害赔偿更严重。该意见并对匈牙利实行法人精神损害赔偿予以肯定。[22]

5. 法国也完全承认法人可以遭受非财产损害并可因此主张金钱赔偿。[23] 法国巴黎地方法院于1995年判决中指出,由于"班尼顿"(Bennetton)时装设计公司的广告画面是男子的躯干、下腹与臀部,标题:"艾滋病毒——阳性",是以人的痛苦做广告的过错行为(faute)。因之判决赔偿"艾滋病抗争协会"1法郎名义上的损害赔

---

[19] 参见Giovanni Giacobbe,op. cit,p. 46,转引自薛军:《法人人格权的基本理论问题探析》,《法律科学》2004年第1期。

[20] 参见Trib. Milano,18. 9. 1989,Dinf,1990,145. 转引自薛军:《法人人格权的基本理论问题探析》,《法律科学》2004年第1期。

[21] 参见西班牙最高法院1972年5月31日之判决,载RAJ 1972年,第2787号,第2121页。转引自[德]Christian V. Bar:《欧洲比较侵权行为法》(下),焦美华译、张新宝审校,台湾元照出版公司2003年版,第173~174页。

[22] 关今华:《精神损害的认定与赔偿》,人民法院出版社1996年版,第596页。

[23] Von Bar, Ersatz von Nichtvermögensschäden auch zugunsten von juristischen Personen,FS für Kalus(2010). S. 9.

偿;并判给另外三名原告——真正的艾滋病毒携带者5万法郎的精神损害赔偿。㉔

6. 波兰的最高法院在2008年裁判认定:如果批评某镇的市长不正确的处理了税金,则可能意味着整个镇的声望和名誉受到损害;这样的指责可能导致整个镇陷入失去信任的危险。㉕

(二)德国的相关法律规定、法院见解与有力学说介绍

综观之,所有欧洲国家在该命题的出发点都是相同的:法人是无形人格权的权利人,并可能因此遭受非财产上之损害。㉖ 与欧洲其他国家相比,德国的判例实践相对被孤立,德国尚未承认法人的金钱赔偿请求权。㉗

1. 德国的法律规定与实务见解

(1)法律规定

德国《民法》第823条第1款仅保护法人的财产所有权(Eigentum)与其他权利。虽然法人(如同自然人一样)亦得基于其他

㉔ 参见法国巴黎地方法院1995年2月1日之判决,载D. 1995 Jur.,第569页。转引自[德]Christian V. Bar:《欧洲比较侵权行为法》(下),焦美华译、张新宝审校,台湾元照出版公司2003年版,第177页。

㉕ OG 17. 7. 2008, AZ. Ⅱ CSK 111/08, Datenbank LEX Nr. 447659. 但是,该判决并未明确判定被告给付金钱赔偿,Von Bar, Ersatz von Nichtvermögensschäden auch zugunsten von juristischen Personen, FS für Kalus(2010). S. 11。

㉖ Von Bar, Ersatz von Nichtvermögensschäden auch zugunsten von juristischen Personen, FS für Kalus(2010). S. 12.

㉗ Von Bar, Ersatz von Nichtvermögensschäden auch zugunsten von juristischen Personen, FS für Kalus(2010). S. 13.

非属合同之债主张一些请求权,但这些请求权均与"法人是否得以主张非财产上损害赔偿"无涉,而且这又与德国《民法》第253条交汇在一起;依照德国《民法》第253条第1款,只有当存在明确的法律规定时,才得主张非财产上损害赔偿;此处是指德国《民法》第253条第2款,但是该款规定仅强调:如果因为侵犯身体、健康、自由或者性自主决定权应当赔偿损害,可以针对非财产上损害,主张"相当金钱赔偿"(billige Entschädigung in Geld)。因为上述列举的侵犯类型都不涉及法人,所以法人不得主张德国《民法》第253条第2款所谓的"痛苦金"(Schmerzensgeld)。[28]

(2)实务见解

德国判例发展出来的"一般人格权"(allgemeines Persönlichkeitsrecht)起初仅保护自然人,稍后才拓展到法人和商法中具有部分权利能力的人合公司。与帝国法院的判例相比,联邦德国法院的判决承认法人具有一般人格权,但对其权利的侵犯,法院设置了比自然人情况更高的标杆。"虽然在一般人格权的界限内也对资合公司的经济自决权进行保护,但其容忍界限明显要高于自然人情形。"[29]例如BMW必须忍受嘲讽文章中关于其公司腐败的嘲弄、汉莎航空(Lufthansa)必须忍受在标题为"娱乐汉莎"(Lusthansa)之下配有两只交欢的鹤的图片等。[30] 这些嘲讽究其"内容与形式"均未对法

---

[28] Von Bar, Ersatz von Nichtvermögensschäden auch zugunsten von juristischen Personen, FS für Kalus(2010). S. 3.

[29] BGH 3. 6. 1986, JZ 1986, 1108, 1109.

[30] Von Bar, Ersatz von Nichtvermögensschäden auch zugunsten von juristischen Personen, FS für Kalus(2010). S. 4 f.

人作为经济公司和雇主造成声誉的贬损。对此，不如说必须存在“业务或销售”上的消减。[31]

德国联邦最高法院 1975 年 6 月 3 日的判决，肯定了法人的一般人格权得受侵犯。[32] 五年之后，联邦最高法院在判决中再次确认：如果以不正当的方式声称“某公司通过其在绝育研究领域内的活动为纳粹的种族灭绝计划铺平道路并且参与了相关的实验”，则这至少侵犯了公司的“社会效用请求权”(soziale Geltungsanspruch)，亦即侵犯了该社会利益集团的形象和效能印象。[33] 在该案中，某歌剧协会(被告)意欲上演一部由其自身撰写的剧本，其剧本处处包含对原告股份公司进行的辱骂。[34]

直至今日，德国司法实践真正给予法人权利保护的情形还寥寥无几。相关判例仅限于法人受到特别严重的名誉侵犯(Ehrverletzung)；仅在例外情况下才会舍弃“声誉受损”(Rufschädigung)此一要求。[35] 斯图加特州高等法院在 1978 年的裁判中曾有如下论述：“无论是两合公司还是作为负无限责任的股东的有限责任公司，都无权因其人格权受损害而主张痛苦金；依照德国《民法》第 253 条，法人因其名誉受

---

[31] OLG Frankfurt 17. 12. 1981 NJW 1982,648.

[32] BGH 3. 6. 1975,NJW 1975,1882.

[33] BGH 8. 7. 1980,BGHZ 78,24,26 = NJW 1980,2807.

[34] 例如，声称该公司贿赂工会领导和企业职工委员会的主席、鼓吹种族歧视、支持希特勒上台并且是最早的战争牟利者、剥削工人、解雇不听话的工人并操纵证书，等等。参见 Von Bar, Ersatz von Nichtvermögensschäden auch zugunsten von juristischen Personen, FS für Kalus(2010). S. 6。

[35] Von Bar, Ersatz von Nichtvermögensschäden auch zugunsten von juristischen Personen, FS für Kalus(2010). S. 7.

损所享有的非财产上损害请求权,仅以自然(撤销)的形态而非以金钱的形态存在。其原因在于痛苦金的两个功能,亦即平衡功能(Ausgleichsfunktion)和慰抚赔礼(Genugtuungsfunktion)功能的前提要件是:受害人具有精神,而法人缺乏精神这一点不能由其法定代表人的精神代替之”。[36] 慕尼黑州高等法院在2003年的判决中同样持此观点:“一个办理了登记手续的协会仅在有限范围内受《基本法》第2条第1款规定的人格权法的保护,因此原则上不能给予其因一般人格权受损害而主张金钱损害赔偿请求权的可能性。”[37]

2. 德国学者 Christian von Bar 的有力观点

Von Bar 认为,德国法院不赋予法人的相当金钱赔偿请求权,主要是指“法人没有精神(Psyche),因此也无所谓感知痛苦和抚慰”为理由。这种论据显然已经过时,它否定了法人得以享有名誉(Ehre)或者“一般人格权”,因为即使这两者也以(至少潜在)一种自我价值“感觉”为前提。正是基于这个原因,帝国法院才前后一致的拒绝向法人提供任何名誉保护。否认法人为有精神的人,必须同时还得确认法人的非财产上损害系以不同于“感觉受损”的另外一种形式存在。为什么“感觉受损”会属于相当金钱赔偿请求权不可或缺的前提要件呢?实际上,从基本法中是推导不出这样的结论的。[38]

针对德国判例提出的命题“非财产上损害的金钱赔偿”,其兼具平衡与慰抚双重功能。人们可能会以如下之论据进行辩解:如果受

---

[36] OLG Stuttgart 13. 12. 1978, MDR 1979, 671.

[37] OLG München 28. 5. 2003, MDR 2003, 1418.

[38] Von Bar, Ersatz von Nichtvermögensschäden auch zugunsten von juristischen Personen, FS für Kalus(2010). S. 13.

损害之人知道责任人(特别是故意加害人)必须为此支付金钱的话,则其痛苦就可能更容易忍受一些。但如果反面推论这种见解,就会成了没有遭受痛苦的人,就不享有任何请求权。事实上,虽然痛苦系属非财产上损害,但并不是所有的非财产上损害都必然由痛苦所构成。

抚慰须以侵权法中的平衡功能为其导向;只有在此范围内它才有意义,因为所有其他的(赔偿理由),最终都会成为报复形式的一种;而在最糟糕的情形下,她还会产生价值观上不可忍受之后果。因此,即使在德国《民法》第 253 条第 2 款的狭窄范围内也承认,其并不取决于受害人是否仍得感知其“苦楚”,以及他在事故发生之后是否还具有感知能力。非财产上损害可能表现为多种形式;身体和(或)精神上的痛苦并不是金钱赔偿的必要前提要件。

关于德国《民法》第 253 条的判例显示,如果人们欲将对人身权损害的补偿始终取决于“感觉受到损害”,则无法对全部的人群给予应有的保护。这里,需要对受到性侵犯的儿童或受到性侵犯的严重残疾的儿童进行探讨。例如,对正在睡觉的幼童进行性侵犯,他们可能既未意识到也未遭受到任何创伤性的后果。另外一个案例是 2008 年 5 月 27 日的 Hamm 州高等法院的判决,在此案中,一个父亲令其精神和身体严重残疾的女儿怀孕。尽管这“既未侵害到她的性自主决定权,她也不能对分娩生下孩子有任何理智的感知”,并且“也无法从获得痛苦金中感受到任何抚慰”,但法院仍然判予她相应数额的赔偿。“通过性侵犯对人的尊严施加的损害,就属于应予补偿的非财产上损害,这不取决于受害人是否感知到这种损害”。[39]

---

[39] OLG Hamm 27. 5. 2008, NJW-RR 2009, 959, 960.

对上述这种情形的案件而言具有决定意义的是:将非财产上损害取决于金钱赔偿的慰抚功能,蕴含着一种严重错误的价值判断的危险;并且人格权损害理所当然(per se)可以是应当被补偿的非财产上损害,侵犯法人的非财产上利益,就正属于此范畴。

在德国,接受上面这一点显得特别困难,但是在意大利,对于侵犯宪法保护的权利的情形早就开始以金钱补偿所造成的非财产损害。㊵在德国,人们还深信侵权法应当区分违法和违法所导致的损害,但随着一般人格权的被承认,这种区分显得并不协调。㊶ 其原因在于侵犯非财产上利益(无形的人格权)本身就已经是严重的非财产上损害。人们虽然可能还对小额赔偿的必要性进行讨论,但这改变不了非财产上利益(如好的名声、可信性、尊重请求权等)受到损害或丧失本身就意味着是非财产上损害的性质。实际上,这并不取决于感觉或者精神,而是取决于其本身。

(三)日　本

依据日本学者见解,日本法人所享有的人权范围为法律之下的平等(日本《宪法》第 14 条)、经济自由权(日本《宪法》第 22 条、第 29 条)等;而特定的人身自由、生存权、参政权等,法人则不能享有。至于生命、自由、幸福追求等权利(日本《宪法》第 13 条),过去采自

㊵ Siehe statt vieler jetzt wieder nur Grisi, Il danno(di tipo)esistenziale e la nomofilachia "creative" delle Sezioni Unite, Europa e diritto private 2009, 379 - 456.

㊶ Von Bar, Ersatz von Nichtvermögensschäden auch zugunsten von juristischen Personen, FS für Kalus(2010). S. 15.

然人限定说。原因在于日本《宪法》第13条乃是与个人的尊严性密不可分；但后来认为因为该人权乃是概括性的权利，因其内容的不同也有可能存在得以享有的情形，如名誉权、隐私权等。㊷

日本最高裁判所在昭和39年（1964年）作出重要判决："下级审法院认为'由于法人没有精神而不可能有无形的损害''不承认其任何救济手段'之结论是谬见；（在）法人遭受名誉权的侵害且产生无形损害的场合，只要上述损害的金钱评价是可能的，就可以适用日本《民法》第710条的规定。"㊸日本学者认为，此判决即已承认了法人得以主张精神损害赔偿。㊹

（四）中　国

根据我国学者见解，所谓"精神损害"，就是指对民事主体精神活动的损害。侵权行为侵害公民、法人的人格权，造成的公民生理、心理上的精神活动和公民、法人维护其精神利益的精神活动的破坏，导致精神痛苦和精神利益丧失或减损。精神损害的最终表现形式，就是精

㊷　［日］和田真一：《民法における法人の権利——宪法学との対话》，《立命馆大学人文科学研究所纪要》84号，2004年，第43页以下。

㊸　参见日本最判昭和39年1月28日，民集，18卷，第136页。

㊹　日本"最判"（最高裁小法庭的判决）昭和39年一案，用了"无形的损害"的概念。日本《民法》第710条用的是"财产以外的损失"，但我妻荣、有泉亨、清水诚、田山辉明：《我妻・有泉コンメンタール民法——总则・物权・债权》（补订版），2006年5月，第1314页以下的解说认为，此处"财产以外的损失"，即非财产损害，亦即精神损害；虽然昭和39年的案件中用了"无形损害"此一用语，但并不能认为在财产损害和精神损害之外尚有第三类损害。该书还认为，将损害分成有形损害和无形损害是没用任何用处的分类。

神痛苦和精神利益丧失或减损。精神痛苦发生的来源有两种:一是侵害公民人体的生理损害。当侵权行为侵害身体权、健康权、生命权时,给权利主体以生理上的损害,使其在精神上产生痛苦。二是侵害公民精神、心理所造成的痛苦。精神利益丧失或减损,则是指公民、法人维护其人格利益的活动受到破坏,因而导致其人格利益造成损害。这种损害,不以民事主体是否具有生物形态而有所不同,公民、法人均可造成这种损害;其次,由于公民、法人享有的人身权种类不同,损害的范围也不同,如公民享有自由权、肖像权、贞操权等,法人并不享有,因而法人不可能造成这些人格利益的损害。[45]

(五)小结——精神损害赔偿的本质:不以精神痛苦为必要

事实上,自然人的人格权受到侵害时,固然有产生精神痛苦之可能,但未必一定产生。例如,当自然人因健康权受到侵害而成植物人时,得否主张精神损害赔偿?依据我国法律规定,并未予以限制,但植物人是否会有精神痛苦?要如何证明?则显有疑问。美国法院认为,精神损害的目的在于填补损害,但精神痛苦无法如财产上损害一般,以金钱填补被害人的损失,因而精神痛苦的损害填补功能,是基于法律上的拟制,亦即"金钱赔偿得填补被害人之损害"。此说认为精神损害赔偿的目的,在于使被害人得以金钱购买其丧失之生活享受,则被害人必须对于其生活享受丧失有所感觉,且被害人得以金钱购买其他享受,以替代所丧失的享受,或帮助其遗忘不幸,精神损害之赔偿才有意义。若被害人已无法感受,或无法以金钱重新购买其他生活享

---

[45] 王利明、杨立新主编:《人格权与新闻侵权》,中国方正出版社1995年版,第164~165页。

受,即无请求精神损害赔偿的理由,因此植物人不得请求精神损害赔偿。㊻

另一说为正义实现说,此说认为精神损害赔偿的目的在于实现正义,无论植物人是否能够感受到精神上的痛苦,或心灵是否能够获得抚慰,植物人均得请求精神损害赔偿;依据此说,被害人必须受有损害,始得请求精神损害之赔偿。必须强调的是,植物人的损害为何?德国法认为,当被害人人格完全受到损害时,被害人无法理解伤害所带来的改变,无法回复其健康,亦无法感受"满足",仅能以宪法上"人的尊严"受害,作为请求精神损害赔偿之依据。奥地利法认为,植物人得以"严重侵害人格权",作为请求精神损害赔偿之理由。法国法及英国法,则以植物人遭受"客观上的价值减损"为其赔偿理由。西班牙法则认为,植物人之损害包含肉体疼痛及身体功能丧失,因而得以请求赔偿。我国台湾地区司法主管部门92年度台上字第1626号民事判决认为:"吴彩珠(被害人)于事故发生后虽即呈现半昏迷现象,并成为植物人直至去世,其间虽丧失识别及意识能力,惟其于生理上所受损害不可言喻,仅因脑部丧失功能致无法以言语表达,尚难谓客观上被害人之生理并无受损。"

总而言之,多数说支持植物人得请求精神损害赔偿。而植物人请求损害赔偿的依据,因植物人对于精神上或肉体上的痛苦,可能已经无法感受,因此,各国(地区)多以"人的尊严"受害、"严重侵害人格权"或生理上之"客观价值减损"(包括身体功能丧失),为其得以主张

㊻ See McDougald v. Garber, 73 N. Y. 2d 246, 538 N. Y. S. 2d 373(1989). 本案为美国法关于植物人不得请求慰抚金最著名之案例。转引自陈聪富:《人身侵害之损害概念》,《台大法学论丛》第35卷第1期。

精神损害赔偿的理由。[47] 而许多大陆法体系国家均认为法人在遭受"非财产上损害"(或精神损害)时可以获得赔偿。德国虽然尚未承认,但依据德国法院的见解,精神损害赔偿已经逐渐与对痛苦的感受(痛苦金的字面意义)脱钩,其理由乃源于对基本权与一般人格权的保护;而德国学者也已经提出支持法人能够主张精神损害赔偿的有力理由。

三、精神损害赔偿、非财产上损害与慰抚金的概念区分及制度选择

(一)非财产上损害与精神损害间的概念厘清及与法人得主张精神损害赔偿的关系

部分学者将法人的人格权受侵害与法人精神利益的丧失或减损画上等号,此在概念的推演上有点跳跃。"精神损害"所能承载的概念范围不如"非财产上之损害"更广,如以"非财产上之损害"取代"精神损害",在自然人的人格权受侵害时,则不论其是否真的有精神上的痛苦,视情形(或根据法律的特别规定)均能够主张非财产上的损害赔偿,其在理论上则较为圆满周延。以之适用于法人时,则可以摆

---

[47] 关于慰抚金之各国比较,有关欧洲各国法制,参见 W. V. Horton Rogers (ed.), Damages for Non-Pecuniary Loss in a Comparative Perspective, (Austria: Springer-Werlag/Wien, 2001);关于美国法,参见 Dan Dobbs and Paul Hayden, Torts and Compensation, 764 – 769 (3rd ed.) (St. Paul, Minn.: West Publishing Co., 1997)。转引自陈聪富:《人身侵害之损害概念》,《台大法学论丛》第 35 卷第 1 期。

脱精神利益不易自圆其说的困境；同时也更符合法律设制法人制度，赋予其人格权，其亦为非财产上损害赔偿主体的理论完整性。

德国的法律规定与实务见解之所以不支持法人得主张精神损害赔偿，与其对非财产上损害赔偿中的痛苦金（或慰抚金）概念本质的认识有一定关系，但德国近年来的实务见解与学者均已就此进行反思，因而德国民法中“痛苦金”的“痛苦感知”色彩正在逐渐褪去。我国就非财产上损害与精神损害间的界限划分，则属于尚不清楚。然而无论是概念陈旧，或是概念之间的界限不清，对于要承认法人能够主张精神损害赔偿而言，这都是必须正视的问题。

（二）瑞　士

非财产上损害，被害人得依法律规定，请求赔偿相当之金额，在瑞士法上称“慰抚”（Genugtung）或“金钱给付之慰抚”（Genugtung in Festalt der Geldleistung）（瑞士《民法》第 28 条）。[48] 依瑞士《民法》第 28 条之规定，“Ⅰ. 人格关系，受不法侵害者，得请求法院除去其侵害。Ⅱ. 关于损害赔偿（Schadensersatz），或给付一定金额作为慰抚金（Leistung einer Geldsumme als Genugtung）仅于法律就其事件有特别规定时，始得以诉请求之”。通说认为，“损害赔偿”适用于因人格权受侵害而发生财产上损失的情形，“慰抚金”则适用于侵害人格权而发生非财产上损失的情形。[49] 为了避免报道自由受到限制，增加诉

---

[48] 王泽鉴：《慰抚金》，载《民法学说与判例研究》（第 2 册），台湾地区，作者发行 1986 版，第 257 页。

[49] 关今华、庄仲希：《精神损害赔偿实务》，人民法院出版社 1992 年版，第 3 页。

讼,以及人格价值的商业化,因此,立法者规定必于法律之特定情形下,始得请求“慰抚金”。[50] 但是无论如何人格权遭受侵害发生非财产上之损害时,得以金钱赔偿(慰抚金)是毫无疑问的。

本书认为,法人享有基本权没有疑义,只是并不包括自然人所专属的基本权类型;换言之,如参照瑞士法律之设计,我国应当制定出当法律就其事件有特别规定时,法人能够主张精神损害赔偿(慰抚金)之法律规定,而精神损害赔偿(慰抚金)则属于非财产上损害之范畴。

(三)德　国

1. 德国的法律规定与实务见解

非财产上损害,被害人得依法律规定,请求赔偿相当之金额,德国法上称为“相当金钱赔偿”(Billige Entschadigung in Geld)(德国《民法》第847条),在判例学说上多称为“痛苦金”(Schmerzensgeld)。根据德国有关非财产上之损害赔偿规定,依其德国《民法》第253条规定所示“非财产上之损害,以法律有特别规定者为限,得请求以金钱赔偿。”可知,[51]德国《民法》之“损害赔偿”不如瑞士《民法》第28条,仅适用于“财产上损害”,而是包括了“非财产上损害”,因此在条文表述上,自然没有“慰抚金”的规定,但这并不代表德国法中没有慰抚金。德国有关慰抚金最重要的实务见解为1955年联邦最高法院大民庭会议之决议(BGHZ18,149)。该决议的要旨有二:(1)慰抚金具有

---

[50] 王泽鉴:《人格权之保护与非财产损害赔偿》,载《民法学说与判例研究》(第1册),台湾地区,作者发行1986年版,第41页。

[51] 同上书,第38页。

双重功能：一是对被害人非财产上之损害给予适当的补偿；二是由于加害人之侵害行为，对于被害人给予满足。(2)在决定慰抚金的数额时，应斟酌侵害事件的全部状况，尤应斟酌被害人生活所受的侵害程度及范围、加害人的过失程度，以及双方当事人之财产状况。对于加害人的责任保险，亦应予以考虑；同一事件具有多数加害人时，应斟酌个人的特殊性。各个加害人所应支付的慰抚金数额可以不同。[52]

2. 德国学者 Gerhard Wagner 的有力观点

自从 20 世纪 50 年代德国联邦最高法院的大民庭对德国旧《民法》第 848 条作出了根本性裁判[53]后，痛苦金请求权即被赋予双重目的：一是对受害人所受到的以非财产方式所表现的"生活障碍"(Lebenshemmungen)给予补偿；[54]二是具有某种"忏悔"(Buße)性质。如按照较贴切的瑞士法说法，即具有"慰抚"(Genugtuung)性质。[55]这种非财产上损害向抚慰观念的倾斜，对痛苦金请求权的范围发生了真切的影响。亦即人们已经承认，过错不仅对于"是否"享有非财产损害请求权具有重要意义，而且也对其范围具有决定性意义；应当支付的痛苦金的数额多少，取决于行为人是否故意、重大过失或者仅仅

---

[52] 关于本项决议全文，参见 Markesinis, The German Law of Obligations, Vol. II. The Law of Torts: A Comparative Introduction, 946 – 959 (3rd ed., Oxford: Cleandon Press, 1997)。关于德国慰抚金之介绍，参见［日］普川道太郎：《慰谢料额の比较法的研究——西ドイツ》，《比较法研究》1982 年第 44 号，第 24 页。转引自陈聪富：《慰抚金之功能与斟酌因素》，本文曾发表于 2005 年 6 月 20 ~ 21 日于扬州大学举行的"两岸民法典研讨会"。

[53] BGHZ(GS)18,149,155.

[54] BGHZ(GS)18,149,154.

[55] BGHZ(GS)18,149,155.

是轻微过失。[56]

不过这种以慰抚功能为导向的痛苦金并不足取,慰抚功能在私法上被理解为“赎罪”(Sühne),[57]这无异于空谈。更富有逻辑性的反而是法国法的观点,即在衡量“道义损害”(dommage moral)的赔偿数额时,起决定性作用的仅是平衡与补偿的目的。换言之,重要的是所遭受不利的严重程度,而不是过错的程度,后者对请求权理由不起任何作用。[58] 实际上,德国判例也仅在口头上表白了这种赎罪功能,因为即使是德国法院也认为,失去神志的受害人也有权获得痛苦金。[59] 慰抚或许还能有另外一种理解,即预防功能(Präventionszweck),特别是在大众传媒侵犯人格权的情形。德国联邦最高法院在 Caroline-von-Monaco 判决[60]中,将慰抚原则的预防功能放在了一旁,其虽未穷尽报刊所获得盈利,但是却设定了非常高的补偿标杆,以至于发挥了“真正的阻止功能”以阻止未经授权对他人的人身权进行商业化的行为。[61]

综观德国关于确认痛苦金数额所作出的判例,可以总结如下:对于非财产上损害赔偿额的高低而言,起决定性作用的是所遭受损害的

---

[56] Grundlegend dafür BGHZ(GS)18,149,157 f. = NJW 1955,1675; Vgl. Weiter BGHZ 128,117,120 ff.; BGH VersR 1970,134,135; NJW 1993,1531,1532;1995,1438...

[57] Dazu Wagner ZeuP 2000,200,205 ff.

[58] Starck/Roland/Boyer(Fn. 10),Nr. 132 ff.

[59] BGHZ 120,1,7; BGH NJW 1991,1544,1545.

[60] BGHZ 128,1,15,16.

[61] Wagner, Ersatz immaterieller Schäden: Bestandsaufnahme und europäische Perspektiven, JZ 2004,321.

方式和范围。在特定前提下,即如果加害人从非犯罪活动中获得了利润,而且这种利润超过了受害人所遭受的损害,则出于预防之目的来提高补偿金额即属恰当。德国法院现正试图在"痛苦金"这个"屋顶"下对各种不同的损害类型进行赔偿,其金额取决于损害对生活所造成不利的严重程度、身体功能是否长期或者永久受损、疤痕是否可以抚平,以及受害人是否因此遭受了精神上的不利等。[62]

根据上述可知,德国在考虑痛苦金时,重要的是判断受害人所遭受不利的严重程度与痛苦金的预防功能。德国虽然尚未完全放弃"痛苦金"的痛苦感知本质,但是随着实务见解的演进与新学说的建立,可以预见"痛苦金"最终将趋向现代意义下的精神损害本质,即不以精神痛苦为必要;基于此,非财产上损害不仅能包含精神损害,精神损害(痛苦金)在损害赔偿责任中所扮演的角色,也能为非财产上损害所包括;此时,所应区别与确认的是立法政策或实务见解,应如何决定侵害自然人(或法人)的何种民事权益(自然人与法人的民事权益范围与类型自不相同)发生非财产上损害时,自然人(或法人)能够主张金钱赔偿。

(四)日　本

日本最高法院表示:"基于同一事故所生之同一身体伤害,以此为理由,请求之财产上损害与精神上损害,其原因事实及被侵害之利益属于共通事物,因而系一个赔偿请求权。即使在诉讼上合并请求二

---

[62] Vgl. Zu Entstellungen BGHZ 97,15,19; allgemein Oetker, in: MünchKommBGB,4. Aufl. 2003, § 253 Rdnr. 39 ff.

者之赔偿,仍然可以解为一个诉讼目标。”[63]有学说因而认为,将财产上损害与抚慰金,认为是不同的法律要件所生的不同法律效果,是不正确的观点。财产上损害赔偿请求权与慰抚金请求权,均属日本《民法》第709条所规定的损害赔偿请求权,其本质上是同一个赔偿请求权;[64]而该条所谓之“财产以外的损失”,亦即非财产损害,就是精神损害。[65]

日本学说认为,当财产上损害与精神损害密切相关,又难以区分时,得以慰抚金计算赔偿之。例如,法人的名誉权受到侵害时,日本法院承认精神痛苦以外之“无形损害”赔偿;而无形损害,包括法人的名誉受损后,导致社员减少,发生财产上的损害等;此种财产上的损害与非财产上的损害难以区分,证明上也有困难,即应以慰抚金赔偿。[66]特别值得注意的是,学说上对昭和39年判决所提及的“无形损害”有许多不同意见的讨论。有学者认为,公益法人或非营利法人,其事业

---

[63] 参见[日]最高法院昭和48年4月5日民事判决(民集),第27卷3号,第429页。参见斋藤修:《慰谢料决定》,第324页(注12)。转引自陈聪富:《劳动能力丧失与慰抚金的调整补充机能——最高法院九十三年度台上字第一四八九号民事判决评释》,《月旦法学杂志》第122期。

[64] [日]岩村弘雄:《损害赔偿请求の诉讼物》,《判夕》1967年12月第212号,第267页。转引自陈聪富:《劳动能力丧失与慰抚金的调整补充机能——最高法院九十三年度台上字第一四八九号民事判决评释》,《月旦法学杂志》第122期。

[65] [日]我妻荣、有泉亨、清水诚、田山辉明:《我妻·有泉コンメンタール民法——总则·物权·债权》(补订版),2006年5月,第1314页以下。

[66] [日]四宫和夫:《不法行为》,日本青林书院1985年版,第593~594页。转引自陈聪富:《劳动能力丧失与慰抚金的调整补充机能——最高法院九十三年度台上字第一四八九号民事判决评释》,《月旦法学杂志》第122期。

目的难以达成之类的损害即属“无形损害”。[67] 学者几代通则认为，[68] 公益法人、非营利法人的目的达成不能之情形，虽能理解其会产生难以回复之财产损害，但昭和 39 年判决的意义，并不仅限于精神损害，即便是财产损害，在损害的发生及计算的具体举证……上，也明显存在着应通过法官的自由裁量认定损害的发生，并计算其赔偿额的程序予以救济的损害。例如，法人或自然人名誉、信用受侵害之情形。

根据日本法之见解，法人是否亦得主张精神损害赔偿虽有争议，但是法人视情形因其所受之无形损害得主张慰抚金，则已为通说。日本法巧妙地回避了法人是否会有精神痛苦此一问题，并且在实质上赋予了法人因非财产上损害得以主张金钱赔偿的可能性。本文以为，日本法于此有一定的理论参考价值，惟其不若正视精神损害赔偿的本质不以精神痛苦为必要，因而直接承认法人亦得主张精神损害赔偿为宜。

(五)中　国

大陆通说历来承认“精神损害”此一概念，虽然学者对此名词的使用，迭有批评，但是使用既久，约定成俗，也就一直沿用至今；《侵权

---

[67] ［日］加藤一郎：《法人の名誉毁损に财产的损害以外の损害赔偿が认められるか》，《判例评论》第 71 号；［日］森泉章：《团体法の诸问题》（第 1 版），一粒社昭和 46 年（1971 年），第 163 页。

[68] ［日］幾代通：《非财产的损害について——名誉毁损の场合などをめぐって》，《法学教室》第 49 号。转引自［日］四宫和夫：《不法行为》，日本青林书院 1985 年版，第 593 页。

责任法》第22条与最高人民法院的司法解释亦予以采用。[69] 广义说认为精神损害包括“精神痛苦”与“精神利益”的损失,法人虽无精神痛苦,但是有精神利益。学者虽对“精神损害”概念的解释不一,[70]但均认为《民法通则》第120条规定的赔偿损失,包括“精神损害”的损失赔偿,[71]该条即主张“精神损害”赔偿的法律依据。其具体内容,包括公民的姓名权、肖像权、名誉权、荣誉权(《民法通则》第120条第1款)以及法人的名称权、名誉权与荣誉权(《民法通则》第120条第2款)。《侵权责任法》公布之后,该法第22条成为公民主张精神损害赔偿的直接法律依据,但法人并不包括在内。

中国台湾地区关于非财产上损害之金钱赔偿的规定兼采德国与瑞士两国的立法例,所以在适用上有名词混用之情形。简言之,台湾“民法”所谓“虽非财产上损害,亦得请求赔偿相当金额”是指“慰抚金”而言,此二者在民法上属于同义复辞。“非财产上之损害”与“慰抚金”则是两个不同层次的概念,“慰抚金”是“非财产上之损害”赔偿方法之一种。[72]

---

[69] 最高人民法院《关于审理名誉权案件若干问题的解答》第10条第4款规定:“公民、法人因名誉权受到侵害要求赔偿的,侵权人应赔偿侵权行为造成的经济损失;公民并提出精神损害赔偿要求的,人民法院可根据侵权人的过错程度、侵权行为的具体情节、给受害人造成精神损害的后果等情况酌定。”

[70] 关今华:《精神损害的认定与赔偿》,人民法院出版社1996年版,第190~198页。

[71] 关今华:《精神损害的认定与赔偿》,人民法院出版社1996年版,第408页;王利明、杨立新主编:《人格权与新闻侵权》,中国方正出版社1995年版,第164~165页。

[72] 王冠玺:《两岸名誉权保护与言论自由的限界——大陆侵害人格权判决之评释》,台湾元照出版公司2001年版,第148~153页。

本书以为,“精神损害”的概念不同于“非财产上损害”,惟“精神损害”的概念不足以较全面地承载人格权受侵害时,对于财产上损害以外损失的弥补,因此有必要将其扩大为“非财产上的损害”;而且事实上,有些学者对“精神损害”所赋予的内涵,早已超越了此一名称所能承载的意义。不过既然对“精神损害”名词的使用,已经根深蒂固,除非重新修法,还是以使用“精神损害”此一名词为妥,但是其所涵盖的概念,则宜为“非财产上损害”。简言之,就此问题,本文认为应参考瑞士法律来制定。

四、结　论

法人受到侵害时,能否向侵权行为人主张精神损害赔偿?此一命题具有法学上与实践上的重要意义。法人之性质虽与自然人不同,但同受基本权利保障。由于精神损害赔偿并不以自然人实际发生精神上痛苦为必要(如植物人),因此自然人的精神痛苦自非其请求精神损害赔偿的前提要件,其乃法律拟制的结果;而即便在承认法人实在说的前提下,法律亦非没有拟制法人得以主张精神损害赔偿之可能(观诸许多国家之立法例即知)。

法律与学说,均未严格区分财产上损害与非财产上损害的区别;仅规定在符合一定要件下,受害人(限于自然人)得主张精神损害赔偿。对于法人的非财产上损害或得以具体计算出损害以外的损害部分应如何对待,现行法律与实务见解均付之阙如。依据日本法院见解,此部分损害系属“无形损害”;而参照瑞士法与德国法可知,此部分损害系属非财产上损害。为了构建相关的损害赔偿责任体系,并且体现精神损害赔偿本质的时代意义,本章建议《侵权责任法》第22条规定:“侵害他人人身权益,造成他人严重精神损害的,被侵权人可以请求精神损害赔偿”中的“他人”,应包括法人在内,然而法人所能够主张的精神损害范围与其所得享有的民事权益类型有关自不待言。

第三章

法人的基本权利探索

——法人得否主张精神损害赔偿的宪法上论证

一、引　言

（一）案例提出——成都轻工大厦商场诉商务早报社案

（二）本案争点

二、法人是否具有基本权利的比较法研究

（一）法人的本质

（二）法人基本权利的本质之探索——法人是否享受基本权利的保障

三、法人基本权利的内容及法人得以主张精神损害赔偿的宪法理论基础

（一）渗透理论

（二）作用法论证

（三）小　结

四、基本权利保障在私（民）法上的应用

（一）直接效力说

（二）间接效力说

（三）本书见解

五、结　论

摘 要

肇因于中国特色,法人基本权利保障问题本不突出,但在市场经济运行多年之后,法人的基本权利保障日显重要,其中最值得探索的部分,就是法人基本权利的第三人效力在中国的实践情形与展望。本章自探究法人能否主张精神损害赔偿问题入手,从宪法层次探究适于法人享有的基本权利内容,同时参考德、美、日等国之相关宪法理论或规定,以寻求当法人之人格权受到侵害时得以主张精神赔偿的(宪法)法理依据,最终证之私法人在中国的基本权利第三人效力的适当性与社会发展需求。

关键词:法人　基本权利　基本权利第三人效力　精神损害赔偿

Abstract

Due to Chinese characteristics, the issue on protecting the Chinese legal person's fundamental rights used not to be prominent. However, this issue is gaining increasing importance upon having practiced the market economy for a number of years. In particular, it is noteworthy to conduct a more in-depth exploration on issues pertaining to the developments and outlooks on the horizontal effect of constitution rights of the legal person's fundamental rights in China. This article begins by discussing whether the legal person may make a claim for mental injury compensation through exploring the fundamental rights contents appropriate for a legal person given in the constitution. Comparisons are also made with reference to related constitutional theories and regulations of Germany, the USA and Japan in an attempt to establish the legal basis for a legal person to claim for mental injury compensation when the right of personality has been damaged. This in turn supports the relevance and needs of the society for the private legal person's fundamental rights.

Key Words: Legal Person　Fundamental Rights　Horizontal Effect of Constitutional Rights　Mental Injury Compensation

一、引 言

市场经济在中国运作超过20年之后,值得观察的是中国法人的基本权利受到第三人侵害时,能否得到有效的救济。

(一)案例提出——成都轻工大厦商场诉商务早报社案①

原告(轻工大厦商场)诉称:被告(商务早报社)出版的《商务早报》刊登题为《轻工大厦濒临倒闭》之报道,严重损害原告的名誉及商业信誉,造成重大经济损失。被告随即在所刊发"特别致歉""郑重致歉"声明中,承认该报道"标题有误,对轻工大厦员工造成了伤害""标题轻工大厦濒临倒闭处理严重错误……在社会上形成了一些不良影响"。原告诉请判决被告赔偿名誉和商誉损失100万元人民币;赔偿直接经济损失300万元人民币等。

被告(商务早报社)称:《轻工大厦濒临倒闭》一文基本属实,目的是希望通过媒体宣传,重振原告昔日辉煌。被告两次致歉是在原告部分员工非法围攻被告的情况下被迫做出的,不是真实的意思表示,致歉内容并没有说文章内容严重失实。被告未对原告造成名誉侵害,原告400万元损失没有事实和法律依据,应予驳回。

一审(成都市中级人民法院)判决理由:……被告《轻工大厦濒临倒闭》一文并无侵权的主观故意和恶意。惟其标题与内容均属失实与不当。被告的失实报道存在过失性过错,致使对原告的职工在情感

---

① 国家法官学院、中国人民大学法学院编:《2002年民事审判案例卷》,中国人民大学出版社2003年版,第469~477页。

上造成了伤害。但该报道基本事实属实,其部分报道不实未达法律上界定构成侵害名誉权须达基本失实的程度。

二审(四川省高级人民法院)判决理由:……被上诉人(商务早报社)《轻工大厦濒临倒闭》一文,夸大了上诉人(轻工大厦商场)的经营困难状况,影响了上诉人的商业信誉。该报道行为造成了损害。被上诉人有主观过错,应承担相应的侵权赔偿责任。……被上诉人赔偿上诉人经济损失 11 万元。诉讼费用……(多数由被上诉人承担)。

(二)本案争点

(法)人的名誉权受到侵害时,可能发生财产上之损害(例如,因受诽谤,而被开除、丧失订立契约的机会,或公司倒闭……)和非财产上之损害(如因受诽谤,而精神痛苦,或商誉受损……)。在没有立法例与司法解释支持以前,法人想要在精神损害赔偿中争得一席之地,必须通过有力的学说予以构建;而在中国的法律语境中,如能从宪法角度就此进行论证,无疑是一个重要的尝试。此案乃侵害法人名誉权的典型案例之一,本文将从比较法角度对法人是否具有基本权利进行梳理,并以此案所导引出的问题意识为核心,对法人基本权利与私法人基本权利的第三人效力在中国的实践情形与未来展望进行说明。

二、法人是否具有基本权利的比较法研究

就基本权利理论而言,死亡之人亦得为人性尊严与人格权(特别是名誉权)之主体,参酌德国法院判决可知,死者并非民事权利主体,亦不会有精神痛苦,其得于名誉受侵害时主张精神损害赔偿,正系源

于死者之基本权利。② 有关法人得否主张精神损害赔偿之命题，实与法人的本质、法人基本权利的本质，以及法人是否受享有基本权利之保障(此系属宪法基本权利的适用范围问题)等问题均有密切关系，而此亦为论证法人得否主张精神损害赔偿之理论基础的前提要件。

(一)法人的本质

现代化法学意义下的法人概念之提出与较为完整的理论建构，始于19世纪工商业兴起之后。其中以罗马法之"法人拟制说"(Fiktionstheorie)与日耳曼法之"法人实在说"(Theorie von der realen Verbandspersönlichkeit)，对现代法释义学影响最大。

"法人拟制说"以萨维尼(Savigny)在1840年所著之《现代罗马法体系Ⅱ》一书中所提出之见解为代表。他认为只有自然人得成为享有所有权利之权利主体。当国家通过法律法规或具体措施赋予由多数人组成之团体亦具有权利主体之特性时，其仅为虚拟的假设主

② 德国联邦法院曾在1954年Cosima Wagner案(BGHZ 15,249)表示，权利能力因其主体死亡而消灭，但人格应受保护的价值仍应存续；其后在1968年作出Mephisto案(BGHZ 50,133)中，第一次就死者人格权保护问题判决。关于死者人格权保护部分，联邦宪法法院特别指明此项保护的宪法依据在于《基本法》第1条规定的人之尊严的不可侵性，此乃所有基本权利的基础，人于生存时所有的尊严，若于死亡后得任意被贬损，实不足保护人格的价值理念。《基本法》第1条明定所有国家权利应保障人之尊严不受侵害，不因人的死亡而结束。参见王泽鉴：《人格权保护的课题与展望(中)——人格权的性质及构造：精神利益与财产利益的保护(中)》，《台湾本土法学》2008年第105期。

体,并非本质使然。③

"法人实在说"系由基尔克(Otto von Gierke)提出,他认为法人并非仅是单纯虚构的权利主体,而是一个真实存在,并且有独立意志的社会组织体。法人除了享有"个人权"(如财产能力)之外,更得以作为加入另一有独立法人格团体以成为其成员之所谓"成员权"(gliedmäβige Rechte)以及"共同权"(gemein-heitliche Rechte)的权利归属主体。法人亦享有公法上之基本权利,诸如人格权、居住所权、姓名权、名誉权,并须承担公法上之义务。④

(二)法人基本权利的本质之探索——法人是否享受基本权利的保障

1776年的美国《宪法》与1789年的法国《宪法》,都是立基于"基本权利之本质在于保障'个体'享有免于受到国家干预之自由领域",因此宪法明订的自由与权利,系以保障"自然人"为其初始之立法目的。至于法人是否具有基本权利,当时仅有零星讨论,但在结论上多

---

③ Vgl. F. C. v. Savigny, System des heutigen Römischen Rechts Ⅱ, 1840, §85, S. 238 ff. 转引自詹镇荣:《从民营化观点论公民合资公司之基本权能力》,《高大法学论丛》2005年7月创刊号。

④ Stern/Sachs, Das Staatsrecht der Bundesrepublik Deutschland, Bd. Ⅲ/1, 1988, S. 1079 ff.. 转引自李建良、刘淑范:《"公法人"基本权利能力之问题初探——试解基本权利"本质"之一道难题》,载汤德宗主编:《宪法解释之理论与实务》(第4辑),"中央研究院"法律学研究所筹备处2005年版,第229页;Vgl O. v. Gierke, Die Genossenschaftstheorie und die deutsche Rechtsp-rechung, 1887, S. 157 ff.; ders., Deutsches Privatrecht, Bd. I, 1895, S. 209; ders., Das Wesen der menschlichen Verbände, 1902, S. 5 ff. 转引自詹镇荣:《从民营化观点论公民合资公司之基本权能力》,《高大法学论丛》2005年7月创刊号。

趋于肯定“私法人”亦享有基本权利能力。⑤ 例如,奥地利帝国法院于1878年作出判决明确表示:“宪法所保障之基本权利适用于所有之奥地利国民,并且毫不犹豫地在逻辑上亦有必要适用于任何在奥地利境内的法人。”⑥其在1882年之判决中,则进一步补充说明:“无论是基于一般法律原则,抑或是在1882年12月21日所制定的国家基本法意义下,奥地利国民所享有的一般权利,在法律所赋予法人权利能力之界限范围内,亦适用于由多数奥地利国民所组成之公司、社团或团体。但在具体情形下(in concreto)与特定公司或团体地位之特殊本质不符者,不在此限。”⑦

各主要法律先进国家(区域)的相关法律见解分析如下:

1. 德国

参阅各国宪法条文,似乎除了意大利与葡萄牙外,⑧仅有德国的

---

⑤ 关于美国与法国之宪法审判实务与学说介绍,参见 K. Stern, Das Staatsrecht der Bundesrepublik Deutschland, Bd. III/1, 1988, § 70, S. 1089 f. 转引自詹镇荣:《从民营化观点论公民合资公司之基本权能力》,《高大法学论丛》2005年7月创刊号。

⑥ Bernatzik, AöR5(1980), S. 274(Hye's Sammlung No. 176). 转引自詹镇荣:《从民营化观点论公民合资公司之基本权能力》,《高大法学论丛》2005年7月创刊号。

⑦ 林锡尧:《论人民声请解释“宪法”之制度》,台湾世一书局1984年版,第29页。

⑧ 1947年12月27日《意大利共和国宪法》第2条规定:“共和国承认并保障人类之不可侵害权利。其作为个人,或是在社会团体中发展人格者,在所不问。”1976年4月2日《葡萄牙共和国宪法》第12条第2项规定:“法人享有权利并负担义务,但以性质上与法人相符者为限。”转引自詹镇荣:《从民营化观点论公民合资公司之基本权能力》,《高大法学论丛》2005年7月创刊号。

宪法(基本法)制定了有关法人基本权利的规定。德国《基本法》第19条第3项规定:"基本权利依其本质,于得适用于本国法人之范围内,亦对其适用之。"此类在宪法中罕见的规定,被德国宪法学者视为是基本权主体的延伸条款(Grundrechtser-streckungsklausel)。⑨ 由于《基本法》第19条第3项的"本质保留"(Wesensvorbehalt)规定,在规范体系与目的上均不可避免地须从"基本权本质"与"法人本质"的双重本质观点出发,而做个案取向的"差别处理"。换言之,当提出基本权利是否依其本质得以适用于法人之问题时,实已隐含有"基本权利内容"与"权利主体"两个不可分割的问题面向。从基本权利内容面向上,应首先确定其所涉及的特定基本权利本质上并非以自然人之特质为唯一的保护法益,如系属生命权、身体权、婚姻权等。随即再从权利主体面向,探究得有法人所享有的基本权利是否得以适用于特定类型的法人身上。⑩

2. 日本

日本宪法虽未明文规定法人之人权享有主体性,但日本最高裁判所的判例确立其得以享有人权;其审判要旨如下:"宪法上的选举权及其他所谓的参政权只是就作为自然人的国民予以承认,这一点确实如其所述。……宪法第三章规定国民权利及义务的各条款,在其性质

---

⑨ F. Schoch, Grundrechtsfähigkeit juristischer Personen, JURA 2001, S. 201. 转引自詹镇荣:《从民营化观点论公民合资公司之基本权能力》,《高大法学论丛》2005年7月创刊号。

⑩ A. v. Mutius, Grundrechtsfähigkeit, JURA 1983, S. 34. 转引自詹镇荣:《从民营化观点论公民合资公司之基本权能力》,《高大法学论丛》2005年7月创刊号。

上可能的范围内,应理解为也适用于国内法人……”⑪

3. 美国

美国《宪法》所保障的对象原仅限于“公民”(citizens),并未规定公司亦得为“基本权利”⑫的主体,但 Roscoe Conkling 于另一案件中所公开的数据显示,其于 1866 年和同事草拟美国《宪法》第 14 条修正案时,之所以使用“人”(person)此一概念,就是为了将公司也纳入宪法的保障范畴。⑬ 而在 1882 年 The Railroad Tax Cases 一案中,其后成为联邦最高法院大法官的时任巡回法院法官 Field 亦表示:“联邦和各州最高法院的许多裁判已经确立一原则,亦即对于个人财产权利的享有、所提供的保障措施,或是防止立法侵害财产权的宪法和法律条款,其保护利益也将延伸至公司。”⑭同案法官 Sawyer 则表示:“毋庸置疑,‘人’这个词的意义要比‘公民’更为宽广。宪法第 14 条修正案第 1 款由首句规定的‘公民’,改为末句具有更深含意的‘人’,这个转变应该认真对待和考虑,其目的在于拓展宪法之保护,使之延伸到需要这种全方位保障的所有情形。没有任何东西能表明宪法第 14 条修正案的目的只在限缩人这个词语的通常和自然含意,或者使

---

⑪ [日]最大判(最高裁判所大法庭判决),昭和 45 年 6 月 24 日,民事判例集,第 24 卷,第 6 号,第 625 页。

⑫ 实际上,大陆法系中之权利主体概念与美国宪法中的人权概念不能完全等同视之;盖因法体系不同,其权利主体的源起与保护方式有别。

⑬ See Howard Jav Graham, Build Better Than They Knew: The Farmers, the Railroads, and the Fourteenth Amendment, 17 U. Pitt. L. Rev. (1955 - 1956), p. 538. 转引自杜强强:《论法人的基本权利主体地位》,《法学家》2009 年第 2 期。

⑭ 13 F. Cas. (1882), p. 744. 转引自杜强强:《论法人的基本权利主体地位》,《法学家》2009 年第 2 期。

该条款的适用不完全化。”⑮不过从其后美国《宪法》的发展可知，法人（公司）所获得的宪法保障，自然是低于自然人的，如对其在商业与政治方面言论自由的限制。⑯

4. 小结

由上可知，是否适于赋予权利能力须视对象而定。法人之本质以法人实在说中的组织说为其通说，亦即法人之所以具有权利能力，系因其组织体适于享受权利负担义务。法人的权利能力纵然受有法令、目的、性质上的限制，惟其差距并不足以动摇权利能力制度设计的原意。⑰故此，法人享有基本权利，应无疑义。

三、法人基本权利的内容及法人得以主张精神损害赔偿的宪法理论基础

在确认法人具有基本权利后，应进一步确认的是法人在宪法上适于享有的基本权利内容有哪些？从本文命题出发，则系法人的人格权在遭到侵害时，有无主张精神损害赔偿的（宪法）法理依据？

有关基本权利其本质上是否系以自然人为唯一的保护法益，因其

---

⑮　13 F. Cas. (1882), p. 759. 转引自杜强强：《论法人的基本权利主体地位》，《法学家》2009 年第 2 期。

⑯　See Virginia State Board of Pharmacy v. Virginia Citizen's Consumer Council Co.; Ohralik v. Ohio State Bar Ass'n Co.; Federal Election Commission v. Massachusetts Citizens for Life Co.; Austin v. Michigan State Chamber of Commerce Co..

⑰　参见曾世雄：《非财产上损害赔偿》，台湾三民书局 1989 年版，第 61 ~ 63 页。

存有物理上之标准,故争议不大;惟其有关法人所享有的基本权利是否得以适用于某一类型的法人,则涉及对于“基本权利”与“法人”本质上的理解。由于其既无客观的判断标准,又缺乏实定法之规定;而德国联邦宪法法院的历年来的判决理由与立论亦未见一致,学说则是百家争鸣。长久以来,实务界与学界均提出了各种不同的判断基准,构成了极其复杂而难以掌握的多元审查公式。由于德国联邦宪法法院为德国《基本法》的维护者,其意见最值参考,本文将从德国的代表性判决中,分析归纳德国判断法人基本权利地位的两种重要见解,其中并穿插比较英、美及中国的相关判决共同说明。

(一)渗透理论

德国联邦宪法法院于 1967 年 5 月 2 日针对 Westfalen 邦社会保险机构所提出的宪法诉愿判决中,首次针对《基本法》第 19 条第 3 项规定表述出了明确的论证体系。其基本见解概略为:“基本权利的价值体系,乃建构在个别自然人的尊严与自由之上。基本权利首在于保障个人的自由领域以对抗国家权力;并且在此范围内,确保个人在团体中主动参与以及共同形成的前提要件。《基本法》第 19 条第 3 项规定亦应在此核心思想的基础上而为解释与适用。唯有当法人的组成与活动系作为自然人自由发展之体现,尤其是当渗透至立于法人背后的自然人使得法人受基本权利保障显得富有意义且必要时,则将法人纳入基本权利保护的范围内,始获得本条之正当化。”⑱德国宪法学界普遍将联邦宪法法院此一见解称为“渗透理论”(Durchgriffstheorie)。

---

⑱ BVerfGE 21,362(369).转引自詹镇荣:《从民营化观点论公民合资公司之基本权能力》,《高大法学论丛》2005 年 7 月创刊号。

德国联邦宪法法院其后在渗透理论的基础上，进一步地从组织法的观点导出法人基本权利能力的基本推定公式。亦即在解释《基本法》第19条第3项规定之法人概念时，首先应依公、私法组织形态确认法人为“私法人”与“公法人”之不同，再基于对法人基本权利本质之理解，分别对两种不同类型的法人的基本权利地位作出区别评价。对于私法人而言，因其大部分情形系由个别自然人基于结社自由权之行使所组成，具备“人的基础”前提要件，原则上可以推定其享有基本权利能力。[19] 至于在不同的法人各得以享有何种基本权利，则须依个别基本权利之本质加以判断。公法人系由国家、地方自治团体，或是其他公法人为了达到公共目的，依公法所设立的独立行政单位。组织体背后所存立之主体皆为公权力主体，公法人仅为单一国家权力理念下，一种具有独立法人格的特殊国家形态而已。因此作为纳入基本权利保障范围之前提要件，亦即无法表现自然人的人性尊严与自由发展。[20] 特别是当公法人在从事公共任务时，其本身即在行使国家权限，视为间接国家行政，其为《基本法》第1条第3项意义下“执行权”的一环。[21]

值得比较的是，美国在City of Chicago v. Tribune Co.一案中，被

---

⑲ BVerfGE 95, 173 (181); 95, 267 (317); 97, 228 (253); 100, 313 (356); 102, 197 (212 f.). 转引自詹镇荣：《从民营化观点论公民合资公司之基本权能力》，《高大法学论丛》2005年7月创刊号。

⑳ Ingo von Münch, a. a. O. (Fn. 5), Rn. 131. 转引自法治斌、董保城：《宪法新论》，台湾元照出版公司2010年版，第162页。

㉑ 事业单位有其独特之渊源，其性质很难直接定性为公法人。相关分析可参见方流芳：《从法律视角看中国事业单位改革》，《比较法研究》2007年第3期。

告 Tribune Co. 刊登文章表示芝加哥政府面临着巨大的财政危机,濒临破产;并且在公共资金的运营中存在低效与腐败的现象。芝加哥政府在向伊利诺伊州最高法院的上诉过程中,总共提出了 12 项,数额共计 10 亿美元的损害赔偿请求。法院判决认为,政府因受诽谤而得提起名誉权受侵害之诉讼,不符美国宪法精神的基本论调,并且无法在美国的法律体系中找到立足点。允许政府机构提起诽谤诉讼,将会导致美国长期以来积累和珍视的言论自由受到严重威胁。㉒

英国在 Derbyshire and county Council v. Times Newsp aper Ltd. 一案中,原告 Derbyshire and county Council 因被告 Times Newspaper Ltd. 报导其运用市民的退休金有低效与腐败等情形,遂向法院提出诽谤诉讼。原审法院认为地方政府并无因名誉权受到侵害而提起诉讼之权利;原告上诉后,法院认为,国家机关或地方政府因被诽谤而得以获得私法上的救济乃违背公共利益;通过民主程序选举出来的职能主体必须无限制地接受公众的批评。此一判决并引用了美国 City of Chicago v. Tribune Co. 判决。㉓

㉒ See City of Chicago v. Tribune Co. (1923) 139 N. E. 86. 转引自于海涌、吴焕斌:《论政府机关名誉权的存与废——以新闻侵权为中心》,《中国法学会民法学研究会 2008 年年会暨纪念改革开放三十年民法学学术研讨会论文集》(上),第 92 ~ 93 页。

㉓ 参见 Derbyshire and county Council v. Times Newspaper Ltd. And Others (1993) AC 534 (HL). 转引自[德]Christian V. Bar:《欧洲比较侵权行为法》,焦美华译、张新宝审校,台湾元照出版公司 2003 年版,第 173 页。实际上,Christian V. Bar 所举英国之此案例并未包括私法人,因此当私法人受到类似诽谤或侮辱时,得主张一定法律上之权利,因其性质与功能均与公法人不同。

在基本权利所涉及之个人对抗公权力的角色关系上,公法人系立于基本权利所欲对抗对象的一端。基于联邦宪法法院所持之“混同论证”(Konfusionsargument)观点,[24]基本权利主体与基本权利拘束对象乃为一体之两面,两者为择一关系;同一权利主体不可能产生既受基本权利保障,又同时受基本权利拘束之权利义务“混同”对象。否则将使公法人在角色的同一性(Identität)上产生严重混淆。此外,除了国家之外,法律创设出许多公法人以其分担国家公务之履行,其性质乃是“国家延长之手臂”(verlängerte Arm des States)而与国家之间具有行政一体性之关系。若承认公法人得以为基本权利之主体,当国家决定将某一公务收回办理,而决定裁撤某一公法人时,该公法人将得以主张基本权利以对抗国家,国家行政组织权将面临瘫痪的危险。[25] 因此对于公法人而言,原则上应否定其享有基本权利能力。[26]

(二)作用法论证

德国联邦宪法法院由渗透理论所导出的法人基本权利能力二元推定公式仅属于一种“原则性命题”,并无排除例外情形之可能;其于

㉔ 李建良、刘淑范:《“公法人”基本权利能力之问题初探——试解基本权利“本质”之一道难题》,“中央研究院”法律学研究所筹备处2005年版,第331页。

㉕ BVerfGE21,362. 转引自法治斌、董保城:《宪法新论》,台湾元照出版公司2005年版,第158页。

㉖ BVerfGE 15,256(262);21,362(370);23,353(372);25,198(205);26,228(244)... 转引自詹镇荣:《从民营化观点论公民合资公司之基本权能力》,《高大法学论丛》2005年7月创刊号。

判决中亦强调,在寻找法人基本权利能力的判断基准时,不应该过度地僵化,仅单独取决于法人之组织法律形式(亦即公法人或私法人),更重要的是应依基本权利之“本质”来判断基本权利是否、以及在何等范围内得适用于法人之上。[27] 于此意义之下,德国联邦宪法法院另行提出实质性判断模式,其判断基准推进为取决于法人之活动与任务功能,是否实质上可直接归属于“基本权利所保障的生活领域”(Der grundrechtsgeschützte Lebensbereich)而定。如肯定,则法人在完成该等任务范围内,应视为是独立国家,或至少是与国家有一定安全距离以上之组织。国家公权力若触及其活动领域或功能,就会使法人陷入如同自然人一般的“基本权利典型之受危害状态”(Die grundrechtstypische Gefährudungslage)。从宪法诉讼之角度,凡受该国家公权力所波及之法人均享有提起宪法诉愿之权限。如果该法人之活动无法纳入特定基本权利所保障之领域者,其即无基本权利保障之必要性,因而非属于《基本法》第19条第3项规定所欲延伸适用之对象,应即否定该法人的基本权利能力。

基于上述的功能性思考模式,德国宪法法院在历来之裁判中,以针对公法人不受基本权利保障之原则建构出所谓的“例外三支柱”(Ausnahmetrias)。亦即在德国现行法秩序下以公法社团组织形态设立之“国立大学”“教会”以及以公营造物组织形态设立之“邦广播电视机构”,虽然在组织法上皆具备公法人之法律地位,然而因其活动特征并不涉及法律所规定的公共任务之履行,毋宁为基本权利属性之行使,而可分别纳入“学术自由”“宗教自由”与“广电自由”等特定基

---

[27] BVerfGE 68,193(207).转引自詹镇荣:《从民营化观点论公民合资公司之基本权能力》,《高大法学论丛》2005年7月创刊号。

本权利所保障之生活领域；其后甚至扩展到“矫形技师同业公会”，盖相关法规并未涉及矫形技师同业公会作为国家行政一环之功能，而系关乎其作为成员利益代表之功能。㉘

惟应进一步说明的是，前述三类公法人组织之适例，并非功能论证的唯一范畴。德国联邦宪法法院将功能性论证予以“一般化”，使其成为解释《基本法》第19条第3项以及判断法人是否具有基本权利能力的一般性指导原则。例如，德国联邦宪法法院将此论证应用在公法人组织之职业团体上，而认为当其功能“只单纯在于作为其成员经济上利益之代表”时，则其亦具有基本权利能力。㉙

实际上，德国联邦宪法法院并将功能性论证基准适用于私法人。例如在针对地方自治团体哈门市（Stadt Hameln）及其独资公司提起之宪法诉愿所为之判决中表示：“对于哈门市生存照顾股份有限公司（Stadt Hameln AG）所提起之宪法诉愿，应与哈门市等同处理。如其基本权利能力遭到否定，则宪法诉愿人以公法社团为唯一股东之私法人，其应与该公法社团一样不得主张个人基本权利。否则公部门基本权利能力之问题，将可能会广泛地系于组织形式；亦即将取决于生存

㉘ BVerfGE 70,1(15 f.);BVerfGE 70,1(18 f.);BVerfGE 70,1(20 f.). 转引自李建良、刘淑范：《“公法人”基本权利能力之问题初探——试解基本权利“本质”之一道难题》，载汤德宗主编：《宪法解释之理论与实务》(第4辑)，“中央研究院”法律学研究所筹备处2005年版，第331页。

㉙ BVerfGE 15,256(262);45,39(42);67,202(207);93,85(94 f.); BVerfGE 30,112(191 f.);53,366(387);70,138(160 f.);BVerfGE 31,314(322);59,231(254);72,297(317 f.);78,101(102 f.);83,238(312 f.); BVerfGE 70,1(20 f.);75,192(197). 转引自詹镇荣：《从民营化观点论公民合资公司之基本权能力》，《高大法学论丛》2005年7月创刊号。

照顾任务之履行,系由承担者自己为之,抑或是通过法律上具有独立性之私法组织形式行政单位为之。实际上,一个完全为履行地方自治团体生存照顾此一公任务目的所设立,且处于公行政主体之手的企业(哈门市生存照顾股份有限公司),仅可视为行使公行政的一种特别显现形式而已。其在基本权利主体的问题上,不应异于行政主体而受到不同之对待。"相同之论证亦见诸于另一件邦牙技师手工业同业公会联盟主张其基本权利受侵害之判决理由:"在法定疾病保险范围内邦牙技师手工业同业公会联盟系依法律之赋予,行使与同业公会相同之公共任务,因此在此作业范围内,对其基本权利能力无法做异于同业公会之其他判断。同业公会联盟作为私法人之组织,并无法改变此等判断。"㉚由此可知,德国联邦宪法法院系以同一功能性判断标准,既否定公法人组织形态之牙技师同业公会,亦否定私法人组织形态之邦牙技师手工业同业公会联盟具有基本权利能力。因行使公任务而遭联邦宪法法院否定其基本权利能力者,另有"技术监督协会"㉛等。

(三)小　结

渗透理论虽然反映了基本权利之本质在于保障个人自由权之理念,但却漠视了法人在现行法秩序下所存在的自我价值,法人拟制说的

㉚ BVerfGE68,193(208 f.).转引自李建良、刘淑范:《"公法人"基本权利能力之问题初探——试解基本权利"本质"之一道难题》,"中央研究院"法律学研究所筹备处2005年版,第301页。

㉛ BVerfGE45,63(79 f.);NJW1987,S.2501.转引自詹镇荣:《从民营化观点论公民合资公司之基本权能力》,《高大法学论丛》2005年7月创刊号。

思想在其中展现无遗。实际上，德国《基本法》第 19 条第 3 项规定明文将基本权利适用于法人，其目的应在于保障法人的“自我价值”(Eigenwert)。此等价值尤其体现在法人组织之独立性以及具有自己意思表示这两方面。因此，具有基本权利能力的法人类型不应限于具有成员基础的社团法人，纵使是财团法人，或是成员关联性极为薄弱的大型资本公司，亦有承认其基本权利受保障之必要。而德国联邦宪法法院在历年的判决中，确实也不乏肯定财团法人基本权利的例子。[32]

作用法理论则直接从法人任务的角度切入，其不仅肯定了法人的自我价值，更可针对不同任务目的的法人，做精细的个别判断，其判断模式显然较为理想。惟其论证模式乃建构于对法人任务须予定性之前提条件上，而依据德国联邦宪法法院见解，无论是公法人或私法人，其活动均可区分为“公共任务”以及“受基本权利所保障的生活领域”两大类。若为前者，则因其本质为权限之行使，故不具备基本权利能力，若属于后者，则系为自由权行使之性质，自然享有基本权利。[33]

从本文角度观之，根据德国的渗透理论，对于私法人而言，因其大部分情形系由个别自然人所组成，具备“人的基础”前提要件，侵害私法人之基本权利与侵害自然人之基本权利无异；而根据德国的作用法论证，德国联邦宪法法院另行提出实质性判断模式，判断基准取决于

---

[32] 参见 BVerfGE46,73(83);57,220(240)，转引自詹镇荣：《从民营化观点论公民合资公司之基本权能力》，《高大法学论丛》2005 年 7 月创刊号。

[33] Ingo von Münch, a. a. O. (Fn. 5), Rn. 132. 转引自法治斌、董保城：《宪法新论》，台湾元照出版公司 2010 年版，第 164 页。

法人之活动与任务功能,公法人组织之职业团体上当其功能"只单纯在于作为其成员经济上利益之代表"时,则亦具有基本权利能力。因此,当侵害人侵害自然人与法人(该法人非于公共任务状态中)均得以享有的基本权利,如名誉权时,如自然人可以主张精神损害赔偿,则法人自可渗透至组成法人的自然人群体,使法人之基本权利受到与自然人基本权利一样的保障。因之,在此情形下私法人与其活动与任务功能仅为其成员经济利益上之代表的公法人,亦得主张精神损害赔偿。换言之,法人之痛苦,实为组成该法人之自然人之痛苦。因此对于该法人之保障,实无异于对于自然人之保障。

四、基本权利保障在私(民)法上的应用

在确定了法人得主张精神损害赔偿的宪法理论依据之后,法人的基本权利遭受他人侵害时,应如何予以救济?即为讨论要点。基本权利的原始及最主要功能,在于确保人民的自由与权利免于国家侵害,此种由德国联邦宪法法院所创设的理论,认为各基本权利乃客观的价值判断,而基本权利的整体则构成一种价值体系,具有客观规范内容。基本权利应在所有的法律秩序上实现,使其扩散至所有法律领域,从而体现于基本权利的第三人效力;[34]其功能除在保护人民不受公权力

---

[34] 李建良:《基本权利与国家保护义务》,载《宪法理论与实践(二)》,2000 年版,第 59 页;Pieroth/Schlink, Grundrecht, Staatsrecht Ⅱ, S. 16 f.;[日]三并敏克:《私人间における人权保障の理论》,法律文化社 2005 年版。转引自王泽鉴:《宪法上人格权与私法上人格权》,载王利明主编:《民法典·人格权法重大疑难问题研究》,中国法制出版社 2007 年,第 31 ~ 32 页。

侵害外，亦在保护人民不受第三人（私人）之侵害；[35]真正重要的问题

---

[35] 相关德国判决与学说甚多，于此摘录王泽鉴先生2009年5月于华东政法大学讲座部分讲稿内容证之：

由法院创造慰抚金请求权的合宪性：BVerfGE 34, 269 – Soraya。

德国联邦法院以宪法为依据创造一般人格权，并使被害人得请求慰抚金。此项法院造法是否合宪，引起了争论。本件判决被告系有名的出版社，在其周刊杂志刊载虚构的伊朗王后苏菲亚访问记。被害人苏菲亚公主主张人格权受侵害，诉请慰抚金的损害赔偿。联邦法院判决原告胜诉（BGH NJW 1965, 683），认为此项不实报道个人隐私，构成对人格权的侵害，刊登更正启事尚不足回复原状，应以相当金钱慰抚被害人精神上的痛苦。被告提出宪法抗告，主张此项判决违宪，其主要理由有三：第一，违背权力分立原则；第二，侵害言论自由和新闻自由；第三，慰抚金的请求以重大侵害人格权为要件，犹如刑事裁判，由法院创设，违背罪刑法定主义。

德国宪法法院认为此项宪法诉愿不能成立。判决理由长达数页，颇具可读性，可归纳为三点：

第一，德国基本法明定人格权应受尊重，在私法上承认一般人格权，补充现行民法的不足，系为实践宪法基本人权的价值体系，与宪法秩序尚无违背。

第二，言论自由或新闻自由，所以受宪法保护，系因其为公众提供信息，形成舆论。为满足读者肤浅的娱乐，而虚构访问，乃涉及个人私事，无关公益。就此点而言，隐私的保护应优先于新闻报道。联邦法院的判决多以新闻报业为对象，但其他无关新闻报业的案件，亦属不少，不能认为侵害人格权应以金钱赔偿非财产上损害，系针对新闻报业而造法。其构成要件甚为严格，不致影响言论自由和新闻自由。

第三，德国基本法第20条第3项规定，司法应受法律（Gesetz）和法（Recht）的拘束，立法目的在排除狭义的法律实证主义。法的存在系以宪法秩序为内容，具有补充实体法不备的功能。司法的任务在于发现存于宪法秩序的基本价值理念，以合理的论据依实践的理性和根植于社会正义的理念，促进法律进步。关于此点，基本上并无争论，在劳动法方面，立法落后，司法造法特为显著，以适应社会变迁的需要。现行德国民法制定于70年前，法律观念与社会

乃是宪法基本权利之规定应如何进入私(民)法领域?此即所谓基本权利的第三人效力,亦即基本权利在私法中所发生的"放射效力"(Ausstrahlungswirkung)。[36]有争议的是,此种基本权利的第三人效力,究为"直接效力"或为"间接效力"?

(一)直接效力说

所谓基本权利对第三人的直接效力,系指法院在审判民事案件时,得直接引用宪法基本权利的规定,不必通过民事法律,使基本权利能够在民事个案中获得实现。例如,在侵权行为方面,若可由基本权利规定衍生出私法的权利时(如德国法上的一般人格权),则被害人得依民法关于侵权行为的规定(《德国民法》第823条第1项)[37]请求损害赔偿。中国曾发生将宪法作为法律依据直接予以引用的例子,最高人民法院虽于2008年未附理由即予停用,惟该司法解释乃基本权

情况已有重大变迁,德国法上关于人格权保护落后其他西方国家法律甚多。对非财产损害予以相当数额的金钱赔偿是保护人格权有效的手段。现行民法将慰抚金请求权限定于若干情形自有其时代背景,如今法律意识、价值观念业已改变,保护人格权的立法迟未定案,由法院判决补现行的规定不足,确有必要。以有效的方法保护宪法体系中基本价值,并未整个排除德国民法第253条的规定,仅在补充其列举规定,并未恣意造法,不构成对言论自由或新闻自由的侵害,从宪法秩序言,应无可议。

[36] 法治斌、董保城:《宪法新论》,台湾元照出版公司2005年版,第162页。

[37] 德国《民法》第823条第1项规定:"因故意或过失,不法侵害他人之生命、身体、健康、所有权或其他权利者,对所生之损害应负赔偿责任。"

利对第三人直接效力的典型案例,仍有再次强调之必要;[38]最高人民法院2001年第25号解释针对山东省高级人民法院关于姓名权纠纷案审理(鲁民终字1999年第258号)的批复主要内容为:“根据本案事实,陈晓琪等以侵犯姓名权的手段,侵犯了齐玉苓依据宪法规定所享有的受教育的基本权利,[39]并造成了具体的损害后果,应承担相应的民事责任。”前最高人民法院法官并曾撰文表示,中国应在司法实践中逐步将宪法引入诉讼程序,将宪法直接作为法院审理案件的法律依据而于裁判文书中援引。由于中国没有宪法法院,因此可以参照美国模式,凡是有关宪法问题的纠纷都由法院按照普通程序审理,法院在审理此类案件时可以直接以宪法作为裁判依据。[40]

(二)间接效力说

所谓基本权利对第三人的间接效力,是指基本权利须通过民法的概括条款(如《民法通则》第7条、[41]《合同法》第6条),[42]或不确定法

---

[38] 最高人民法院关于以侵犯姓名权的手段侵犯宪法保护的公民受教育的基本权利是否应承担民事责任的批复法释〔2001〕25号已停止适用。引自《最高人民法院关于废止2007年底以前发布的有关司法解释(第七批)的决定》。

[39] 《宪法》第46条规定:“中华人民共和国公民有受教育的权利和义务。”

[40] 黄松有:《宪法司法化及其意义——从最高人民法院今天的一个〈批复〉谈起》,《人民法院报》2001年8月13日。

[41] 《民法通则》第7条规定:“民事活动应当尊重社会公德,不得损害社会公共利益,破坏国家经济计划,扰乱社会经济秩序。”

[42] 《合同法》第6条规定:“当事人行使权利、履行义务应当遵循诚实信用原则。”

律概念(例如,我国台湾地区“民法”第72条、[43]第184条第1项后段)[44]而实践之。例如,雇主如与员工约定,一旦怀孕必须离职,得认为系违反宪法所保障的权利,悖于公共秩序善良风俗(台湾地区“民法”第72条)而无效。而经过法律解释则可认定,最高人民法院于1988年10月14日就天津市高级人民法院请示《关于雇工契约中注明“工伤概不负责任”应如何认定其效力的问题》所做的批复,则同时包含了对于宪法的直接引用与间接引用。该批复认为:“对劳动者实行劳动保护,在宪法中已有明文规定,这是劳动者所享有的权利,受国家法律保护,任何个人和组织都不得任意侵犯。”雇主在招工登记表中注明“工伤概不负责任”,“这是违反宪法和有关劳动保护法规的,也严重违反了社会主义公德,对这种行为应认定无效”。[45] 该约定除了依据相关劳动保护法规,以及《宪法》第42条[46]所规定的加强劳动保护的精神可以确认其无效外,另依据《民法通则》第7条关于民事活动应当尊重社会公德之规定,亦可认定该约定为无效。

上述最高人民法院先后所作出的两个司法解释,确有相当宪法意义,值得重视;由于最高人民法院解释宪法,同时直接引用于司法解释

---

[43] 台湾地区“民法”第72条第1～2款规定:“法律行为,有背于公共秩序或善良风俗者,无效。”

[44] 第184条第1项后段第1～2款规定:“……故意以背于善良风俗之方法,加损害于他人者亦同(负损害赔偿责任)。”

[45] 此司法解释引自黄松有:《宪法司法化及其意义——从最高人民法院今天的一个“批复”谈起》,《人民法院报》2001年8月13日。

[46] 《宪法》第42条第1～2款规定:“中华人民共和国公民有劳动的权利和义务。国家通过各种途径,创造劳动就业条件,加强劳动保护,改善劳动条件,并在发展生产的基础上,提高劳动报酬和福利待遇。”

之中,并未形成惯例;此外,最高人民法院亦从未依据宪法进行违宪审查;当然依据宪法规定,此非属最高人民法院的权力。实际上,有关齐玉苓一案,陈晓琪是以侵害齐玉苓姓名权的手段,侵害齐玉苓的受教育权;陈晓琪侵害的是齐玉苓的一般人格权,其系源于宪法对人格尊严的保护(《宪法》第38条规定:“中华人民共和国公民的人格尊严不受侵犯。禁止用任何方法对公民进行侮辱、诽谤和诬告陷害。”),陈晓琪的行为影响了齐玉苓人格之自由发展。

(三)本书见解

即便《宪法》列了许多“义务条款”,如公民“同时必须履行宪法和法律规定的义务”(第34条)、“公民有劳动的权利和义务”(第34条)、“公民有受教育的义务”(第34条)、“夫妻双方有实行计划生育的义务。父母有抚养教育未成年子女的义务,成年子女有赡养扶助父母的义务”(第34条)。本文参酌学者与德国联邦宪法法院[47]的见解认为,关于基本权利对私人法律关系的效力,应采间接效力说,其理由有三:(1)宪法并无法律行为违反宪法者无效的规定。(2)基本权利的主要功能在于系为防御国家行为对人民的侵害,非在于规范私人间的法律关系,比例原则的适用将使法律行为受到严格的审查,不利于私法自治。(3)经由私法上概括条款的适用一方面足可实现宪法基本权利的价值体系;另一方面亦能在法律体系及逻辑上,保障私法的自主性,使私法在其完整体系之内解决私法问题,并维持法律整体秩

---

[47] BVerfGE 7,230. 转引自法治斌、董保城:《宪法新论》,台湾元照出版公司2005年版,第163页;张千帆:《论宪法效力的界定及其对私法的影响》,《比较法学文萃》(第2辑),中国政法大学出版社2006年,第217页。

序的一致性。[48]

退一步而言,如果采基本权利对第三人的直接效力说,法院可以直接引用宪法作为判决之依据;但因宪法并未就侵害他人(法人)得以主张精神损害赔偿作出明文规定,如以德国侵权行为法一般条款为例,法院仍须通过民法一般侵权行为中的侵害他人"权利"(此系因基本权利规定而衍生出之私法权利)之规定,或"违反保护他人之法律规定"(此处所指保护他人法律,是指相应得以解释为保障法人基本权利的宪法条文)的转介条款设计以实践救济。

如果采基本权利对第三人的间接效力说,因基本权利必须通过民法的概括条款,或不确定法律概念来实践救济。在侵权行为立法技术优异的前提下,一般侵权行为类型的设计包含了不确定法律概念(违反善良风俗),则可视侵权行为样态的不同,一类侵权行为可以通过解释与论证而直接适用该侵权法条文;另一类侵权行为则须先通过其他概括条款,再通过适用一般侵权行为类型之转介条款,使得该条文(概括条款)成为一般侵权行为"违反保护他人法律之规定"类型中所指之保护他人之法律(非属宪法条文)后辗转获得救济。在同时符合几种条件的案例中,会有竞合之情形。

《侵权责任法》第2条为中国侵权行为的一般条款之一(尚需与其他条文配合适用),就本文论及之范围而言,其当前设计尚无法完全响应理论与实践之所需,有赖日后通过司法解释与学说构建予以不

---

[48] 王泽鉴:《宪法基本权利与私法》,第67~69页。有关应采基本权利对第三人的间接效力一说,战后发展为德国通说。参见吴庚:《基本权的三重性质》,载台湾地区"司法院"大法官书记处编辑:《"司法院"大法官释宪五十周年论文集》1998年版,第43页。

断完善,不管采取第三人的直接效力说或间接效力说,精确与科学的侵权行为立法与解释,在此都是实践对民事法律进行合宪性控制的重要条件。

五、结　论

根据 1982 年《宪法》可知,其实中国企业基本上均属国营或集体所有,在计划经济体制之下,公有制占绝对主导地位;在 1987 年《民法通则》第 2 条乃确认民法所调整的对象包括法人之间、公民和法人之间的财产关系之前,很难认为当时的宪法设计中,考虑到法人的基本权利主体地位。而且根据上述德国宪法理论可知,20 世纪 80 年代以前,法人所扮演者均为政府职能之角色,其性质乃是"国家延长之手臂",与国家之间具有行政一体性之关系,故未肯定其基本权利主体之地位;惟经过 20 多年的市场经济洗礼后,私法人在修正后的宪法与社会实践上都已经得到了充分的肯定,而许多公法人也扮演着越来越多元化的角色,基于社会发展的实际需要,本书以为,应通过法律解释的方式确认,当适合于法人所得拥有的基本权利遭到侵害时,法人在宪法上的地位应与公民无异;《宪法》第二章所规定的公民之权利义务,在新时代下应解释为不仅限于公民,其在一定范围内应扩大适用于法人;而见诸本文前述可知,日本最高裁判所将其宪法中"国民"之权利及义务扩及于法人时,采取的是同一见解。

值得说明的是,在 1998 年之后才规定事业单位必须"登记"或"备案",领取事业单位法人证书和组织机构代码证。但事业单位尚未登记,实务上曾有见解认为只要补登记(领取事业单位法人证书)

即可,并不影响其基于法人地位所拥有之诉讼能力。[49] 此法律见解虽明显违背民事权利能力所需要件之规定;惟其事业法人深具中国特色,有许多事业单位同时承担政府职能,提供公共服务,但也进行营利活动,如某些公立大学或医院。在实践中,事业单位因其性质之特殊,致使其经常发生债权人求偿困难,甚或是求偿无门……难以解决的法律问题。[50] 本书以为,除在判定事业单位是否拥有基本权利时,不妨借助德国之渗透理论与作用法论证等判断标准,当然本文从法律规定与法律政策角度出发,均认为事业单位未经登记,就不具备法人资格,因而不具备民事上之权利能力;而在确定事业单位(经登记,已具备民事权利能力)与其他民事权利主体发生法律关系时,其究竟是进行公共服务或是商业活动,也可借助同一标准来判断。

总而言之,探寻自然人之所以得主张精神损害赔偿的理论基础,无论从何处着手,即便通过自然法的检验,最终均能落脚于基本权利;此即为论证法人因得享有一定范围的基本权利,从而在一定条件下得以主张精神损害赔偿的核心理由之一。人格权之发展与时俱进,中国法人基本权利的第三人效力应考虑提升到宪法高度,只不过是通过基本权利的直接或间接的效力予以保障。由此观之,《侵权责任法》第22条规定:"侵害他人人身权益,造成他人严重精神损害的,被侵权人可以请求精神损害赔偿。"《关于确定民事侵权精神损害赔偿责任若干问题的解释》第5条规定:"法人或者其他组织以人格权利遭受侵害为由,向人民法院起诉请求赔偿精神损害的,人民法院不予受理。"

---

[49] 方流芳:《从法律视角看中国事业单位改革》,《比较法研究》2007年第3期。

[50] 同上。

等规定，即与《宪法》第 11 条第 2 款"国家保护个体经济、私营经济等非公有制经济的合法的权利和利益"之保护法人的合法权利和利益意旨似有若干出入；其对法人的诉讼权所设的不必要限制，亦与《宪法》第 33 条第 2 款"中华人民共和国公民在法律面前一律平等"。保障法律上地位平等之意旨不尽相符。从宪法平等权之角度审视，早期精神损害赔偿仅限于自然人诚有意义，但基于法人的社会重要性日渐提高、植物人的客观存在，以及更妥适地解决非财产损害赔偿问题等原因，均能说明精神损害赔偿的传统意义与其既有概念的边界已被突破。而从本文的论证角度亦认为，在符合一定条件下，有条件的承认法人亦得主张精神损害赔偿，将可提升法人基本权利的保障层级，并能适应中国社会发展的实际需要。

第四章

《侵权责任法》第二条的立法模式检讨

——从比较法的观点出发

一、侵权行为一般条款的基本问题——权利与利益的辨析

（一）《民法通则》第106条第2款

（二）《侵权责任法》第2条

二、侵权行为法一般条款立法模式的功能——比较法研究

（一）法国模式——不区分权利与利益

（二）日本模式——未明确区分权利与利益

（三）德国与我国台湾地区模式——区分权利与利益

三、结　论

摘 要

中国侵权行为一般条款的基本问题,乃权利与利益的区分不够清晰,在实践上难以精确适用。法国模式不区分权利与利益,赋予了法官根据实际情况确定“损害”形态内涵的发挥余地。日本模式并未明确区分权利与利益。德国与我国台湾地区模式,则将权利与利益予以区分,其均系以财产利益的保护为主,乃透过是否侵害他人权利、违反善良风俗与保护他人之法律作为构成侵权行为的过滤机制;之所以有权利与利益之区分,仍是基于不断变迁的社会运作成本与风险的考虑而来。法官职业化还在发展过程之中,法国民法模式在解释适用上较为不安定;日本模式其立法例不值得仿效,但其继受西方法律的经验与所发展的学说,甚值学习;德国模式虽与中国的侵权责任法一般条款立法模式有别,但通过对德国模式的理解,将有助于日后司法实践中,具体操作权利与权益的区别,并做出合理的筛选。

关键词:侵权行为 侵权责任法第2条 善良风俗 侵权行为一般条款 权利 利益

Abstract

The basic problem of the general article of the Tort Law of the People's Republic of China is that the distinction between rights and interests is not clear. That article is very difficult to enforce. The French model does not distinguish between rights and interests; it grants judges a right to decide the type and scope of damages in terms of the matter of facts. The Japanese model never clearly distinguishes between rights and interests. The German and Taiwanese models do distinguish between rights and interests, and they are both property-protection-oriented. The German and Taiwanese models have established their screening mechanisms through determining whether someone has infringed other people's rights, violated the *boni mores*, or violated laws protective of other people; their distinction between rights and interests is based on the consideration of the costs and risks of a continually evolving society. The professionalization of Chinese judges is still ongoing, The French model is not comparatively stable when being applied and interpreted. The Japanese model is not worthy to be adopted; however, its experiences of the reception of western modern laws and the theories for developing are worth learning. Although the general article of German tort law is different from the Chinese one, understanding the German model will help determine the differences between rights and interests in practicing Chinese tort law and then conduct reasonable screening.

Key Words: Tort Law　Rights and Interests　Boni Mores　General Article

一、侵权行为一般条款的基本问题——权利与利益的辨析

(一)《民法通则》第106条第2款

通说认为,《民法通则》有关侵权行为法之规定系采法国民法模式,即在侵权行为法中首先规定一般条款以概括一般侵权行为,其具体条文即《民法通则》第106条第2款规定:“公民、法人由于过错侵害国家的、集体的财产,侵害他人财产、人身的,应当承担民事责任。”在这一条款中,概括了绝大部分的一般侵权行为。之后,在第121条至第127条,以及第133条分别规定了八种特殊侵权行为,分别是国家机关(工作人员)的赔偿责任、产品责任、高度危险作业致害责任、环境污染侵权责任、地面施工致人损害的民事责任、建筑物及其他对象致害责任、动物致害责任,以及法定代理人的侵权责任。①《民法通则》的立法方式,一定程度保持了大陆法系侵权行为法的立法优势,使其立法简洁、明快,法官可以发挥创造性。惟此一立法模式是“侵权行为一般条款+特殊侵权行为的特别规范=全部侵权行为”模式,由于在此之一般条款规定的是一般侵权行为,并未概括特殊侵权行为,因而使侵权行为法的概括性不完全,②有挂一漏万的情形存在。法国民法模式的特色就是概括原则,富有弹性,不区分权利和利益,但是不够精确,在解释适用上较为不安定。不过值得注意的是,在具体实践上,《民法通则》第

---

① 杨立新:《论埃塞俄比亚侵权行为法对中国侵权行为法的借鉴意义》,《扬州大学学报》(人文社科版)2005年第5期,转引自《人大复印资料》(民商法学)2006年第2期。

② 同上。

106条第2款所指之“财产”或者“财产利益”的范围太广，它让法院在解释和适用时发生巨大的困难；而且实际上我国法院并未将《民法通则》第106条第2款按照法国模式来理解，从最高人民法院到地方各级法院，从未明确认为该款中的“财产”包括所有的财产利益并且应和绝对权同等保护。③ 故此，有学者认为从司法实践的角度观察，《民法通则》第106条第2款之侵权行为一般条款，并不真正属于法国模式。④

(二)《侵权责任法》第2条

2009年年底公布的《侵权责任法》中之第2条规定：“侵害民事权益，应当依照本法承担侵权责任。本法所称民事权益，包括生命权、健康权、姓名权、名誉权、荣誉权、肖像权、隐私权、婚姻自主权、监护权、所有权、用益物权、担保物权、著作权、专利权、商标专用权、发现权、股权、继承权等人身、财产权益。”此一条文可谓整部《侵权责任法》中的核心；据其立法意旨与官方条文解读所述，此一条文基于外国之立法例，从实际出发，并考虑到与现行法律的协调一致后制订；从其规定可以看出几点：侵权责任法的保护对象系采“概括+列举”的方式，本条第一款明确了侵权责任法的保护对象为“民事权益”，第二款明确了民事权益的内涵，列举了具体的民事权益；侵权责任法对民事权利和民事利益在保护程度和侵权构成要件上未作区分；侵权责任法不调整违约的情形；侵权责任法调整的侵权责

---

③ 葛云松：《纯粹经济损失的赔偿与一般侵权行为条款》，《中外法学》2009年第5期。

④ 同上。

任包括过错责任和无过错责任;行政侵权责任是否属于侵权责任法的调整范围,没有明文规定。⑤

根据《侵权责任法》第2条规定,其所保障的范围为“民事权益”,亦即权利和利益。侵权法一般条款明确保护合法利益的原因在于,此乃保持一般条款本身的开放性需要;因为在一定范围内的利益,亦即符合法律保护目的和规范要求的前提下的特定利益,即应予以保护。“合法性”包括现行法所明确规定的各种利益(如死者的人格利益),以及符合法律基本目的、公序良俗原则等要求的其他一些利益类型(如纯粹经济损失)。侵权法一般条款得就死者人格利益、纯粹经济损失、占有等予以列举,并加上兜底条款“其他合法利益”。在实践中,法官须视现实社会的发展来确定侵权法所保障的利益。然而合法利益保护的宽严,将很大程度影响社会之发展,因其保护范围应有两项限制:(1)主观方面的限制,亦即对合法利益的侵害必须是针对故意被于善良风俗之行为所导致;(2)应该在类型化的侵权行为中,对侵害合法利益的构成要件予以明确。

值得注意的是,《侵权责任法》第2条在表述上,其所谓之民事权益,均系以某某权来列举,但在条文之末,则表述为上述权利所指涉的范围是权益(权利+利益)。该条如此规定,除了可能蕴含的推广社会对权益意识的法治建设功能外,在立法上仍有值得探讨之处。《侵权责任法》第2条显然不是一个完全条款,视情形要分别结合《侵权责任法》第6条、第7条、第15条、第21条等共同适用。一般说来,利益与权利的保护范围不同,特别是与已经类型化的权利相较,而且其

---

⑤ 全国人大常委会法制工作委员会民法室编著:《中华人民共和国侵权责任法解读》,中国法制出版社2010年版,第5~12页。

二者的保护要件也有差异,但综合观察此一条文与其他配套条文后,仍无法清楚地看出其对权利和利益的保护要件有何差异。⑥ 故此,日后只能通过司法解释与学说来构建其区别,特别是对利益方面的保护要件。从这个角度而言,我们非常有必要探索其他几个主要大陆法系国家(地区)的侵权行为法的一般条款的立法例模式,以及其是否区分,或如何区分权利与利益的方式和标准,以作为日后就此条款进行法律解释的参考。

---

⑥　权利与利益之区别,美国法亦十分重视。《美国侵权行为法重述》开篇即对此一问题进行分析,其认为:(1)利益一词系指任何人类欲望之客体,其不必然受法律保护,心灵的宁静也是一种利益,正如对土地的占有一样。所不同的是,法律对前者不加以保护,其原因在于法律的局限性与该利益的不重要性。欲望的客体不是欲望所涉及的物,如每一个人都希望他的身体免于伤害。于此,欲望的客体是身体的安全,而不是身体本身。(2)利益不同于权利,如果某一利益受法律保护,即可排除任何形式的侵犯;那么,此利益即可成为一种权利的内容。这种权利就是权利人可以要求所有的人、特定的人以及一部分人不得为损害其利益之行为。(3)法律对利益的四种态度。法律可能会将某种特定的利益视为不正当,因而将法律责任强加在想要实现这种利益的人身上,但法律亦可能认定某种欲望是正当的,从而会为那些试图阻止这种欲望实现的人施加法律责任。在这两种截然不同的态度之间还存在另外两种态度:一种是不以刑事责任和民事责任予以保护的利益,但法律承认人们实现这种利益是一种自由。另一种是法律完全处在中立的立场,即不施之以刑事责任,不承认这是一种特权,也不加以法律责任予以保护。(4)侵权法的整个历史显示一种倾向,即那些被认为值得法律保护的利益,此前往往没有受到任何保护,如隐私权;其亦表明某种可能性,即现在未受保护的利益,日后会受到保护;现在未受完善保护的,日后会受到全面的保护。转引自吴文嫔:《占有法益之侵权行为法救济途径——兼论侵权行为法一般条款之重构》,《四川大学学报》(哲学社会科学版)2004 年第 6 期。

二、侵权行为法一般条款立法模式的功能——比较法研究

(一)法国模式——不区分权利与利益

1804 年法国所制定的民法典中,有关侵权行为的只有 5 条规定(第 1382 ~ 1386 条)。法国《民法》第 1382 条规定:"基于咎失(Faute)的行为,使他人发生损害者,应负赔偿责任。"(此乃规定积极作为的侵权行为);第 1383 条规定:"个人不仅对于因自己之故意行为所生之损害,即对于因自己之懈怠(négligence)或疏忽(imprudence),致他人损害者,亦负赔偿责任。"(此乃规定消极不作为的侵权行为)由此可知,法国民法的侵权行为是建立在一个概括、抽象的一般原则之上,宣示着过失责任主义,其概可分述如下:

1. 自己行为责任

综合法国《民法》第 1382 条、第 1383 条之规定,其要件有三:(1)须被害人受有损害(Dommage),通说认为包括精神损害[非财产上损害(Dommage moral)]。侵害他人致死者,被害人的未婚妻,甚至是情妇,就其所受精神痛苦亦得请求赔偿。受保护的不限于权利,亦包括纯粹精神上之损失。如某职业足球员被杀害,其所属之足球俱乐部对给付给替代球员所支付的高额费用,须向侵权行为人请求赔偿其损害。(2)须所生损害可归责于《民法》第 1382 条所称之 Faute,或第 1383 条所称懈怠(négligence)或疏忽(imprudence)之规定。Faute 是法国侵权行为法上之核心概念,因于民法典未设定义,争议甚多,一般认为系指过失,并包括故意在内。在法国侵权行

为法理论上并未明显区分“过失”与“违法性”,二者兼含于 Faute 之内。故被害人的行为系出于正当防卫时,认为系不成立 Faute,无所谓违法性阻却的概念。(3)在损害及具有可归责行为之间须具有因果关系(lien de causalité)。⑦ 依法国判例学说,损害非出于被告的行为,系因外在事由(cause étrangêre),如不可抗力所致,或因被害人的过失或被告难以预见的第三人行为所致时,得中断因果关系。若尚不构成中断因果关系事由时,法院得适当减轻其赔偿额。关于如何限制得请求赔偿的损害,实务上参照第 1151 条⑧关于合同的规定,采直接立即说(une suite immediate et directe),由法官依其常识经验加以判断。⑨

2. 非自己行为责任

所谓非自己行为责任,包括就他人行为负责及物之责任。法国《民法》第 1384 条规定:“虽非自己行为发生之损害,但因自己应为负责之‘他人行为’(le fait des personnes)或因‘保管物之行为’(le fait des choses que l'on a sous sa garde)所生之损害,亦负赔偿责任。父母就其未成年与其同居之子女之行为所生之损害,负赔偿责任。雇主

---

⑦ Motulsky, Die Zurechnenbarkeit des Kausalzusammenhanges im französischen Schadensersatzrecht, RabelsZ25(1960)242. 转引自王泽鉴:《侵权行为法》(第一册),台湾地区,作者发行 1998 年版,第 46 页。

⑧ 法国《民法》第 1151 条规定:“即使在契约不履行是由于债务人诈欺所引起的情况下,对债权人受到的损失以及被剥夺的可得利益应给予的损害赔偿,仅以契约不履行立即发生的直接结果为限。”参见《法国民法典》,罗结珍译,中国法制出版社 1999 年版,第 290 页。

⑨ 王泽鉴:《侵权行为法》(第一册),台湾地区,作者发行 1998 年版,第 46 页。

及业主,就其佣役或受雇人因业务所生之损害,负赔偿责任。教师及技师,就学生或学徒,在其监督下所生之损害,负赔偿责任。"第1385条规定:"动物所有人或使用人,就置于其管理下之动物,因走失或逃匿所生之损害,负赔偿责任。"第1386条规定:"工作物所有人,因工作物之保存欠缺或构造瑕疵而塌毁所生之损害,所生之损害,负赔偿责任。"有关此一规定,应进一步说明的有两点:(1)对此等非自己行为责任的归责原则,由于民法未明确规定,学者见解分歧;一般认为系采推定过失。(2)就法国民法之体例言,第1384条第1项后段关于:"因保管物之行为所生之损害,亦负赔偿责任。"原被认为是第1385条(动物占有人责任)及第1386条(建筑物所有人责任)的综合前提规定,其本身不具有独立的规范地位,并非一个独立的"请求权规范基础"。例如,工厂锅炉爆炸,伤害工人,或驾车肇祸伤害路人时,因其不合第1385条及第1386条的要件,应适用第1382条或第1383条的规定,从而原告应就加害人是否有Faute或懈怠、疏失负举证责任。惟此不足以保障被害人,法国法院乃重新诠释民法第1384条第1项后段,肯定其具有独立的规范功能,得用以规范所谓无生物(如锅炉、汽车等)所致的损害,创设了无过失责任;此被认为是法国侵权行为法的革命,深具意义。⑩

3. 无过失责任

法国《民法》第1384条第1项后段所创设之无过失责任是一项革命,法律上之革命经常是一个漫长的发展过程。发生在1870年

---

⑩ 邱聪智:《法国无生物责任法则之发展》,载《民法研究(一)》,中国人民大学出版社2002年版,第161~184页。

的一个洗濯工厂爆炸案件,法国最高法院采传统见解,否认有其得适用法国《民法》第 1384 条第 1 项后段。于 1887 年的一个工厂机器破损倾倒伤害工人的案件中,法国最高法院为了保护因为工业灾害而受害的劳工,乃扩张适用第 1386 条关于建筑物所有人责任之规定,强调接连于建筑物的机器为建筑物的附属物,机器的瑕疵应视为建筑物本身的瑕疵,故被害人毋庸证明所有人的过失,亦得请求损害赔偿。

经过了长时间的酝酿,法国最高法院在其民法施行后的第 93 年(1897 年),依据法国《民法》第 1384 条第 1 项后段创设了所谓无生物责任原则。在这个案子里,被告所有蒸汽锅炉爆炸,原告之夫在船上工作,当场死亡,乃诉请赔偿。原审以被告并无过失而驳回之。第二审巴黎高等法院类推适用第 1386 条规定使被告负赔偿责任。被告上诉第三审,法国最高法院肯定了法国《民法》第 1384 条第 1 项后段系一项独立的规定,对于一切之所谓无生物皆应适用,以保护被害劳工。1899 年法国制订劳工保险法时,特别采纳此项判决意旨,对劳动灾害采无过失责任。其后法国最高法院逐渐扩张第 1384 条第 1 项后段,使之及于堤防崩毁及瓦斯爆炸等意外事故;其并于 1930 年在有名的 Jand' heur v. Les Galeries belfortaises 案中表示法国《民法》第 1384 条第 1 项后段对于汽车事故亦得适用,并再度强调被告仅于证明该损害系出于不可归责的偶然事故、不可抗力或外在原因时,始得免责。其归责原理遂由“推定过失”转为“责任推定”,建立了相当于无过失责任制度。嗣后其适用范围更见扩大,包括声、光、电器等无体物在内。须特别提出者系法、国法上关于危险活动或设施的责任,是由判例所创设,故危险责任的立法较为少见,其主要有 1934 年的民用航空法、

1965 年的核子损害赔偿法等。[11]

简言之,法国《民法》第 1382 条首创一般条款之先河,该条文与其他几个重要条文及法院判决后的法律发展,共同构建了法国侵权行为法体系,他是立法者对法国习惯法总结而产生。诚如法典的起草者 Tarrible 所言,此乃非常宽泛的条款,包含了各种类型的损害,此规定赋予了法官根据丰富的实际情况确定“损害”形态内涵的发挥余地,这也是该条款具有旺盛生命力的缘由。[12]

有留法学者曾表示,从欧洲(特别是法国)的经验可知,法官对于民法典的生命力有极其重要的影响已是不争的事实,然而随着法律技术性色彩的渐浓,规定了越来越多的细节层面,法官的解释、具体化与补充职能渐被削弱,法律规范越细致,法官作为法律解释主体推动法律发展的机会就越少。此外,司法腐败毕竟只是相对个别现象,其问题在于司法独立性,如果民法典限制法官的自由裁量余地,法典的命运只能是急速的老化与过时,因而不得不频繁修法。[13]

然而不乏学者基于大环境等原因,认为容留过多裁判空间给法官,不但不能彰显正义,反而是提供给司法腐败一把“尚方宝剑”。故此,对于采用法国《民法》一般条款的立法模式持保留态度。[14] 本

---

⑪ 王泽鉴:《侵权行为法》(第一册),台湾地区,作者发行 1998 年版,第 46~49 页。

⑫ 王利明:《侵权法一般条款的保护范围》,《法学家》2009 年第 3 期。

⑬ 石佳友:《民法典与法官裁量权》,《法学家》2007 年第 6 期。

⑭ 梁慧星:《合同法的成功与不足》(下),《中外法学》2000 年第 1 期;徐国栋:《认真地看待民法典》,中国人民大学出版社 2004 年版,第 5 页。

书亦必须指出，法国式一般条款的立法，某种程度上将强化司法的能动性；然而即便是向来强调要发挥本土资源作用的苏力也认为，用“能动司法”⑮来概括中国司法不但不准确，从长远来看，也未必妥当；虽然他赞成在目前中国语境中，能动司法的实践。⑯ 中国所指的能动司法与英美国家所指的能动司法(judicial activism)有所区别，英美国家中系指法院或法官超越自己的依法办事的制度角色，以司法的名义作出一些本该由立法、行政机关作出的带有强烈政治性的司法决定。惟学者认为，即使这种能动是出于良好的用心，也值得非议。盖因司法僭越立法和行政机关的权力，以非民主的少数人决定方式对需要以民主政治过程作出的决策，将可能导致政出多门；此外，司法机关和法官由于缺乏政治经验，充分信息和利益平衡，往往会在有社会公共政策寓意的问题上作出错误决策。⑰

(二)日本模式——未明确区分权利与利益

现行日本民法(1896年)是在模仿法国民法(1804年)所制订的

---

⑮ 在中国当代的语境中，所谓能动司法，大致是指，法官不应仅仅消极被动的坐堂办案，不顾后果的刻板适用法律；在尚处于形成近程中的中国司法制度限制内，法官可以并应充分发挥个人的积极性和智慧，透过审判以及司法主导的各种替代纠纷解决方法，有效解决社会各种复杂的纠纷和案件，努力做到案结事了，实现司法的政治效果、社会效果和法律效果的统一。参见《能动司法是司法运行规律的本质所在》，《人民法院报》2009年9月1日。

⑯ 朱苏力：《关于能动司法与大调解》，《中国法学》2010年第1期。

⑰ Richard A. Posner, The Federal Courts: Challenge and Reform 318 (1996).

旧日本民法(1890年)上,参考德国民法草案(1888年、1890年)修正而成。日本民法关于不法行为共设16条规定,体系上可分为一般不法行为及特殊不法行为。⑱

1. 一般不法行为

日本《民法》第709条规定:"因故意或过失侵害他人之权利者,负损害赔偿责任。"此条揭示了过失责任主义原则,通说认为其构成要件有四:⑲(1)加害人故意或过失行为;(2)违法侵害他人权利;(3)因权利被侵害而发生损害;(4)加害人具有责任能力。

日本民法一般不法行为的发展重点在于权利侵害与违法性。日本旧民法第370条规定:"因过失或懈怠加损害于他人者,应负赔偿责任。"现行日本民法参照德国《民法》第823条第1项规定,将"加损害于他人",改为"侵害他人权利",使之更为明确。⑳ 此乃基于古典自由主义思想,具有保障活动自由,尤其是经济自由竞争的机能。在实务方面,早期(明治、大正期间)依立法者的旨趣,对权利侵害采严格解释。其后在有名的大学汤事件,将不法行为法所保护的权利加以

---

⑱ 王泽鉴:《侵权行为法》(第一册),台湾地区,作者发行1998年版,第52页。

⑲ [日]几代通、德本伸一补订:《不法行为法》,平成5年;[日]四宫和夫:《不法行为》,昭和63年。转引自王泽鉴:《侵权行为法》(第一册),台湾地区,作者发行1998年版,第53页。

⑳ [日]前田达明:《不法行为法》,第67页。转引自王泽鉴:《侵权行为法》(第一册),台湾地区,作者发行1998年版,第53页。

扩大,及于所谓的“老铺”,㉑即因长年营业而生之无形的经济利益。

㉑ 日本大正14年11月28日,大审院判例:原告甲的先祖乙于大正4年(1925年)向丙承租其位于京都大学附近名为“大学汤”房屋;经过修造加工及增添设备后,沿用其原有名称“大学汤”从事澡堂经营。当时约定租金为每月160日元,另外支付950日元作为使用“大学汤”此一老字号的价金。其后,甲从乙手中接过此项事业继续经营,直至大正10年双方协议解除房屋租赁合同。丙遂将该澡堂连同所有设施全部以月租360日元租给共同被告丁,并允许丁使用澡堂原有老字号“大学汤”继续营业。甲即向法院提出其先祖乙在租赁“大学汤”房屋时,与出租方丙有“该老字号在房屋租赁期满时,可由丙自己买下或应容许乙任意转卖他人”的特别约定。丙违反上述约定,构成债务不履行;并表示如不承认该特别约定,则以侵权行为为由提出损害赔偿。丁在明知老字号存在的情况下与丙共谋,致使甲无法出卖老字号,亦构成侵权行为,应予损害赔偿。原审判决否定了特别约定的存在;并认为老字号固有其重要的财产价值,因非法律上权利,故不构成侵权行为。上诉之后,大审院认为侵害之对象并非老铺,乃为老铺出卖所应得之利益,此利益有以侵权行为损害赔偿请求权保护之必要。参见[日]我妻荣、民法研究同人会编:《民法基本判例集》(第5版),一粒社1995年版,第395~396页;姚辉:《“大学汤”案》,载http://www.civillaw.com.cn/weizhang/default.asp?id=9848。“大学汤”案之裁判要旨:所谓不法行为,乃违反法规或违反禁止性规定行为之谓。民法第709条所规定因故意或过失以违反法规的行为侵害他人者,负有赔偿因此发生的损害之责任一项,实具有广泛意义。其侵害之对象,可以为所有权、地上权、债权、无体财产权、名誉权等所谓具体权利,亦可为尽管尚未与上述各项在同一程度之严谨意义上视为权利,但在法律上同样应予保护之某一种利益。详言之,即为吾人法律观念上所认可、对其所受侵害有必要依据侵权行为法规定予以救济之利益。所谓权利之类名词,因其用法之精、疏、广、狭不同,原不应从其一意而论,惟应参鉴各规定之本旨,方可解其真意。(原审)以法条有“他人权利”之言,即解为系指与该具体权利发生场合同样意义上之权利;凡侵权行为必先穿凿附会于何种权利而忘却参照法律观念自大局处予以考察,作茧自缚,限制对侵权行为受害之救济,实难谓妥当。参见[日]大审院,大正14年11月28日判决,民集,4卷,12号,第670页。转引自姚辉:《“大学汤”案》,载http://www.civillaw.com.cn/weizhang/default.asp?id=9848。

日本大审院扩大解释权利的判例转变，对学说产生甚大的影响，末川博及我妻荣认为，为适应实际社会需要，并体察不法行为的基础已由个人人本的思想进入人类社会上损失公平妥当性的负担分配，在不法行为的构成要件上应由权利侵害移向违法性（“权利侵害”から“违法性”へ），依被侵害法益的种类及侵害行为样态的相关关系，以决定加害人应否负损害赔偿责任；[22]一方面扩大不法行为所保护的客体，另一方面借违法性的判断予以控制，使侵害权益及违法性的类型化成为研究的重点，此为日本不法行为法理论的构成的主要特色。[23]此一相关关系理论原为通说，但是近年来也遭到一元论的挑战。目前还是有两派：一为相关关系理论中补充违法性要件；二为不要违法性，透过社会的保障来划分风险负担。

2. 特殊不法行为

日本民法关于无责任能力人监督者的责任（第712～714条）、雇用人责任（第715条）、定作人责任（第716条）、土地之工作物等之占有人及所有人责任（第717条）、动物占有人责任（第718条）及共同侵权行为（第719条）设有特殊规定，主要在于调整其归责原则，采过失推定责任（称中间责任或准过失责任）。其中值得关注的是，日本《民法》第717条第1项规定：“因土地之工作物之设置或保存有瑕疵，致他人发生损害者，该工作物之占有人对被害人负损害赔偿之责。

---

[22] ［日］末川博：《权利侵害论》，昭和24年，第294页以下；［日］我妻荣：《债权法》（不法行为），现代法学全集。转引自王泽鉴：《侵权行为法》（第一册），台湾地区，作者发行1998年版，第54页。

[23] ［日］前田达明：《不法行为法》，第67页；［日］几代通：《不法行为法》，第59页以下。转引自王泽鉴：《侵权行为法》（第一册），台湾地区，作者发行1998年版，第54页。

但占有人为防止损害之发生,已尽相当之注意者,该损害由所有人赔偿之。"学说上认为工作物占有者应负中间责任,所有者应负无过失责任,此种责任的加重乃根据于危险责任的思想,从而本条亦常被扩大解释或类推适用,作为公害或制造物责任的法律基础。[24] 制定于昭和30年的自动车损害保障法,设有免责要件的中间责任,亦系基于危险责任而制定的特别法。

日本模式乃以法国民法为基础,参考部分德国民法元素,并在百年的继受发展中,将日本的特色与法学发展糅合其中而成;从立法例的角度而言,日本民法并非最值得借鉴的立法例,但是其继受欧陆法律的经验,以及日本自身所发展出的精致判决与法律解释,则是日后在适用《侵权责任法》一般条款,甚至是其他法律时所应学习的对象。

(三)德国与我国台湾地区模式——区分权利与利益

由于我国台湾地区"民法"184条,基本上乃复制德国《民法》第823条第1项、第823条第2项与第826条而成,为了说明方便,本文在分析相关问题时,并不特别将德国民法与台湾地区"民法"区分说明。

德国立法者创设了三个类型的侵权行为,其理由有三:(1)自然法理念已趋势微,取而代之的是萨维尼(Savigny)所倡导的历史法学派;(2)法国与奥国民法所创设的一般概括条款,隐藏了法律解释适

---

[24] [日]中锦美雄:《"土地工作物责任"损害赔偿法讲座》,第137页;植木哲:《工作物责任、营造物责任》,载《民法讲座》,第527页。转引自王泽鉴:《侵权行为法》(第一册),台湾地区,作者发行1998年版,第55页。

用的困难，广泛地授权于法官，不符合当时德国人对司法功能的认知；(3)立法理由书特别指出，若无较为明确的规则，德国法院必将制造在法国法院实务上所见的矛盾与凌乱。[25]

德国民法关于不法行为的规范，系折衷于个别列举方式与一般概括原则之间，采取三个基本侵权类型：(1)德国《民法》第823条第1项规定："因故意或过失，不法侵害他人之生命、身体、健康、所有权或其他权利者，对所生之损害应负赔偿责任。"(2)第823条第2项规定："违反以保护他人为目的之法律者，亦负同一义务。依其法律之内容无过失亦得违反者，仅于有过失时始生赔偿责任。"(3)第826条规定："故意以背于善良风俗加损害于他人者，应负损害赔偿责任。"学者称此为三个小的概括条款体系(System von drei "Kleinen" Generalklauseln)。[26] 除此一般不法行为规定外，德国民法另设有所谓特殊不法行为，如共同侵权行为(第830条)、雇用人责任(第831条)、监护人责任(第832条)等。

一百年来德国不法行为法在理论构造(如关于过失与违法性的关联，相当因果关系与法规目的的适用关系)及解释历经重大演变，其最具突破性的是将德国《民法》第823条第1项前段所称"其他权利"(Sonstiges Recht)扩张及于一般人格权及营业权。[27] 另一个重要

---

[25] Prokokolle Ⅱ, S. 571. 转引自王泽鉴：《侵权行为法》(第一册)，台湾地区，作者发行1998年版，第49~50页。

[26] Larenz/Canaris, Schuldrecht Ⅱ/3 § 75 Ⅰ (S. 355). 转引自王泽鉴：《侵权行为法》(第一册)，台湾地区，作者发行1998年版，第50页。

[27] Fabricius, Zur Dogmatik des Sonstin Rechts "gemäss § 823 Abs. 1 BGB", AcP 160(1961), 273. 转引自王泽鉴：《侵权行为法》(第一册)，台湾地区，作者发行1998年版，第51页。

发展系创设了“交易安全义务”(Verkehrspflicht)的概念,改变了德国侵权行为法的思考方法。

德国民法系采过失责任原则;无过失之危险责任的发展则采特别立法,在1900年以前即已有之,近期最重要的乃是1990年施行的商品责任法及环境责任法。各个特别立法系针对不同社会发展阶段及科技进步的需要,一再增修补正,致其构成要件、受保护的权益、免责事由、赔偿内容及范围,各有不同。其共通的是设最高赔偿限额及排除慰抚金(精神损害)请求权。此种法律状态之缺点有二:(1)危险责任体系庞大,内容凌乱。(2)不能涵盖所有的危险活动,难免遗漏。由于德国债编修正时,就此部分之修正未有共识;因此德国民法上之危险责任目前仍将以特别法的方式继续不断的发展,其与民法上的不法行为并立,构成双轨的二元体系。[28]

德国民法的一项重要的争议,就是该法第823条第1款的“权利”是否应限于绝对性的权利?是否应如实务及通说所主张,不包括尚未权利化的利益,甚至不包括相对性的权利,此种区别待遇的法理依据何在?想要明白此节,一般均认为,其首应探究的是侵权行为制度所欲保护的对象究竟是什么?德国学者Fikentscher认为这是一个错误的问题,因为此乃源于错误的假设,也就是纯粹财产上的损害并不受民法保护。实际上,德国与我国台湾地区的侵权行为法都是以财产利益的保护为主;权利、风俗、是否违反法律,都只是具体化财产保护请求权的过滤机制。这一点可从民法对侵权行为只提供损害赔偿救济得知。例如,乙绑架甲,甲在重获自由后对乙得请求者,并非自

---

[28] 邱聪智:《德国损害赔偿法之修正与危险责任之归趋》,载《民法研究(一)》,中国人民大学出版社2002年版,第339页。

由,而是医疗费、误工费与精神损害赔偿。[29] 台湾地区"民法"第213条对于损害赔偿的规定,虽然是回复原状,但回复的不是原来的状态,而是如果没有发生损害原因时应有的状态;由于多数情形下不是无法回复原来的自然状态(在此非指回复物理上与原来相同的状态,因为在通常情形下,也不可能回复物理上的原来状态),就是在回复自然状态以外,仍须以金钱为差额的填补。因权利被侵害而生的经济上损失或财产上的不利益,例如受害人因被诽谤而失去工作,其原应获得之薪水,与求职所花的费用,或失去缔约的机会,使前期的准备工作前功尽弃等均属之。

民法对侵权行为最终追求的乃是财产利益完整的维护,如果暂时撇去非财产上损害不论,权利、风俗以及是否违反法律被放置在构成要件中,并非以其为保护客体,而只是对于社会上无数的财产利益受到损失的情形,以其为必要合理的筛选工具而已;相对于物上请求,或类似的人格权、无体财产权排除的侵害制度(negatorischer Schutz),仅以该权利本身为其保护目标,对妨害或潜在的妨害者提出排除或预防妨害的请求,实有本质上的不同。[30]

德国侵权行为制度的设计,之所以选择侵权、违背善良风俗以及违法三种类型,正是基于筛选而来。受害人得向加害人主张损害赔偿的前提,必须是加害人对该损害结果有预见的可能并得防止其发生。因此,多数国家的民法均不以有一定的加害行为及损害结果为已足,还要求该加害行为必须要有一定的"违法性"。换言之,即不将违法

---

[29] Fikentscher, Wolfgang, Schuldrecht, 9A. 1997, 741. 转引自苏永钦:《再论一般侵权行为的类型——从体系功能的角度看修正后的违法侵权规定》,载《政大法学评论》2002年第69期。

[30] 同上。

性建立于造成他人财产利益受损害的行为本身,而必须外加违法的要件。[31] 于此所言之违法要件是广义的,亦即某种禁止或强制规范的违反。至于善良风俗,系为某种长期传承,普遍被小区成员认同的伦理价值或行为方式,即使非本地人,也不难查知。

较为复杂的是权利,民事上的权利与其他领域的权利一样,具有“正当”和“强制”的性质,从而不同于未经权利化的单纯利益。例如,乙侵害了甲的身体权,也伤害了丙对甲的手足之情,但因手足之情未经任何法律予以权利化,因此也就没有广义的“违法”问题。

不过令人疑惑的是,如果是权利,则本应与法律、风俗一样受到尊重,权利之间为何又会有区别待遇?其原因则在于私法自治的原则之下,大量的民事权利不像法律和风俗一样具有对世性、公示性,而系仅对特定人发生效力,并且是隐秘的存在。此等权利虽仍然有被侵害的可能,如行为人过失发生的车祸,致使第三人因为塞车而不能实时清偿票据债务,行为人很容易得知其他驾驶人的身体权以及车辆的所有权,但却无从查知第三人对驾驶人存在债权,既无预见之可能,自然难以期待行为人去履行不侵害的义务。此即将债权排除于台湾地区“民法”第184条第1项前段的权利之外的原因。其原因不是债权不值得保护或是不会被第三人侵害,而是债权一般都不具备公示性,从而无以要求第三人去防免加害。如果债权具有占有之外观者,如租赁权,即可受到台湾地区“民法”第184条第1项前段的保护。[32] 值得注意的是,有

---

[31] Howarth, David, in: Hartkamp et al. (ed.), Towards a European Civil Code, Chap. 26, 1998, 397;欧洲国家只有少数例外,法国民法即其代表。转引自苏永钦:《再论一般侵权行为的类型——从体系功能的角度看修正后的违法侵权规定》,载《政大法学评论》2002年第69期。

[32] 同上。

学者认为,债权本质上也是属于台湾地区"民法"第184条第1项前段中权利的范围内。原则上,判断侵害债权与否应采过失责任,于有危害经济活动及竞争秩序时,则加害人(第三人)必须有故意时,才须依照台湾地区"民法"第184条第1项前段负责。为解决债权欠缺公示性,于侵害债权所可能引起危害经济活动及竞争秩序之问题,应将故意责任作为此类问题归责事由之标准,并将所有侵害债权全纳入台湾地区"民法"第184条第1项前段之规范内,以避免债权非属权利之疑虑,以及一个权利概念被分割处理产生之疑思,进而确保权利解释上之一致性。㉝

简言之,侵权行为之构成不论是侵权、背俗或违法,均须以该行为涉及某种对世规范的违反为前提,其目的就是让行为人有预测的可能性,以保留合理的行为活动空间。

除了前述所需要件之外,仍必须进一步特定化被害人,否则得以因财产利益遭受损失而可能提出请求的人,仍然太多,因而使得在赔偿能力上仍只有极低的期待可能性。因之,如何在众多财产利益受损的人中再为合理的筛选,即十分重要。例如,房东出租房屋供他人开设赌场,违反了善良风俗,或违反了其他法令规定,但是否因此要让出租人赔偿全楼住户的损失?权利本身即是特定化的个人法益,无进一步特殊化的必要。较为复杂的是背俗与违法类型,此所以德国《民法》第826条规定:"故意以背于善良风俗加损害于他人者,应负损害赔偿责任"以及台湾地区"民法"第184条第1项后段:"故意以背于善良风俗之方法,加损害于他人"之规定,虽不像侵权类型一样,要求特定的对世权利被侵害,藉权利以特定化损害赔偿请求人,但将善良风俗从行为的"目

㉝ 姚志明:《债权于民法第一百八十四条规范中之归属》,载《侵权行为法研究(一)》,台湾元照出版公司2002年版,第28~29页。

标”变成“方法”,则异于侵权类型中的权利;把受害的他人变成行为的“目标”,而不只是“结果”,则又异于违法类型中所谓“违反保护他人之法律,致生损害于他人者”中的“他人(致生损害)”。实际上,背俗行为要构成侵权行为必须要有一个“针对性”的具体背俗行为。就背俗类型而言,只要个人被特定,而对一定法益或单纯的财产利益造成损害即可,并不需要构成某种权利的侵害,此即二者之主要差异。

违法类型的特定化方法,是将强制或禁止的法律限缩于“保护他人的法律”,亦即使法律除了满足“对世规范”的要求,以建立行为人防止发生的期待可能性之外,另外加上“保护个人法益”的限制,使请求人有被特定化的可能,从而建立行为人赔偿的期待可能性。依照德国法的操作,要满足所谓保护他人法律的要件,必须通过三阶段的检验:第一,该强制或禁止规定[不具有“行为规范”(Verhaltensnorm)及“命令性格”(Befehlaqualität)者不属之。]㉞必须以个人法益为主要保护目标或至少为其中之一。故如交通规则中单纯以维持交通顺畅为目的的规定,如时速的下限,则不属之。第二,被害人必须属于该法所要保护的“人”的范畴,故如交通规则中以行人为保护对象的规定,比如斑马线,机车驾驶人即不在此保护之列,自不得依此而主张。第三,被害法益应属于该法所要保护之“物”的范畴,故如交通规则中以提高其他用路人安全为保护目的的规定。例如,某甲夜间行车未开灯,撞坏某乙的墙角,即不构成违法类型的侵权行为。㉟ 有些学者还强调

㉞ Honsell, Thomas, Der Verstoss gegen Schutzgesetze im Sinne des § 823 Abs. 2 BGB, JZ 1983, 103. 转引自苏永钦:《再论一般侵权行为的类型——从体系功能的角度看修正后的违法侵权规定》,《政大法学评论》2002 年第 69 期。

㉟ 王泽鉴:《违反保护他人法律之侵权责任》,载《民法学说与判例研究》(第二册),台湾地区,作者 1986 年自版,第 198 页。

第四层检验,即加害的"方式"是否为该法令所欲防止,如高尔夫球场违反《劳动法》第94条,招用未满16岁的未成年者,其为高尔夫球所击伤;《劳动法》所要阻止的伤害,应不包括此种意外伤害。[36]

通过对"保护他人法律"要件的严格解释,虽不要求违法行为的针对性,从而仍只需有一个抽象的违法行为,足可将可能的损害赔偿请求者限缩到一个合理的程度。[37] 此一特定化的要求,在英美法也有类似的发展。英国法院在 Lonrho Ltd. v. Shell Petroleum Co. Ltd. (No. 2)[38]一案中,明白宣示:在法律以刑事制裁作为强制行为人履行

---

[36] Fikentscher, Wolfgang, Schuldrecht, 9A. 1997, 779. 转引自苏永钦:《再论一般侵权行为的类型——从体系功能的角度看修正后的违法侵权规定》,《政大法学评论》2002年第69期。

[37] Larenz 提及德国联邦狩猎法第27条第1项有关猎人狩猎义务之规定,依最高法院的判决(BGHZ62, 265),即只有当主管机关依该规定做成具体处分,就猎人减少特定野生动物的义务数目明定狩猎方式与范围后,才具有保护他人法律的性格,而可令猎人对土地所有人所受动物损害负损害赔偿责任。请参阅 Larenz, Lehrbuch des Schuldrechts, Bd. 2, Besonderer Teil, 12A., 1981, 620,转引自苏永钦:《再论一般侵权行为的类型——从体系功能的角度看修正后的违法侵权规定》,《政大法学评论》2002年第69期。

[38] [1982] AC 173, 182. Lonrho 一案之原告为汽油公司,因被告违反石油禁运法规,供应罗德西亚石油与天然气,导致本供应罗德西亚石油与天然气之原告,因未供油而遭受商业损失。本案法院认为,石油禁令之颁布,不在于保护原告作为成员之任何团体,亦非给予一般大众获得利益,而仅对于原本合法之行为加以禁止而已,原告不得以此作为损害赔偿请求权之依据。See B. S. Markesinis & S. F. Deakin, *Tort Law*, 343 – 344 (Oxford: Clarendon Press, 1999); R. A. Buckley, Liability in Tort For Breach of Statutory Duty, 100 L. Q. R 227 (1984). 转引自陈聪富:《侵权归责原则与损害赔偿》,台湾元照出版公司2004年版,第81~82页。

义务之方法时,应排除民事责任之请求权。例外为:(1)依据法律之解释,该法律课以行为人法律义务或禁止其为一定行为,系为保护特定群体之个人(a class of persons),或为特定个人之利益;(2)法律创造一项公众权利,且该公众中之特定成员,遭受与其他一般大众不同之"特殊、直接且实质的损害"。[39]

总而言之,行为人之行为虽非如侵权与背俗二类型一样具有"针对性",但至少已经足以面对相当具体的行为义务。因此,当因未善尽检查汽车之责,致使汽车在高速路上抛锚,其所违反的交通法令,保护的仅是相当概括的交通安全,直接追尾的汽车尚有依第一种侵权类型请求损害赔偿的可能,其他无任何对世性权利直接遭受侵害者,应自行承担后果。

由前述可知,德国与我国台湾地区所规定的三种侵权行为类型,分别是以某种对世规范与可特定的个人利益结合,而构成不同的行为义务。实际上,背俗和违法类型存在的意义,应在于民事侵害权利规范的"补强",背俗所转介的是基于社会伦理所产生的行为义务,违法转介的则是所有未涉及民事不法的行为义务,从而与直接规定民事行为义务与违反责任者,鼎足成为三种侵权类型。一旦立法者已经规范

---

[39] 在 Couriet v. Union of Post Office Workers([1978] A. C. 435,518E)一案,法官宣示,违反法律构成侵权责任的一般原则为,行为人不仅侵害公众权利,且私权亦同时受害;或在侵害公众权利时,造成私人特殊损害。应予注意者系,后者所谓造成私人特殊损害之案件,一般仅在公害事件造成私人损害时(private nuisance),始适用之。See B. S. Markesinis & S. F. Deakin, *Tort Law*, 343 - 344(Oxford: Clarendon Press, 1999); R. A. Buckley, Liability in Tort For Breach of Statutory Duty, 100 *L. Q. R* 230(1984). 转引自陈聪富:《侵权归责原则与损害赔偿》,台湾元照出版公司 2004 年版,第 81 页。

违反某种社会伦理会或公法义务者,应负民事赔偿责任时,则无必要再利用一般的背俗类型与违法类型来转介认定责任。

从法律经济学的角度来看侵权责任法之设计,其在于得强迫侵权行为人考虑自己行为对他人所构成的成本,这种法律机制是把外部性内部化,因此产生符合经济效率的选择。[40] 例如,开车、举枪射击、以炸药炸开岩石。成本的高低和发生的可能性取决于行为人采取何种防范措施。侵权责任法的功能之一,即在于给予一般人诱因,使其愿意采取值得且必须实行的防范措施。其目标当然不是完全消除风险,否则只能禁止生产汽车、枪支和炸药;他真正的目标是在于采取符合经济效率的预防措施,进而产生符合经济效率的风险。人们所期待生活的世界,是只要多检查一次刹车片,就能使预期意外成本降低的幅度至少等于花的成本。简言之,人们期待的不是没有意外的世界(阻止意外所花的成本多于他的价值),而是符合经济效率的意外世界(阻止意外所花的成本低于所获的价值);每个人只采取合乎成本的预防措施。[41] 德国《民法》第823条与我国台湾地区“民法”第184条一般侵权行为规定的重点,是在于对无数造成财产利益减少的行为中,筛选出适合由受害人追究加害人责任,而不至于对自由意志与社会秩序造成太大影响的类型。最终保护的,还是财产利益。其之所以有权利与利益之区分,仍是基于社会运作成本与风险的考虑而来,当然,毫无疑问的,随着社会与科技的演进,何种权利应该类型化?何种利益应该上升为权利?何种利益可以透过违反善良风俗或是违反保

---

[40] [美]戴维·傅利曼:《经济学与法律的对话》,徐源丰译,台湾先觉出版社2002年版,第270页。

[41] 同上书,第281页。

护他人法律的方式予以保护,都是可以动态发展的。

三、结　论

《道德经》提及,曲则全,枉则直,中国的法官职业化还在过程之中,实应加强技术面的训练,而不宜在此阶段强化法官的自由裁量空间,盖因中国法官因为能动司法的原因,在审理案件时,早已经有了法律以外的考虑,即便考虑原因与法国法官审理案件时,根据一般条款所具有的法解释空间有所不同,但在当前的语境内,过多地放开法官对法律的解释,其所加强的将是司法的能动性,而不是法官技术性上的发挥与法律的续造功能。此外,中国的法律问题,与欧洲(法国)在性质上与发展阶段上都有极大不同。[42]

法国民法模式的特色是概括,富有弹性,不区分权利和利益,但是不够精确,在解释适用上较为不安定。日本模式的可取之处,则在其解释适用的精确,与对继受法律的理解。特别是日本民法对于权利与利益的保护演变过程,很值得我们学习。

相较而言,德国模式显然更具有可操作性,诚如苏永钦教授所言,“各国的民法制度或繁或简,简单不一定是美的,但复杂也未必代表更精致的公平。原因在于所有民法的制度都有技术和价值层面,只有在相同的价值决定下,密度较高的规范通常可以更公平的响应复杂的社会情况,就如同筛网的孔,小孔的网可以滤掉更多杂质,当然优于大

---

[42] 王冠玺:《再论中国法学发展的“十字现象”——从现代化法律的继受中反思“中国特色”》(下),《比较法研究》2009 年第 3 期。

孔的网”。[43] 此外,德国模式更侧重于行为自由的保障,从而可以合乎中国当下的社会现况;更何况,中国法律此前已经引进了若干德国法上扩张侵权责任的制度,如一般人格权、缔约上的过失责任、安全保障义务等。于此情形,更多的借鉴德国模式,将能促进体系的一致性。[44] 质言之,虽然中国的侵权责任法一般条款的立法例已经确定下来,但是往后将有长期的法律解释与司法实践工作需要继续,德国模式虽然与中国的立法模式有所区别,但是在实践的过程中,通过对德国模式的理解,将有助于我们日后在司法实践中,具体操作权利与权益的区别,掌握其分寸,以做出合理的筛选。

---

[43] 苏永钦:《民法制度的移植——从所有人与占有人间的特殊关系谈起》,载《第三届罗马法·中国法与民法法典化国际研讨会论文集》(2005),第23页。

[44] 周友军:《论我国过错侵权的一般条款》,《法学》2007年第1期。

第五章

从法律视角谈农村土地融资的相关问题与建议

一、前　言

二、农民融资难的具体解决途径

（一）土地承包经营权系属用益物权应具备得抵押功能

（二）举轻以明重的法律基本原理

（三）农户成员对贷款所可能具有的连带保证特色

（四）经济发展区域差异现象的解读

三、以农村土地融资的社会实践现况与相关规定的完善建议

（一）以农村土地融资的社会实践现况

（二）以农村土地融资相关规定的完善建议

四、县一级地方政府对开展农村土地融资应有的具体政策考虑

五、结　论

摘　要

用益物权之上本得设定担保物权，土地承包经营权既属用益物权之一种，自不应例外。相对于抵押土地承包经营权而言，抵押人仍为土地承包经营权的承包人，既然法律允许土地承包经营权流转，没有理由在一定条件限制下，禁止土地承包经营权抵押。放开土地承包经营权抵押，其负面影响并不会超过农村土地承包经营权的流转；并能一定程度的解决三农问题，从而缓解部分严峻的社会问题。

关键词：农村土地承包经营权　抵押权　用益物权　担保物权　三农问题

Abstract

Sicherungsrecht should be created on the basis of *Nutznießer*. Considered a kind of *Nutznießer*, the right of contractual management of rural land should be no exception. In contrast to the mortgage of the right of contractual management of rural land, the mortgagor still maintains the contractor identity in the contractual management of rural land contract. Since the regulations allow for the transference of the right of contractual management of rural land, there is no reason to prohibit, after the limitation of certain conditions, the mortgage of such right. The negative impact of opening the gates for the mortgage of such right will not exceed that of the transfer of such right. On the contrary, it may, to a certain degree, offer some solutions to the Three Rural Issues problem, thus alleviating part of the critical Chinese social problems.

Key Words: Right of Contractual Management of Rural Land Mortgages Nutznießer Sicherungsrecht Three Rural Issues

一、前　言

当前中国县域金融正处于相对尴尬的境地，因为农民贷款的需求是逐年上升，但是相关法律法规所构造出的“金融抑制”环境，却尚未有效改善。村镇银行为了适应相关法令的限制与政府政策，在考虑县域经济的发展特性后，推出了组织银行团贷款，以增高总贷款金额；吸收本地企业入股，以控制信贷风险；重视小额贷款，并推出多元金融产品；针对农民借款特性，调整信贷策略等具体措施。这些举措虽能起到一定成效，但却是成本较高的曲线响应方式。“三农问题”是主要社会问题，政府虽然一再表示高度重视，但是国家发展农业资金投入的不足与农村融资管道的缺乏，都是使三农问题逐年加剧的原因。这其中的核心问题之一，正是因为法律的限制，使得农民难以发挥其在农村所拥有的土地权利交换价值以向金融机构进行融资。

二、农民融资难的具体解决途径

金融机构在能基本保证回收贷款的前提下，即便贷款人是农民，从效益角度来说，虽然整体的放贷流程成本较高，无疑的仍然受到欢迎的，若能有政策优惠导向，则尤其如此。为了解决农民贷款难的问题，物权法草案在第五次审议稿中曾经规定：“土地承包经营权人有稳定收入来源的，经发包方同意，可以将土地承包经营权抵押。实现抵押权的，不得改变承包地的用途。”但是全国人大法律委员会、国务院法制办、国土资源部、农业部等部门反复研究后认为，目前农村社会保障体系尚未完全建立，土地承包经营权和宅基地使用权是农民安身立命之本,从全国范围看,放开土地承包经营权抵押和宅基地使用权转让的条件尚未成熟,因而在物权法草案第六次审议稿中删除此规定;①也有学者基于对农民失地的担忧,以及相关登记制度的不配套,就此问题采取与政府一致的态度。② 然而,根据作者所带领的国家课题调研小组,在全国数地,尤其是经济发达地区所做的调研结果获知,在做好配套工作后,适度地放开农村土地与相关农民资产以供贷款担保,正是上述问题的重要解决之道;而在许多具体方案中,最值得优先推广的即土地承包经营权的抵押试点工作,其主要理由与分析如下:

(一)土地承包经营权系属用益物权应具备得抵押功能

2002 年颁布的《农村土地承包法》首次确认了土地承包经营权的物权属性,因为该法第 13 条至第 17 条明确规定了发包方与承包方各自的权利义务内容,符合物权法定的规范意旨;而 2007 年公布的《物权法》,则正式将土地承包经营权列入了用益物权的范畴。用益物权是以支配物的使用价值为内容的物权,建设用地使用权、宅基地使用权、土地承包经营权、地役权等均属之。土地承包经营权从性质上分析,类似于大陆法系民法中所规定的永佃权制度,其二者均是为解决

① 鲁琦:《物权法草案七审历程、时间及争论与修改焦点》,《北京日报》2006 年 10 月 28 日;张宗堂、王娅妮:《物权法草案删去“土地承包经营权抵押”条款》,载 http://news.sohu.com/20061027/n246050367.shtml。

② 否定说观点参见梁慧星、陈华彬:《物权法》,法律出版社 1997 年版,第 251 页;胡康生主编:《中华人民共和国农村土地承包法释义》,法律出版社 2002 年版,第 119 ~ 120 页;梁慧星:《中国物权法草案建议稿:条文、说明、理由和参考立法例》,社会科学文献出版社 2000 年版,第 533 页。

土地所有与利用的矛盾，为非土地所有人利用他人土地从事耕作或畜牧，从而获取收益所设计的用益物权。为保障租佃人对农地能够充分利用，“永佃权人的权利几乎和所有权人不相上下”，③因此，该项物权不仅拥有用益物权性质的孳息收取权等，还可设立地役权和抵押权。而存在永佃权制度的国家中，一般皆允许永佃权得被设定抵押。④ 用益物权之上本得设定担保物权，土地承包经营权既属用益物权之一种，自不应例外。

(二)举轻以明重的法律基本原理

土地承包经营权流转时，⑤承包人因有对价或其他法律理由，而失去对所承包土地之经营权利，甚至失去相应土地的承包人身份。⑥

---

③　周枏：《罗马法原论》，商务印书馆1994年版，第386页。

④　日本《民法典》第369条第2款：“地上权与永佃权亦可为抵押权的目标。于此情形适用本章的规定。”意大利《民法典》第2810条第4款：“抵押权得设立于永佃权及对永佃土地所有权人的权利。”我国台湾地区“民法”第882条规定：“地上权、永佃权及典权，均得为抵押权之目标物。”

⑤　参见《农村土地承包法》第32条：“通过家庭承包取得的土地承包经营权可以依法采取转包、出租、互换、转让或其他方式流转。”第33条：“土地承包经营权流转应当遵循以下原则：(一)平等协商、自愿、有偿，任何组织和个人不得强迫或者阻碍承包方进行土地承包经营权流转；(二)不得改变土地所有权的性质和土地的农业用途；(三)流转的期限不得超过承包期的剩余期限；(四)受让方须有农业经营能力；(五)在同等条件下，本集体经济组织成员享有优先权。”

⑥　参见《农村土地承包法》第41条：“承包方有稳定的非农职业或者有稳定的收入来源的，经发包方同意，可以将全部或者部分土地承包经营权转让给其他从事农业生产经营的农户，由该农户同发包方确立新的承包关系，原承包方与发包方在该土地上的承包关系即行终止。”

而相对于抵押土地承包经营权而言,抵押人仍为土地承包经营权的承包人,既然法律允许土地承包经营权流转,实无理由在一定条件限制下,仍禁止土地承包经营权抵押。从举重以明轻的法理而言,土地承包经营权既能流转,亦应开放抵押。

(三)农户成员对贷款所可能具有的连带保证特色

《物权法》第124条第1款规定:“农村集体经济组织实行家庭承包经营为基础、统分结合的双层经营体制。”《农村土地承包法》第15条规定:“家庭承包的承包方是本集体经济组织的农户。”土地承包经营权的具体经营活动由农户进行,集体作为所有权人,将土地上的占有、使用和部分的收益权能转让给农户,农户以家庭为单位进行生产经营,形成统分结合的经济模式。农户乃土地承包经营权的主体,在权利与义务的享受及承担上,家庭内部成员间有一定的连带性,但这并非按人头均摊权利义务,因为家庭成员的劳动力有别,这种权利义务没有对等性,如有争议,应透过家庭内部的实际情形与血缘关系来调整。⑦

在农村地区,贷款一般均由农民个人为之,这也符合自然人权利主体为法律行为时的法律本质,惟农村土地承包经营权的承包主体乃是农户,而非农户中的农民个体,所以当我们承认以家庭承包为前提的一般土地承包经营权可以作为贷款时的抵押物时,就必须首先指明农民个体(即便是他在家里处于家长地位)如果未经其他农户成员的同意,即以个人名义贷款却用家庭承包的土地承包经营权交付抵押

---

⑦ 朱岩、高圣平、陈鑫:《中国物权法评注》,北京大学出版社2007年版,第401~402页。

时，则系属无权处分他人之物；视合同具体内容而定，一般说来，其将导致贷款有效，但抵押无效之状况；而无权处分他人之物，在符合一定要件之下，甚至会构成侵权行为。实际上，家庭承包本来就建立在家庭成员的不可分割的密切联系的基础之上，这种特殊的共同共有关系性质，使得每一个共有人都有履行管理、照料共有物的权利和义务，但不能擅自处分共有物。抵押土地承包经营权事宜属于《物权法》第97条规定的共有财产的处分，除另有约定外，应由家庭成员共同决定（即便有的家庭成员年龄较小，尚未具备完全行为能力，家长亦应透过法定代理程序为之）。但反面而论，当家庭成员一旦取得共识时，以农户为主体向银行所借贷款，则应类推适用《物权法》第102条规定，⑧所有该农户中的成员，在法律上对该贷款均负连带偿还责任。这一点法律性质的确立，将一定程度的降低银行放贷所承担的风险，并提高其对农户放贷的意愿。

（四）经济发展区域差异现象的解读

上述提及农村土地所承载的社会保障功能是现行立法禁止土地承包经营权抵押的主要原因，然而现行土地的保障功能已有日益淡化的趋势；此外，不同区域因地理环境与经济发展程度之不同，存在明显差异，下列三个统计资料就能充分说明，当前立法的过度保守与不合

⑧ 参见《物权法》第102条："因共有的不动产或者动产产生的债权债务，在对外关系上，共有人享有连带债权、承担连带债务，但法律另有规定或者第三人知道共有人不具有连带债权债务关系的除外；在共有人内部关系上，除共有人另有约定外，按份共有人按照份额享有债权、承担债务，共同共有人共同享有债权、承担债务。偿还债务超过自己应当承担份额的按份共有人，有权向其他共有人追偿。"

时宜:

图5－1显示与土地有关之收入占农民总收入的比重一直在逐年下降。

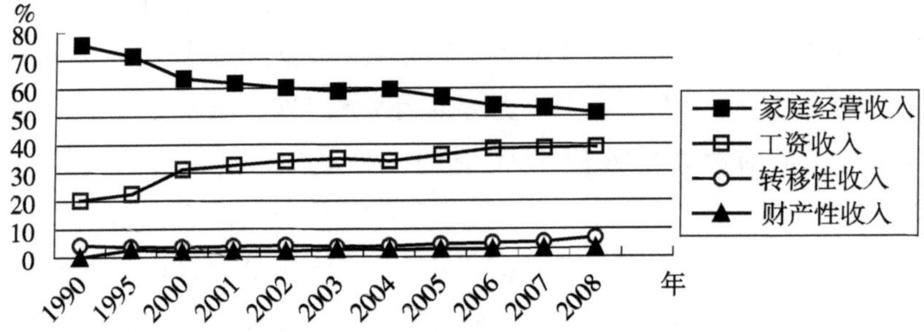

图5－1　1990年至2008年农村人均收入不同来源占人均纯收入百分比⑨

表5－1显示不同地区从事农业生产劳动力的人数比例区别甚大,经济越发达地区,其从事第一产业的劳动力比例越低,其土地更重要的功能是发挥多元的经济效用。

⑨　参见国家统计局农村社会经济调查司编:《中国农村统计年鉴2004》,中国统计出版社2004年版,第285页;以下类推:《中国农村统计年鉴2005》,第267页;《中国农村统计年鉴2006》,第267页;《中国农村统计年鉴2007》,第267页;《中国农村统计年鉴2008》,第261页;《中国农村统计年鉴2009》,第259页。

表 5－1　2006 年不同地区农村从业人员总数及其各行业从业人员总数⑩

单位:万人

	乡村从业人员数	农业从业人员	工业从业人员	建筑业从业人员	交通仓储及邮电通信业人员	信息传输计算机和软件	批发与零售业	住宿和餐饮业	其他行业人员
全国总计	50, 387. 3	29, 975. 8	6011. 4	3653. 4	1433. 4	134. 3	2046. 2	891. 7	6241. 9
北京	184	58. 6	33. 3	17. 8	18	1. 2	14. 9	7. 6	32. 8
上海	243. 5	59. 1	116. 4	12	8. 5	0. 9	10. 2	5. 2	31. 3
浙江	2298. 5	786. 9	754. 9	145. 4	82. 1	10	155. 2	61. 6	302. 4
福建	1313	692. 2	209. 2	87. 4	40. 5	3	69. 5	18. 9	192. 4
河南	4752. 4	3127. 7	543. 8	377. 1	144. 4	9. 2	197. 4	88. 4	264. 4
四川	3801. 5	2317. 7	259. 1	301. 9	67. 9	8. 2	125. 5	63. 9	657. 4
贵州	1934. 2	1268. 1	81. 8	50. 3	25. 7	1. 9	42. 9	14. 5	448. 9
甘肃	1084. 3	761. 4	35. 3	63. 3	23. 1	1. 6	25. 6	13. 2	160. 9

表 5－2 可以表明,发达地区农村居民家庭生产性固定资产原值中农业所占比值较低,而其他工业建筑服务等行业所占较重,而欠发达地区则以农业为主,其他行业很少。换言之,现今有关限制农村土地融资的法律,系以消极的维持欠发达地区的主要固定资产不变,达到基本社会保障要求,而以牺牲欠发达地区转型发展的机会与发达地

⑩　这是目前所能查阅到的最近期统计资料,载 http://www.drcnet.com.cn/DRCNet.Common.Web/docview.aspx? docId = 1643579&leafId = 17501&chnId = 4540;另参见国家统计局农村社会经济调查司编:《中国农村统计年鉴 2007》,第 30～32 页。

区当前急需资金多元发展当地经济为代价。

表5-2 不同地区农村居民家庭平均生产性固定资产原值(2008年年底资料)⑪

单位:元

地区	固定资产原值合计	农业	工业	建筑业	交通运输及邮电业	批发零售贸易及餐饮业	社会服务业	文教卫生业	其他
北京	9503.71	3510.91	53.33	237.07	2672.53	808.53	1834.67	13.33	373.33
浙江	15,143.64	5643.74	6395.65	345.19	1850.62	604.20	136.88	83.18	84.18
湖北	5434.99	4179.69	237.18	65.09	704.49	169.84	51.42	18.52	8.77
广东	4276.67	2611.43	190.93	62.07	679.93	649.34	42.32	25.20	15.46
海南	7566.11	6392.61	193.39	11.46	556.90	345.14	27.78	13.13	25.70
四川	6183.73	5127.53	39.86	14.38	601.51	255.70	36.96	40.64	67.16
贵州	5467.19	4387.37	32.88	55.36	848.31	83.70	25.51	4.87	29.21
甘肃	8408.13	7089.40	62.71	90.27	686.56	211.44	100.00	41.94	125.81

三、以农村土地融资的社会实践现况与相关规定的完善建议

(一)以农村土地融资的社会实践现况

最早试行农地金融制度的地方是贵州省湄潭县,该县于1988年

⑪ 资料源自中国国家统计局:《中国统计年鉴2009》,载http://www.stats.gov.cn/tjsj/ndsj/2009/indexch.htm。

在中央和地方的资金、政策支持下,成立了土地金融公司。该公司共建立了六种担保抵押办法,其分别是:财政担保、事业单位担保、经济实体担保、个人财产担保、承包土地及地面附着物担保。⑫ 而福建三明农村信用社从2006年起探索开展农村土地承包经营权抵押业务,探索“公司+农村土地经营权抵押”“基金担保+农村土地经营权抵押”和“直接以农村土地承包经营权为抵押”等方式,以解决农民对土地规模化开发资金需求。目前,全市农信社累计已发放该类贷款318万余元。⑬ 浙江省则在2009年批准了全国首张农地流转工商执照,该省诸暨的农民以农村土地承包经营权作价出资设立农民专业合作社;该省工商局负责人表示,按照第一批新设立的农民专业合作社以每亩地每年作价500元计算,此一办法将可为浙江省农业发展启动

---

⑫ 案例参见贵州省委农村政策研究室与中共湄潭县委员会编著的《土地制度建设配套试验》,第153~258页;转引自罗剑朝:《博弈与均衡:农地金融制度绩效分析——贵州省湄潭县农地金融制度个案研究与一般政策结论》,《中国农村观察》2003年第3期。

⑬ 郑良:《福建三明:农户土地承包经营权可抵押贷款》,载http://www.fj.xinhuanet.com/news/2008-10/03/content_14647371.htm。2006年6月,将乐县农信社在全市率先推出农户土地承包经营权抵押贷款。该文中还提及:白莲镇小王村村民温元宝以140亩农地的承包经营权作抵押,获得首笔10万元贷款,从事无公害水果、蔬菜规模种植。将乐县农信社主任钟先礼告诉记者:“近年来,随着农村劳动力大量转移,将自家土地交由同村农户经营的现象越来越多,这给农业规模经营创造了有利条件,中小企业融资难问题也随之产生,探索土地承包经营权的多种流转方式是解决农户中小企业融资难的出路。”参见张琼:《关于农地承包经营权抵押的思考与建议》,《江西财经大学学报》2006年第4期。

1.3 万亿元资本。⑭ 但也不是所有推出相关政策的地方政府,都得到了配套支持,沈阳市法库县与山东省莱芜市政府在 2009 年也确立了土地承包经营权得抵押贷款的政策,但都需要金融机构的配合才能落实。⑮

(二)以农村土地融资相关规定的完善建议

1. 农村土地抵押的农户家庭成员中须有稳定的非农职业、稳定的收入来源或财力证明

土地的社会保障功能虽已不断弱化,但在许多经济欠发达地区,农民对土地的依赖性仍然很强。故此,农村土地承包经营权人(农户)家中成员,有稳定的非农职业⑯或稳定的收入来源⑰或财力证明者,方得将其土地承包经营权抵押。在实施初期,可进一步限定符合上述资格的农户其所提交的土地承包经营权须限于一定比例。

---

⑭ 陈锦、吕律:《我省昨颁全国首张农地流转工商执照——农民从此人人都可当上"老板",地里真的能长黄金了》,《浙江法制报》2009 年 3 月 16 日,载 http://zjfzb.zjol.com.cn/html/2009-03/16/content_18134669.htm。

⑮ 孙智、程景亮:《"沈阳首例"土地承包经营权抵押"贷款夭折"》,《中华工商时报》2009 年 5 月 5 日,转载 http://business.sohu.com/20090505/n263769969.shtml;孙淼:《"聚焦融资新模式"土地承包经营权质押贷款盼"开闸"》(2009 年 8 月 4 日),载 http://news.shm.com.cn/2009-08/04/content_2611876.htm。

⑯ 陈小君等:《农村土地法律制度研究——田野调查解读》,中国政法大学出版社 2004 年版,第 302 页。

⑰ 物权法草案第 5 次审议稿曾规定:"土地承包经营权人有稳定收入来源的,经发包方同意,可以将土地承包经营权抵押。实现抵押权的,不得改变承包地的用途。"

2. 限制抵押权实现后的土地用途

基于保证耕地面积与农业生产总值不能下降等因素，立法例的规定：若土地承包经营权人（抵押人）到期无法偿还欠款，抵押权实现后，土地承包经营权的继受人不得改变土地的农业用途。值得说明的是，在此规定之下将可废止集体土地使用权抵押权实现时必须征用该集体土地以转为国有化的规定，⑱此一规定所指涉的目标仅限于“四荒地承包经营权抵押”，而不及于一般家庭承包的土地承包经营权；⑲之所以如此规定，是因除了限制一般土地承包权的抵押外，也在于考虑到承包四荒地的农民一旦无法还款时，金融机构因该抵押物（四荒地）得转为国有，而大幅提高抵押物的交换价值，以使其债权之实现得到更大的保障。必须指出的是，这一点正是相关法律之所以规定一般农村土地承包经营权可以流转但却不能抵押的主要原因。如果能够限制抵押权实现后的用途，让土地承包经营权虽在不同权利主体中流转，但其农用性质不变，则可以取消国有化征用程序，这虽然降低了金融机构实现抵押权时抵押物的市场价值，但是总体而言，这不仅可以降低抵押土地承包经营权的操作成本，提高整体土地金融市场的运

---

⑱ 《农村集体土地使用权抵押登记的若干规定》第 13 条：“因处分抵押财产转移乡村企业集体土地使用权的，应当由土地管理部门依法先办理征地手续，将抵押土地转为国有，然后再按抵押划拨国有土地使用权的办法进行处置。”

⑲ 依据现行法律的规定，农村的不动产中明确得为抵押权的范围十分有限，其仅包括：(1) 以招标、拍卖、公开协商等方式取得的荒地（荒山、荒沟、荒丘、荒滩）等土地承包经营权；(2) 乡镇、村企业的建设用地使用权，以及乡镇、村企业的厂房等建筑物所有权；(3) 林木所有权。参见《物权法》第 180、183、184 条；《担保法》第 37、42 条。

行效率,还可以避免因集体所有权人无法对征用费补偿达成统一意见,致使抵押权设定困难,因而错失个人最佳融资时机等问题;即便从金融机构发展业务的角度而言,亦有很大的市场可期待性。用益物权之上本得设定担保物权,土地承包经营权既属用益物权之一种,自不应例外。相对于抵押土地承包经营权而言,抵押人仍为土地承包经营权的承包人,既然法律允许土地承包经营权流转,实无理由在一定条件限制下,禁止土地承包经营权抵押。放开土地承包经营权抵押,其负面影响并不会超过农村土地承包经营权的流转;并能一定程度地解决三农问题,从而缓解部分严峻的社会问题。

3. 完善相关登记制度

在实践中,许多已经开始进行农村土地承包经营权抵押的地区,经常发生因为欠缺完善的登记制度,当村镇银行或农信社要求贷款人出具实际承包证明时,村委会便滥开证明,甚至出具假证明;贷款人届时还不了款,金融机构无法通过实现抵押权而保障其债权,只得通过诉讼解决,即便胜诉,执行也相当困难,最终使得金融机构视放款给农民为畏途。若能落实《物权法》的相关规定,做好不动产抵押登记,并且将承包出去的集体土地,由县级机关统一办理登记,将能解决此问题。

四、县一级地方政府对开展农村土地融资应有的具体政策考虑

在省市与相关金融机构的总体支持下,地方上县一级政府,得以金融机构及新型农村金融合作组织为实施主体,创新农村信贷担保方式,建设一个适合县一级农村实际的有效担保体系。其具体措施有:

(1)开展农村信用贷款,推进农户电子信用档案建设,县内各金融机构要积极开展农户信用评价工作,并以农户信用评价结果为依据,结合自身实际情况,对不同等级的信用乡镇(街道)、信用村、信用户,设定相应的信用贷款额度,开展农村信用担保贷款,鼓励农民通过累积信用记录解决贷款难问题。(2)推进农村住房抵押贷款。土地管理部门和房地产登记机关要进一步完善农村土地使用权属和房屋权属登记,并颁发集体土地使用证和房屋权属证书,方便农民以房屋所有权作为抵押物,盘活农民住房资产。(3)推进林权抵押贷款。健全林权交易中心、森林资源资产评估机构等林权流转服务平台,提供林权证登记,加强林木在抵押贷款期间的采伐许可证发放、林木所有权转让变更等管理。(4)推进农村集体土地承包经营权抵押贷款。制定农村集体土地承包经营权抵押贷款办法,农村土地承包经营管理部门要对农村土地承包经营权进行价值评估、对承包经营权抵押贷款进行登记造册,加强对农村集体土地承包经营权抵押贷款服务。(5)探索农村成品、半成质量押贷款。在推行农村中小企业成品、半成质量押贷款过程中,客观准确对成品、半成品进行价值评估,及时办理质押登记,合理确定贷款利率与期限。(6)建立良好农村金融生态环境。推进农村信用制度建设,健全社会信用体系,营造诚实守信的良好氛围。构建企业征信和个人征信平台,积极发展社会征信机构,规范企业信用评级行为,着力培育征信市场。⑳

---

⑳　根据我们课题组的调研,浙江省湖州长兴县已具体展开系列推动农村金融的措施,具体成效如何,值得持续关注。本文有关县一级地方政府对推动农村土地融资应有的具体政策考虑的介绍,即参考了该县正式核发的相关文件。

五、结　论

现今集体土地之所谓为集体所有,乃流于形式;从所有权的角度来说,集体土地固属集体所有;但从产权的角度来说,集体土地的最大产权人仍是政府;㉑而这一点也正是当前农村问题的重大矛盾核心。我们深知,中国的法律问题一般均涉及技术面与现象面。技术层面的问题,多数是涉及法律界以内,现象面的问题则主要存乎在法学界以外,其并导引出了法律在当前以及应当扮演何等角色的问题。如何设计出符合理论规范,又能衔接中国当前国情的法律理论与制度,是学者们应当努力的方向。我们必须指出,放开土地承包经营权抵押,在一定条件限制下其影响并不会超过农村土地承包经营权之流转。农村地区如能大规模的集中农地,以产业化的方式运作农业,将加快农村地区进入市场经济的进程,㉒其最终将能透过一定程度地解决三农问题而缓解严峻的社会问题。

㉑　王冠玺:《再论中国法学发展的"十字现象"——从现代化法律的继受中反思"中国特色"》(下),载《比较法研究》2009 年第 3 期。

㉒　以浙江省为例,根据浙江省工商局有关负责人表示,浙江省的耕地面积是 13,048 亩,自 2006 年浙江省台州的 10 位农民专业合作社代表从省工商局拿到营业执照,浙江省先后涌出万余家农民专业合作社,土地承包经营权流转面积达 535.8 万亩,参与土地流转的农户达 266.6 万户,但这还只是一小部分。参见陈锦、吕律:《我省昨颁全国首张农地流转工商执照——农民从此人人都可当上"老板",地里真的能长黄金了》,《浙江法制报》2009 年 3 月 16 日。

第六章

土地承包经营权抵押范围的再探索*

一、引　言

二、海南岭南农业开发有限公司与海口新华典当有限责任公司抵押借款合同纠纷再审案

（一）案件事实

（二）法院判决理由与本案争议焦点

三、限制土地承包经营权得抵押范围之法规检讨

（一）有关限制土地承包经营权抵押的相关规定

（二）有关可抵押之土（荒）地承包经营权法律规定之比较分析

（三）关于“荒地”的定性

四、承包经营权抵押范围扩大之可行性分析

（一）否定承包经营权抵押的主要理由

（二）肯定土地承包经营权抵押的主要原因

（三）本书观点：有条件的抵押土地承包经营权的可行性分析

五、结　论

---

* 本章共同作者为李仁莹，中国民生银行律师。

摘　要

改革开放30年后,随着社会的发展与变化,已凸显出现行法律对土地承包经营权的可抵押范围限制并不合理。由于农村的社会结构与实际需求改变,土地的社会保障功能日渐弱化;通过法律的设计,土地承包经营权抵押权的实现与耕地面积的增减不发生直接关系。考虑到各区域间的重大经济差异等原因,法律应有条件地放宽可以抵押融资的土地承包经营权范围,以解决农民的实际需要。

关键词:土地承包经营权　抵押权　荒地　附着物

Abstract

The article is aimed to illuminate, by means of case analysis, the unreasonable restrictions in the current legal regime as to the scope of mortgage with regard to the right of contractual management of rural land. Apart from examining the technical questions in relevant legal provisions, the article also points out that owing to changes of social structure and real needs in rural villages; the social protection function of farmlands is getting weaker. Consequently, there is no direct causal relationship between increase or decrease in terms of the size of agrarian land and the outcome of implementing the mortgage of the right of contractual management of rural land. Furthermore, there is a great disparity in terms of economic development among different regions. Taking into consideration all these reasons, the article contends that in order to meet real needs of peasants, law should, under certain conditions, broaden the scope of mortgage with regard to the right of contractual management of rural land.

Key Words: Right of Contractual Management of Rural Land　Mortgages　Uncultivated Land　Fixture

一、引　言

农村现代化改革已逾30年,随着城镇化的发展与农业生产与经营效益提高的需要,许多农村地区已日渐显现出规模经营的趋势。然而,农业规模经营所需配套的基础设施、现代化机械设备、较高的启动资金,以及劳动力雇佣成本等现实问题,都凸显出国家发展农业资金投入的不足与农村融资管道极为缺乏等问题。从农民这个面向来观察,资金短缺与融资困难,都是阻碍农业规模化经营的主要原因;而这其中的核心问题,正是因为法律的限制使得农民难以发挥其在农村所拥有的土地权利交换价值以向金融机构进行融资。

依据现行法律的规定,①农村的不动产中明确得为抵押权的范围十分有限,其仅包括:(1)以招标、拍卖、公开协商等方式取得的荒地(荒山、荒沟、荒丘、荒滩)等土地承包经营权;(2)乡镇、村企业的建设用地使用权,以及乡镇、村企业的厂房等建筑物所有权;(3)林木所有权。明确被排除在抵押权范围之外的农村土地的相关权利则有:(1)集体土地所有权;(2)耕地、宅基地、自留地、自留山等集体所有的土地使用权。

由于相较于法律在农村所禁止抵押的各种权利而言,土地承包经营权系属适于发挥其使用价值与交换价值,并为多数农民的主要农村土地权利来源;而是不是能够将非属以招标、拍卖、公开协商等

---

① 参见《物权法》第180条、第183条、第184条;《担保法》第37条、第42条。

方式取得的四荒土地承包经营权，以及非属四荒性质的一般土地承包经营权抵押融资，在广大的农村里已经成了相当尖锐的问题。此外，为何法律对土地承包经营权抵押的限制竟然大于对土地承包经营权流转的限制？特别是相关立法政策面的疑虑在法律技术层面均能轻易解决。

本书将通过以下案件说明，凸显现行法律对土地承包经营权可抵押范围规定的合理性不足，案件中所涉及的相关法律规定在技术性上的部分疏漏也将一并检讨。

二、海南岭南农业开发有限公司与海口新华典当有限责任公司抵押借款合同纠纷再审案②

（一）案件事实

2001年4月27日，海南岭南农业开发有限公司（一审被告、二审上诉人，申诉人，以下简称岭南公司）以临集农（08）字第10号（集体所有权性质）的土地证作抵押，向海口新华典当有限责任公司（一审原告、二审上诉人、被申诉人，以下简称新华公司）借款16万元。借款期限届满后岭南公司未偿还借款本息，同年7月6日又向新华公司借款38万元；双方除追加抵押岭南公司10号土地上之农作物担保还款外，并签订补充协议，约定岭南公司另将临集农（08）字第8号（集体所有权性质）土地与地上农作物抵押给新华公司；但有关8号土地部分（包括其地上农作物）之抵押并未办理抵押登记。借款期限届满

---

② （2005）海南民再终字第32号，摘自北大法意网。

后,新华公司多次通知被告偿还欠款未果,遂向法院起诉要求判令岭南公司将8号与10号土地证所载明的土地及其地上全部种植物、附属物及其他有效资产向新华公司承担借款54万元及其利息、罚息的抵押担保责任。

一审法院根据新华公司申请作出保全裁定,查封岭南公司8号土地及其地上种植的香蕉、地上附属物和房屋。但此一裁定遭到了第三人武柏峰(以下简称第三人)异议。经查明,岭南公司将8号土地抵押给新华公司之后,于2003年6月26日曾向第三人借款56万元,因无力偿还借款,岭南公司便与第三人于2003年9月2日签订还款合同,约定由岭南公司将坐落于昌富村面积为833.26亩的土地(包括8、9、10号的土地面积)租赁给第三人使用5年,以偿还该公司欠第三人的借款。第三人之异议其后遭到驳回。

(二)法院判决理由与本案争议焦点

一审法院认为:被告以农村集体所有的土地作为抵押物向原告抵押借款,违反法律强制规定,故而无效。原告仅享有信用贷款性质的债权。

二审法院认为:上诉人岭南公司抵押给上诉人新华公司的土地乃为昌富村委会集体所有。1996年10月21日上诉人岭南公司与昌富村委会签订集体土地出让(实为承包)合同,约定将8、9、10号三块共计833.26亩集体所有的土地使用权出让(实为承包)给上诉人岭南公司,期限为50年,该地系属四荒类土地。根据《担保法》第34条第1款第5项的规定,“抵押人依法承包并经发包方同意抵押的荒山、荒沟、荒丘、荒滩等荒地的土地使用权可以抵押”。上诉人岭南公司在获得集体土地所有权人同意的前提下,将其四荒土地承包经营权抵押融资,并不违反法律规定,该抵押设定生效。但 8 号土地与地上农作物之抵押未办理抵押登记,不生抵押效力,不能对抗第三人(按:此系指一般第三人,非指本案第三人武柏峰)。

二审判决确定后,海南省人民检察院向海南省高级人民法院提出抗诉,其于抗诉意见中称:本案中双方约定抵押的土地至抵押借款合同签订时,地上已种植农作物,土地之性质已变更为农用地。故此,该协议违反《担保法》禁止规定,其将集体所有的农用地设定抵押的行为应属无效。海南省高院指令海南中级人民法院进行再审;再审法院并未采取检察院的抗诉意见,其认为:土地所有权人昌富村证明申诉人抵押给被申诉人的土地本属于四荒类土地,即便申诉人承包后耕种数年,该荒地已变为农用耕作地,亦不能否定土地的原本性质。《担保法》第 34 条第 1 款第 5 项所称之荒地,显然指的是承包前的土地性质,而非指承包后的土地性质。因为承包人承包土地的首要目的首先是开发种植,发展农业,其次才是为了抵押。故此,抗诉机关的抗诉不予支持。

再审法院的判决理由值得赞同。如进一步探究,假设某一村落的土地均处于农耕状态,但仅因某几块土地的承包性质系属于以招标、拍卖、公开协商等方式所取得的四荒类土地承包经营权,该土地承包经营权人即可将该土地承包经营权进行抵押融资;但同处于农耕状态的其他非属此类承包经营权的土地承包经营权人,却不得将其土地承包经营权进行抵押融资,此一区别规定在当前的社会状态下是否仍然合理,非无疑义。相关禁止一般农用地设定抵押的立法理由,除了为保证耕地数量不减少外,并隐含着社会保障性质。③ 但实际上随着农业规模经济的发展需要,农村地区对资金的刚性需求,已经诱使地方上不断地突破相关的法律限制,值得注意的是,这些"违法"操作不仅经常对当地的农业经济发展起到了促进作用,甚至还获得了地方政府程度不一的支持。

三、限制土地承包经营权得抵押范围之法规检讨

(一)有关限制土地承包经营权抵押的相关规定

除了《担保法》第37条第2项与《物权法》第184条第2项均规定:"耕地、宅基地、自留地、自留山等集体所有的土地使用权"不得抵押外,最高人民法院《关于审理涉及农村土地承包纠纷案件适用法律问题的解释》(2005年9月1日起施行)第15条亦明确规定:"承包方以其土地承包经营权进行抵押或者抵偿债务的,应当认定无效。对因此造成的损失,当事人有过错的,应当承担相应的民事责任。"

事实上,在《物权法》制定的过程中,曾经试图突破土地承包经营权不得抵押的限制。《物权法》草案第五次审议稿曾经规定:"土地承包经营权人有稳定收入来源的,经发包方同意,可以将土地承包经营权抵押。实现抵押权的,不得改变承包地的用途。"然而,经过全国人大法律委员会、国务院法制办、国土资源部、农业部等部门反复研究后

---

③ 全国人大常委会法制工作委员会民法室编:《中华人民共和国物权法条文说明、立法理由及相关规定》,北京大学出版社2007年版,第333页。

认为，目前农村社会保障体系尚未完全建立，土地承包经营权和宅基地使用权是农民安身立命之本，从全国范围看，放开土地承包经营权抵押和宅基地使用权转让的条件尚未成熟，因而在《物权法》草案第六次审议稿中删除此一规定；④而中央财经领导小组办公室副主任陈锡文在2008年10月22日也表示，在加快农村金融体制改革过程中，应排除土地承包经营权、宅基地和农民房产作为抵押，其理由与上述意见基本相同。⑤

（二）有关可抵押之土（荒）地承包经营权法律规定之比较分析

禁止土地承包经营权抵押之规定存有例外，其法律依据为《担保法》第34条第1款第5项“抵押人依法承包并经发包方同意抵押的荒山、荒沟、荒丘、荒滩等荒地的土地使用权”可以抵押，与《物权法》第180条第3项“以招标、拍卖、公开协商等方式取得的荒地等土地承包经营权可以抵押”等两条规定。这两个条文所规定的情形不尽相同，虽然《物权法》第178条规定：“担保法与本法的规定不一致的，适用本法。”惟此二条所规定之内容并非全然重叠或存在冲突，其所指涉之得抵押的土地承包经营权范围亦不够明确，相关问题均有进一步说明的必要：

1.《物权法》第180条第3项之规定，限定得抵押的土地承包经

---

④　鲁琦：《物权法草案七审历程、时间及争论与修改焦点》，《北京日报》2006年10月28日；张宗堂、王娅妮：《物权法草案删去“土地承包经营权抵押”条款》，载 http://news.sohu.com/200610 27/n246050367.shtml。

⑤　于文静、王立彬：《陈锡文：土地承包经营权、宅基地和农民房产不能抵押》，载 http://news.xinhuanet.com/newscenter/2008－10/22/content_10235455.htm。

营权须系属“以招标、拍卖、公开协商等方式取得的荒地等土地承包经营权”,但《担保法》未为此一限定;《物权法》之所以如此规定,目的应是与《农村土地承包法》的相关规定取得一致。《农村土地承包法》第3条第2款规定:“农村土地承包采取农村集体经济组织内部的家庭承包方式,不宜采取家庭承包方式的荒山、荒沟、荒丘、荒滩等农村土地,可以采取招标、拍卖、公开协商等方式承包”;《农村土地承包法》第45条规定:“以招标、拍卖方式承包的,承包费通过公开竞标、竞价确定;以公开协商等方式承包的,承包费由双方议定。”

2.《物权法》并未对土地承包经营权做出突破性调整,“四荒”地承包经营权与一般土地家庭承包经营权的区别规定,主要是源于《农村土地承包法》。《农村土地承包法》第二章与第三章分别对“家庭承包”与“其他方式承包”[此之“其他方式”,即系以招标、拍卖、公开协商方式承包四荒地(第44条)]作出不同规定(见表6-1):

表6-1

	一般土地家庭承包经营权	“四荒”地承包经营权
承包方及发包方权利义务内容	主要为法定(第13~17条)	主要为约定(第45条)
承包期限	30~70年不等(第20条)	协商确定(第45条)
承包对象	必须为本集体农户(第15条)	本集体经济组织成员优先(第47条、第48条)
承包方式	家庭承包(第12条)	招标、拍卖、公开协商(第44条)
流转方式	转包、出租、互换、转让、入股(第32条、第42条)	转让、出租、入股、抵押(第49条)

由表6－1的比较可以看出,为充分开发荒地,“四荒”承包经营权在各个方面均较一般土地家庭承包经营权更为灵活,当事人间可以自由约定权利义务、承包期限;在承包对象上不限于本集体经济组织成员;承包方式较多;流转方式则包括了一般土地承包经营权所不具备的抵押等。

3. 依据《农村土地承包法》第3条第2款规定可知,不宜采取家庭承包方式经营之四荒地,⑥可以采取招标、拍卖、公开协商等方式承包。⑦ 如前所述,不论是否得以采取家庭承包方式经营之四荒地,均应以招标、拍卖、公开协商等方式承包。惟就本命题而言,其意义主要在于依据《担保法》第34条第1款第5项与《物权法》第180条第3项规定,凡属经发包方同意,并系以招标、拍卖、公开协商等方式取得的四荒土地承包经营权,可以抵押。如有非属以招标、拍卖、公开协商等方式取得的四荒地承包经营权者,无论其是否适宜或是否非以家庭承包方式承包,均不得抵押。

---

⑥ 按:此条文中之“不宜”,究系解释为四荒地均不得由家庭承包,亦或是有些四荒地不宜由家庭承包,有些四荒地则得由家庭承包,法条的语意并不清楚。从《农村土地承包法》第3条与第47条之意旨来看,四荒地应不得由家庭承包,换言之,农户不得承包四荒地。然而,本书从积极利用农村土地,扩大法条适用范围的意旨出发,认为此处宜解释为四荒地亦得由家庭承包。此外,根据《农村土地承包法》第48条规定可知,四荒地的承包对象既然可以由本集体经济组织以外的单位或个人承包,举重以明轻,似无充分理由限制本集体经济组织农户予以承包。

⑦ 按:此条文中之“可以”,须解释为“应”,不过纯粹从法条解释上来看,亦可解释为“得”。源于立法之用字习惯与实践上的随意性,在许多法条上的解释均有类似争议。

惟如其确实属于以下两种情形:(1)被继承人系以招标、拍卖、公开协商等方式取得四荒地承包经营权,继承人因继承取得该四荒地承包经营权;(2)承包人系以招标、拍卖、公开协商等方式取得四荒地承包经营权,其后承包人与他人进行转包、互换,后一权利人因继受取得此一四荒地承包经营权。当此两种情形均经发包方同意时,可否将其所有之四荒地承包经营权抵押?上述情形法律均未规定,值得进一步研究。

《农村土地承包法》仅于该法第三章其他方式承包(非属家庭承包)中之第50条就继承问题作出规定:"土地承包经营权通过招标、拍卖、公开协商等方式取得的,该承包人死亡,其应得的承包收益,依照继承法的规定继承;在承包期内,其继承人可以继续承包。"⑧相关特别法并未限制继承人不得将其所继承之土地承包经营权抵押,继承人系概括继受被继承人的权利义务;故此,继承人除得在承包期限内继续承包外,亦应得将该继承取得之四荒地承包经营权抵押融资。就前段第二种情形而言,本书认为依据《农村土地承包法》等相关法律

---

⑧ 《农村土地承包法》中未就家庭承包部分做出继承规定,盖因家庭承包的承包主体系"农户",当农户中有成员死亡时,只要仍有其他成员健在,该农户既有的土地承包经营权即不受影响,所以就此部分,并不发生继承问题。如该农户成员均已死亡,即原来签订土地承包合同的权利主体,亦即农户,已经不存在,即便农户与农户之间的成员有亲属关系,农户间亦不得继承;而在集体所有制中,农户不存在,其土地承包经营权与承包合同应即消灭,腾出的集体土地应另为分配,亦无继承问题。换言之,于此继承规定之所以仅规范于第三章以其他方式承包中,即与此有关。

规定可知，⑨土地承包经营权之流转，在流转主体之资格、流转方式，以及期限等方面均作出了限制。相较于因继承（基于法律规定）而取得之相关权利，并未限制继承人须具有农业经营能力才能就此继承而言，基于因法律行为所获得的权利保障至少应不低于基于法律规定所获得的权利保障之原则，⑩在没有特殊原因时，既然继承人得将其因继承取得的四荒地承包经营权抵押，亦应准许因转包或互换取得四荒地承包经营权者，得将其基于法律行为所取得之四荒地承包经营权予以抵押。

4.《担保法》第 34 条第 1 款第 5 项规定，抵押人抵押其所承包的四荒地承包经营权时，须经发包方同意，但《物权法》第 180 条第 3 项之规定并未对此提出相同要求，惟此不能解释为《物权法》相关规定已经取代了《担保法》第 34 条第 1 款第 5 项之规定，在适用上，这两条应同时适用。此外，国家土地管理局于 1995 年 9 月 11 日颁布的《农村集体土地使用权抵押登记的若干规定》第 4 条，还进一步就此作出规定："集体荒地土地使用权和乡村企业集体土地使用权抵押须经被

---

⑨　参见《农村土地承包法》第 49 条："通过招标、拍卖、公开协商等方式承包农村土地，经依法登记取得土地承包经营权证或者林权证等证书的，其土地承包经营权可以依法采取转让、出租、入股、抵押或者其他方式流转。"本条所指之"依法"，主要系依据《农村土地承包法》第二章家庭承包第五节土地承包经营权的流转第 32 条至第 43 条等相关规定。

⑩　从法理而言，基于法律行为所获得之权利应不低于基于法律规定所获得之权利，盖基于法律行为所获得之权利，存有当事人间之信赖利益与交易安全于其中，这也是在善意取得时，法律仅保障基于法律行为而获得所有权之善意第三人，而将同为善意，但系基于法律规定（如继承）取得他人之物者，排除在善意取得的范围内的原因。

抵押土地的集体土地所有者同意,并出具书面证明。乡村企业集体土地使用权抵押的,集体土地所有者出具的同意抵押的书面证明应包括:在实现抵押权时同意按法律规定的土地征用标准补偿后转为国有土地;征地费是否作为清偿资金等内容。集体土地所有者在出具同意乡村企业集体土地使用权抵押的书面证明前须将土地抵押有关事项在村农民集体内部履行合法手续。"在实践中,一般均系依据上述相关法令之规定,要求发包方须出具同意抵押的书面证明后方得进行抵押登记。

《农村集体土地使用权抵押登记的若干规定》第4条规定,经常成为设定荒地使用权抵押的障碍,因其要求集体土地所有者同意在抵押权实现时"按法律规定的土地征用标准补偿后转为国有土地";然征地补偿事项一直都是农村里最难协调的事项,故而在申请设定抵押权时,集体土地所有人(发包人),一般很难愿意出具同意集体土地使用权抵押的书面证明。实际上,四荒地或一般土地使用权(按:在此所谓之相关农村"土地使用权",包括其后公布的《农村土地承包法》所指之"土地承包经营权")均属用益物权的一种,其系附着在集体所有土地之上,实现四荒地或一般土地使用权抵押权时,并不影响集体土地所有权本身。此外,用益物权有一定期限,即便该四荒地或一般土地使用权,因为实现抵押权之故而更换承包人,但当该四荒地或一般土地使用权的承包期限到期时,相关集体土地仍能恢复至未承包前的法律状态。

故此,本书认为,国家土地管理局于1995年9月11日颁布《农村集体土地使用权抵押登记的若干规定》时,因其时《物权法》尚未公布,亦复对土地所有权与用益物权之间的关系欠缺认识,再结合当时的整体社会发展现状,因而有如此规定尚可理解。惟其现今的相关法律支持与社会背景均有较大变化;在法律技术上,立法者还可以限制因实现抵押权而流转土地使用权的受让人资格。因此,相关对于四荒地或一般土地使用权权利人抵押应获得集体所有人同意,特别是在实现抵押权时同意按法律规定的土地征用标准补偿后转为国有土地之规定,并无太大积极意义。有关单位,虽于2003年2月20日终于通过《国土资源部关于停止执行部分规范性文件的通知》停止执行了《农村集体土地使用权抵押登记的若干规定》此一法规;但是《担保法》第34条第1款第5项规定抵押人抵押其所承包的四荒地承包经营权时,"并经发包方同意"之不必要规定,却仍未除去。

(三)关于"荒地"的定性

《物权法》中并未对"荒地"的内涵作出界定,本书所举案例中再审法院有关荒地的解释为:"土地所有权人……的土地本属于四荒类土地,即便……承包后耕种数年,该荒地已变为农用耕作地,亦不能否定土地的原本性质。"诚属正确,但对荒地的界定亦非固定不变,依据《国务院办公厅关于进一步做好治理开发农村"四荒"资源工作的通知》(国办发〔1999〕102号)规定:"四荒(荒地、荒沟、荒丘、荒滩)必须是农村集体经济组织所有的、未利用的土地。四荒界定必须通过政府组织土地行政主管部门会同有关部门编制土地分类和划定土地利用区规划。"可知,土地之性质是否定性为荒地,系由相关行政部门作出编制并划定范围决定。相关行政部门等应得综合实际情形,重为划定,而非一旦定性为荒地,便永远为荒地。但在相关行政部门重为划定前,其荒地之性质不变,即便是在承包期内重为划定该土地性质,相关权利人的信赖利益亦应得到保护,则自不待言。

四、承包经营权抵押范围扩大之可行性分析

从上文对土地承包经营权可抵押范围的分析可以看出,法律规定仅允许在一个相当狭隘且其内涵与外延均不够清楚的四荒地领域内设定农村土地抵押权。至于该抵押权是否可以拓宽到除四荒地之外的范围,学者有不同见解:

(一)否定承包经营权抵押的主要理由⑪

1.对农民丧失土地的担忧。农村土地所承载的社会保障功能是现行立法禁止土地承包经营权抵押的主要原因。中国仍是农业大国,农业人口在9亿左右。土地承包经营权是农民生产生活的基础条件,如允许土地承包经营权抵押,一旦农民不能按期偿还债务,则将丧失土地承包经营权而可能成为无业流民,这将极大地危及农民的生存和农村社会的稳定。只有在第二、第三产业发达,大多数农民实现非农就业并有稳定的工作岗位和收入来源的地区,才有可能出现较大范围的土地流转,发展适度规模经营,也可允许土地承包经营权抵押。总体上看,中国绝大多数农村目前还不具备此一条件。

---

⑪ 否定说观点参见梁慧星、陈华彬:《物权法》,法律出版社1997年版,第251页;胡康生主编:《中华人民共和国农村土地承包法释义》,法律出版社2002年版,第119~120页;梁慧星:《中国物权法草案建议稿:条文、说明、理由和参考立法例》,社会科学文献出版社2000年版,第533页。

2. 缺乏土地登记等配套制度。抵押权的成立一般以登记作为其公示方式,然而完善的不动产登记制度在农村却远未建立,这也成为推行农村土地承包经营权抵押的一大障碍。

(二)肯定土地承包经营权抵押的主要原因

1. 土地承包经营权的性质决定了其应具备抵押等处分功能。承包经营权从性质上分析类似于大陆法系民法中所规定的永佃权制度,其二者均是为解决土地所有与利用的矛盾,为非土地所有人利用他人土地从事耕作或畜牧,从而获取收益所设计的用益物权。为保障租佃人对农地能够充分利用,"永佃权人的权利几乎和所有权人不相上下",⑫因此该项物权不仅拥有用益物权性质的孳息收取权等,还可设立役权和抵押权;而存在永佃权制度的国家(或地区)中,一般皆允许永佃权得被设定抵押。⑬ 故此,用益物权之上可以设定担保物权,土地承包经营权系属农民所享有的长期的土地使用权,其内涵包含使用权、经营权、受益权等,自应包含抵押功能。⑭

2. 较好地发挥土地的融资功能。农业土地开发、农地规模经营

⑫ 周枏:《罗马法原论》,商务印书馆1994年版,第386页。

⑬ 参见《日本民法典》第369条第2款:"地上权与永佃权亦可为抵押权的目标。于此情形适用本章的规定。"意大利《民法典》第2810条第4款:"抵押权得设立于永佃权及对永佃土地所有权人的权利。"

⑭ 杜润生:《中国农村的社会主义改造与经济体制改革答问》,《战略与管理》1999年第2期;杨学城:《关于农村土地承包30年不变政策实施过程的评估》,《中国农村经济》2001年第1期。

都需要资金的支持,在当前工商资本难以进入或不愿进入农村的情况下,放开对土地承包经营权的抵押,能够使该项权利产生应有的交换价值,其一方面能保障债权的实现;另一方面可以拓宽农民融资的渠道,缓解农民借款的困难情形,使农民能扩大农业经济规模,提高农业的生产力水平。同时,农民还可以为待开发农地获取开发资金,实施滚动式良性循环,加速农地的开发利用与规模经营。⑮

土地承包经营权的抵押与转包、互换等流转方式,同样都是对农地的动态利用,是促使农地价值最大化的有益做法;如不能放开对土地承包经营权抵押之限制,土地承包经营权流转的价值化功能将大打折扣。⑯

(三)本书观点:有条件的抵押土地承包经营权的可行性分析

1. 土地承包经营权权利内涵的演变及抵押的可能性

土地承包经营权在中国经历了一个权利内容不断完善、权利期限不断延长的演变过程。1986 年公布的《民法通则》第 80 条第 2 款,首次以法律的方式规范了土地承包经营权:“公民、集体依法对集体所

---

⑮　以能够释放土地融资功能为由,而肯定土地承包经营权抵押的学者不在少数,参见黎翠梅:《农村土地承包经营权抵押贷款制度探讨》,《软科学》2008 年第 2 期;张宏东:《论我国农地抵押制度的创新》,《金融理论与实践》2008 年第 7 期;施晓琳:《论以土地承包经营权抵押为特征的金融制度》,《南京农业大学学报》(社会科学版)2002 年第 3 期等。

⑯　陈小君:《农村土地制度的物权法规范解析——学习〈关于推进农村改革发展若干重大问题的决定〉后的思考》,《法商研究》2009 年第 1 期,转引自人大复印报刊资料《民商法学》2009 年第 4 期。

有的或者国家所有的集体使用的土地的承包经营权，受法律保护。承包双方的权利和义务，依照法律由承包合同规定。”同年公布的《土地管理法》第 12 条规定：“集体所有的土地，全民所有制单位、集体所有制单位使用的国有土地，可以由集体或者个人承包经营，从事农、林、牧、渔业生产。承包经营土地的集体或者个人，有保护和按照承包合同规定的用途合理利用土地的义务。土地的承包经营权受法律保护。”上述法律皆规定承包当事人的权利义务关系，系依据承包合同的内容而定，这体现出当时的土地承包经营权之性质，系属带有租赁内涵之债权。农村土地承包经营权因其性质特殊，容或不得质押，唯一般债权得为质押之目标，自不待言。2002 年公布的《农村土地承包法》首次确认了土地承包经营权的物权属性，因为该法第 13 条至第 17 条明确规定了发包方与承包方各自的权利义务内容，符合物权法定的规范意旨；而 2007 年公布的《物权法》，则正式将土地承包经营权列入了用益物权的范畴。用益物权具有交换价值，应得以抵押以实现之。

2. 土地保障功能的日益淡化以及区域差异

上述提及农村土地所承载的社会保障功能是现行立法禁止土地承包经营权抵押的主要原因，然而现行土地的保障功能已有日益淡化的趋势；此外，不同区域因地理环境与经济发展程度之不同存在明显差异。如图 6－1 所示，即可以看出与土地有关之收入占农民总收入的比重正在下降；而表 6－2 则能说明不同地区从事农业生产劳动力之比例区别甚大，经济越发达地区，其从事第一产业的劳动力比例越低。

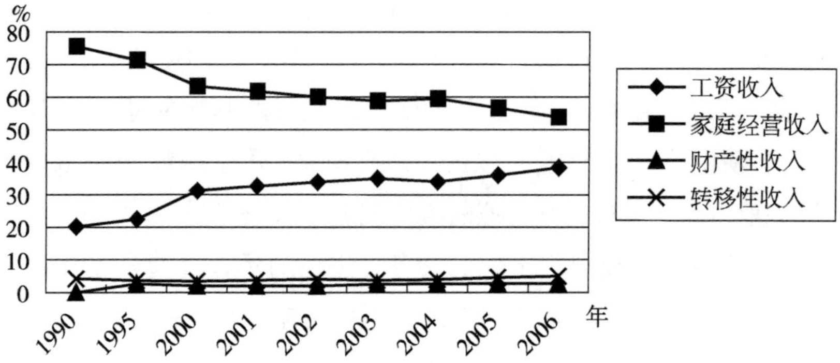

图 6－1 1990 年至 2006 年农村人均收入不同来源占人均纯收入百分比⑰

说明:财产性收入就是指通过资本、技术和管理等要素与社会生产和生活活动所产生的收入。是指家庭拥有的动产(如银行存款、有价证券)和不动产(如房屋、车辆、收藏品等)所获得的收入。包括出让财产使用权所获得的利息、租金、专利收入;财产营运所获得的红利收入、财产增值收益等。转移性收入指国家、单位、社会团体对居民家庭的各种转移支付和居民家庭间的收入转移。包括政府对个人收入转移的离退休金、失业救济金、赔偿等;单位对个人收入转移的辞退金、保险索赔、住房公积金、家庭间的赠送和赡养等。⑱

---

⑰ 参见国家统计局农村社会经济调查司编:《中国农村统计年鉴 2004》,中国统计出版社 2004 年版,第 285 页;《中国农村统计年鉴 2005》,第 267 页;《中国农村统计年鉴 2006》,第 267 页;《中国农村统计年鉴 2007》,第 267 页。

⑱ 财产性收入与转移性收入之概念介绍,载 http://www.baidu.com/提供之解释。

表 6－2　2005 年不同地区农村不同行业从业人员占所有从业人员百分比⑲

地区	农林牧渔业	工　业	建筑业	交通运输仓储业	信息业	批发零售业	住宿餐饮业
北　京	31.8	18.0	9.7	9.8	0.7	8.0	4.1
上　海	24.3	47.8	4.9	3.5	0.4	4.2	2.1
浙　江	34.2	32.8	6.3	3.6	0.4	6.8	2.7
河　南	65.8	11.4	7.9	3.0	0.1	4.1	1.8
甘　肃	70.2	3.2	5.8	2.1	0.2	2.4	1.2
贵　州	65.6	4.2	2.6	1.3	0.1	2.2	0.1

由这些数据可以观察出来，在北京与东南沿海一带的经济发达地区，土地的社会保障作用已明显减弱，土地更重要的功能是发挥多元的经济效用。这一带农民的收入已趋于多元化，土地并不是农民的唯一财源。立法禁止土地承包经营权抵押，对这一带的农民而言，非但不是保护，反而是一种无谓的限制，因其制约了此一区域的农村建设与农业的发展；实际上，即便是在经济欠发达地区，亦不能否定放开土地承包经营权抵押对此区域的积极意义。

3. 农村土地承包经营权抵押的实践现况

虽然法律禁止除荒地以外的土地承包经营权抵押，但在实践中由于对资金的刚性需求，地方上大量出现违法操作的情形，这同时也为日后修法提供了大量的实践经验。早在 20 年前就开始了农地抵押贷

⑲　参见国家统计局农村社会经济调查司编：《中国农村统计年鉴 2004》，中国统计出版社 2004 年版，第 285 页；《中国农村统计年鉴 2005》，第 267 页；《中国农村统计年鉴 2006》，第 267 页；《中国农村统计年鉴 2007》，第 30～32 页。

款的实践。据有关数据显示,最早试行农地金融制度的地方是贵州省湄潭县,该县于1988年在中央和地方的资金、政策支持下,成立了土地金融公司。该公司共建立了六种担保抵押办法,其分别是:财政担保、事业单位担保、经济实体担保、个人财产担保、承包土地及地面附着物担保。其第六种担保方式即为我国农村土地承包经营权抵押的最早实践。[20] 而随着规模经营的发展,农村的资金缺口越来越大,各地农村承包经营权抵押试点也就愈演愈烈。例如,福建三明农村信用社从2006年起探索开展农村土地承包经营权抵押业务,探索"公司+农村土地经营权抵押""基金担保+农村土地经营权抵押"和"直接以农村土地承包经营权为抵押"等方式,以解决农民对土地规模化开发资金需求。目前,全市农信社累计已发放该类贷款318万余元。[21]

除了前述明确违法试点的,还有以其他名义掩盖土地承包经营权抵押以获得贷款融资的案例。例如,重庆江津市李市镇牌坊村农户为获得贷款,将农地承包经营权入股村内一果业公司,然后将其取得的

---

[20] 案例参见贵州省委农村政策研究室与中共湄潭县委员会编著的《土地制度建设配套试验》,第153~258页。转引自罗剑朝:《博弈与均衡:农地金融制度绩效分析——贵州省湄潭县农地金融制度个案研究与一般政策结论》,《中国农村观察》2003年第3期。

[21] 郑良:《福建三明:农户土地承包经营权可抵押贷款》,载 http://www.fj.xinhuanet.com/news/2008-10/03/content_14647371.htm。"2006年6月,将乐县农信社在全市率先推出农户土地承包经营权抵押贷款。该文中还提及:白莲镇小王村村民温元宝以140亩农地的承包经营权作抵押,获得首笔10万元贷款,从事无公害水果、蔬菜规模种植。将乐县农信社主任钟先礼告诉记者:近年来,随着农村劳动力大量转移,将自家土地交由同村农户经营的现象越来越多,这给农业规模经营创造了有利条件,中小企业融资难问题也随之产生,探索土地承包经营权的多种流转方式是解决农户中小企业融资难的出路。"

股份抵押给国家开发银行重庆分行，从而为该果业公司筹集资金，以进行农业的规模化经营。[22] 浙江省则在2009年批准了全国首张农地流转工商执照，该省诸暨市的农民以农村土地承包经营权作价出资设立农民专业合作社；该省工商局负责人表示，按照第一批新设立的农民专业合作社以每亩地每年作价500元计算，此一办法将可为浙江省农业发展启动1.3万亿元资本。[23]

4. 解决农村土地承包经营权抵押问题的具体建议

本书在同时虑及农村土地的融资功能与社会保障功能两项因素后认为，不论集体土地在被承包前是否属于荒地，也不考虑其是否系通过招标、拍卖、公开协商等方式取得承包经营权，只要符合以下两项条件，就应放开对土地承包经营权抵押的限制：[24]

(1)抵押人须有稳定的非农职业或稳定的收入来源。土地的社会保障功能虽已不断弱化，但在许多经济欠发达地区，农民对土地的依赖性仍然很强。故此，农村土地承包经营权人有稳定的非农职业[25]或稳定的收入来源者，方得将其土地承包经营权(使用权)抵押。在实施初期，可进一步限定符合上述资格的农村土地承包经营权人其所

---

[22] 张琼：《关于农地承包经营权抵押的思考与建议》，《江西财经大学学报》2006年第4期。

[23] 陈锦、吕律：《我省昨颁全国首张农地流转工商执照——农民从此人人都可当上"老板"，地里真的能长黄金了》，《浙江法制报》2009年3月16日。

[24] 持此观点的学者可见"主要看是否承认土地承包经营权的让与性，现行立法既然允许土地承包经营权有条件转让，也应允许土地承包经营权有条件抵押"。参见温世扬：《物权法通论》，人民法院出版社2005年版，第456页。

[25] 陈小君等：《农村土地法律制度研究——田野调查解读》，中国政法大学出版社2004年版，第302页。

抵押的土地承包经营权须限于一定比例;其后视整体社会发展状况,再由相关行政主管部门适时放宽其得抵押的比例。

(2)限制抵押权实现后的土地用途。基于保证耕地面积与农业生产总值不能下降等因素,立法可以规定:若土地承包经营权人(抵押人)到期无法偿还欠款,抵押权实现后,土地承包经营权的继受人不得改变土地的农业用途。另值得说明的是,在此规定之下将可废止集体土地使用权抵押权实现时必须征用该集体土地以转为国有化的规定,[26]盖因土地承包经营权虽在不同权利主体中流转,但其农用性质不变。取消国有化征用程序,不仅可以降低抵押土地承包经营权的操作成本,提高整体土地金融市场的运行效率,还可以避免因集体所有权人无法对征用费补偿达成统一意见,致使抵押权设定困难,因而错失个人最佳融资时机等问题。

五、结　论

农村土地属于集体所有,法律禁止交易,因而一定程度能够发挥集体土地的交换价值者,主要是通过土地承包经营权的流转来实现。现今集体土地之所谓为集体所有,乃流于形式。从所有权的角度来说,集体土地固属集体所有;但从产权的角度来说,实际上集体土地的

㉖ 《农村集体土地使用权抵押登记的若干规定》第13条规定:"因处分抵押财产转移乡村企业集体土地使用权的,应当由土地管理部门依法先办理征地手续,将抵押土地转为国有,然后再按抵押划拨国有土地使用权的办法进行处置。"

最大产权人仍是政府。[27] 这一点在政府征收农村集体土地，其后转为国有土地设定建设用地使用权时，农民所能得到的补偿款仅为国家出让土地使用权所获得对价的极小部分即可得知，[28]这一点也正是当前农村问题的重大矛盾核心；而根据中央农村工作领导小组办公室主任陈锡文分析，农村每年发生数万起群体性事件，接近50%都与征用农地有关。[29]

从举重以明轻的法理而言，土地承包经营权既能流转亦应开放抵押。土地承包经营权流转时，[30]承包人因有对价或其他法律理由，而失去对所承包土地之经营权利，甚至失去相应土地的承包人身份；[31]而相对于抵押土地承包经营权而言，抵押人仍为土地承包经营权的承包人，既然法律允许土地承包经营权流转，实没有理由在一定条件限制下，仍禁止土地承包经营权抵押。当然，在放开农村土地承包经营权抵押时，立法者亦应汲取放开农村土地承包经营权流转后，各地所产生的例如地方政府支持力度过猛，流转农村土地承包经营权价格偏低，甚至是腐败现象等问题之经验。

农村的市场经济如果不能发展，整体社会将长期存在巨大的城乡差异。放开土地承包经营权抵押，在一定条件限制下其影响不会超过农村土地承包经营权之流转。农村地区如能大规模的集中农地，以产

---

[27] 王冠玺：《再论中国法学发展的“十字现象”——从现代化法律的继受中反思“中国特色”》（下），《比较法研究》2009年第3期。

[28] 孙宪忠：《物权立法中的土地承包经营权问题》，载《中国政法大学民商经济法学院高峰对话》（第一期）。

[29] 参见常红晓、宫靖：《地权回归》，《财经》2008年第21期。

[30] 参见《农村土地承包法》第32条。

[31] 参见《农村土地承包法》第41条。

业化的方式运作农业，将加快农村地区进入市场经济的进程。㉜ 事实上，农村地区已经存在大量的跨越省界的土地承包经营权流转现象，其形式为：互相转让、转包、股份合作制、股份制农场、承租返包……㉝此外，由于种种原因，即便在土地肥沃，经济发达地区，良田被抛荒的情形也非常普遍，㉞农民(原承包人)甚至有自己倒贴给接包人一笔钱(每亩田300元左右)㉟的情形；由此特别能说明当前立法政策必须调整的急迫性。

从更深一层的意义来说，中国长期的城乡二元割裂格局，使得农民在某种意义上所享有的是"准国民的待遇"，㊱这是造成"三农问题"极为严峻的主要原因之一。将农民紧紧地捆绑在土地之上，到底

㉜　以浙江省为例，根据浙江省工商局有关负责人表示，浙江省的耕地面积是13,048万亩，自2006年浙江省台州的10位农民专业合作社代表从省工商局拿到营业执照，浙江省先后涌出万余家农民专业合作社，土地承包经营权流转面积达535.8万亩，参与土地流转的农户达266.6万户，但这还只是一小部分。参见陈锦、吕律：《我省昨颁全国首张农地流转工商执照——农民从此人人都可当上"老板"，地里真的能长黄金了》，《浙江法制报》2009年3月16日。

㉝　根据本书作者在2009年7月上旬在浙江省湖州市长兴县做的调研显示，长兴县的许多村镇均存在外省市人(以上海人为多)到当地规模承包土地种植苗木或是果树的情形，基本上当地政府与农民都是欢迎的；而长兴县的县民也有不少到安徽、江西等外省去承包该地区的农地以规模经营农业。

㉞　江浙一带由于人均耕地面积较小，在农地无法增值，耕地不可能致富的情形下，农民抛荒外出打工的情形非常普遍；农民为了筹集资金，甚至非常希望政府征地。

㉟　黄广明：《新土地革命》，《南方周末》2001年6月14日。转引自王利明：《我国民法典重大疑难问题之研究》，法律出版社2006年版，第395页。

㊱　指农民在教育、医疗、社会保障、财政赋税等各个方面都无法享受和城镇居民同等的待遇，从而在事实上处于一种准国民的地位。

是对农民权利的维护？还是对其生存空间的限缩？诚值疑问。政府不能因为不知如何妥善地安排剩余劳动力，而基于农村安定等理由长期牺牲农民的基本权利。实际上，此种情况下的社会安定，至多仅是消极性的暂时安定，并且容易导致农村社会保障制度建设的迟延。改革农地政策后所释放出的劳动力，是政府、企业与农民的共同责任，但在政府职能转型以前，政府仍应承担主要责任。“三农”问题错综复杂，千丝万缕，有条件地放开农村土地承包经营权的抵押范围，并修正相关不合时宜与立法技术有问题的法律，应是政府有关部门改善“三农”问题所必须踏出的重要一步。

第七章

农村土地、林木、农作物与相关权利主体的辨析

——兼论民事法律体系建构的反思

一、前　言

二、相关民事权利主体所涉若干概念问题分析

（一）案例分析:问题争点的提出

（二）学界就权利主体的相关法律见解——以农户为主要说明载体

（三）案例评释与理论探索

三、相关民事权利客体问题所涉若干概念问题分析

（一）案例分析——问题争点的提出

（二）学界就林木、林地、农作物等权利客体的相关法律见解

（三）案例评释与理论探索

四、民事法律体系建构的反思——代结语

摘　要

民法的制定,基本上是按照不同的社会功能,分别制定法律;这种垂直切割式的立法,对正处转型期,公私法纠结问题严重的国家而言,有其特别优点;但是个别法律在技术、概念,以及时空变换后的相互协调上,会出现很多问题。本章特此选取农村土地、林木、农作物与相关的权利主体以为说明,例如,农户与其家庭成员间的关系难以明确,应立法解决;未经他人同意,在他人土地使用权上种植林木或农作物者,应立法规定由该林木或农作物所附着土地使用权人取得该林木或农作物所有权;林木不论大树或幼树,其计量均应以"株"为准,以求权利客体的明确;当原农作物(或林木)所有人栽种的农作物(或林木)与承租人栽种的农作物(或林木)混杂时,可以类推适用添附处理。民事法律体系的制定,应将民法典作为基础,目的在于保留一般原则,避免重复,并通过特别法的制定,让法律政策调整可以集中在目标事物与群体上。

关键词:民事法律体系　农村土地　农户　林木　农作物

Abstract

The Chinese civil law is basically enacted according to different social functions. Such vertical model of law enactment has its particular advantage for a country undergoing transition with serious public law and private law entanglements. However, particular civil laws tend to be problematic in the technical and conceptual aspects, and in terms of compatibilities after space-time transformation. This article attempts to elaborate the issue in relation to the civil rights of farmland, trees and crops. For example: (1) the relationship between the peasant hold and the members of his family is difficult to clarify, and this problem should be solved by legislation; (2) when a person plants trees or crops without prior permission on land s/he has no right of using, the problem should be resolved by enacting the law to allow the person with the land-use right to obtain ownership of the trees or crops thus planted; (3) regardless of the size of the tree, each should be taken as one count for the sake of defining the object of right; (4) when the original trees or crops of the owner get commingled with the tress or crops later planted by the tenant, the rule of accretion may be applied by analogy. The Chinese legal system should be enacted on the basis of the civil codes.

Key Words: Civil Legal System the Farmland the Peasant Hold Trees Crops

一、前　言

进行比较法研究时，一般说来对其他国家的财产法或物权法①的制度面（包括具体法律规定或法律政策）较少关注，其原因在于财产法（物权法）所涉及的诸多问题，多具有该国的地域性特色；从继受现代化法律的角度而言，因其普适性较低，使其参考价值相对不高；但正因为财产法（物权法）具有较强的地域性，如果要了解某一国家（或地区）的核心问题，从这个角度去探索，将会有深刻的认识。特别是法律发展中国家（如中国），正处于既有规则与现代化法律的相互磨合过程中，通过对此类问题的研究，除能认识到当前在法律继受过程中所遇到的许多法律方面的问题外，也能触及正处于转型时期的中国所遇到的典型社会问题。

《物权法》是一个转型色彩浓厚，带有过渡性或探索性的法律，既有制度与政策尚未（难以）完全落实在现有法律的框架内。其典型问题之一，就是权利主体与权利主体间的界限不清，甚或是相互包含；权利主体与权利客体间无法良好对应；在许多权利客体间的关系错综复杂等情形下，社会矛盾不断发生。本章之所以选取农村土地、②林木、农作物与相关权利主体间的法律关系辨析为命题，是因为其所蕴含的

---

①　财产法的范围较物权法为广。普通法系国家通用财产法的概念，但在大陆法体系国家，则以物权法为主；财产法与物权法的概念不能替换，但是大致上相互对应。

②　根据《农村土地承包法》第 2 条的规定，农村土地是指农民集体所有和国家所有依法由农民集体使用的耕地、林地、草地，以及其他依法用于农业的土地。

问题触及了民事法律的许多核心问题。这些问题的产生,部分肇因于立法者为了适应变迁中的国情,将许多源于现代化法律,通过继受而来的法律做了调整,或是自行创造了许多具有中国特色的法律所致。这些具有中国特色的法律概念在与所继受而来的基础法律概念难以融合的情形下,在实践上与法学理论上产生了一定问题。

在日本、韩国与我国台湾地区等继受欧陆法的国家与地区,通常可以直接继受法国、德国等欧陆国家,甚至是普通法系国家的法律,通过立法程序就直接适用,至于欧陆国家彼此之间,以及普通法系国家之间,更不待言。这是因为经过长久的继受法律过程,继受国与被继受国的法律操作平台系统已经趋于一致,所以运作起来没有问题;但是在中国,这个主要也是承袭自西方的法律运作平台,却有着浓厚的自有品牌特色。因此,西方国家的法律有许多部分并不能在我们这个平台上直接运作。本章并不讨论涉及法律领域时,提倡以"中国特色"为核心价值的社会真实适应性;③本章的目的是期待从法律解释学的角度,通过厘清相关权利主体与客体间彼此的法律关系与权利界线,从而降低交易成本与相关制度的运作成本的这个视角,对中国民事法律体系的构建进行反思。

本章将从下列几个典型案例④所涉之事实、法律、司法解释与法院见解,归纳整理出几个争点问题,并就此展开分析说明。

---

③ 相关问题参见王冠玺:《再论中国法学发展的"十字现象"——从现代化法律的继受中反思"中国特色"》,《比较法研究》2009年第2期、第3期。

④ 经检索得知,有关此一命题的典型案例不多。根据判断,此或因其时相关法律尚未制定,个人可支配的财产有限,权利主体间与客体间,以及权利主客体间的关系一向模糊,特别是原有处理问题的方式比较粗放所致。

二、相关民事权利主体所涉若干概念问题分析

(一)案例分析:问题争点的提出

冉正英农户与陈世奎农户土地承包经营权转让合同纠纷上诉案。⑤

1. 案例事实

1998 年被告冉正英(农户)之夫黄道开(于 1999 年死亡)作为农户代表人,将自家房屋卖给原告陈世奎(农户),同时将其一家 7 口人承包的田土及山场转让给陈世奎经营,并签订了《买房契约》和《田土、山场转让承包合同》。合同签订后,黄道开即将房屋及田土、山场交付给原告使用至今。在第二轮土地承包时,昌坪村新屋组将黄道开转让给原告的田土直接发包给了原告,原告并获取了《农村土地承包经营合同证》。2006 年被告要求原告将山场退还给被告,因原告不同意而产生纠纷。原告请求人民法院依法确认陈世奎农村承包经营户与黄道开于 1998 年签订的《田土、山场转让承包合同》有效。被告冉正英农村承包经营户辩称,房屋买卖属实,田土、山场转让不属实,理由为黄道开无权将家庭承包的土地转让他人,其行为侵犯了其他家庭成员的合法权益。

2. 法院判决理由

重庆市第四中级人民法院认为,冉正英农村承包经营户与陈世奎

---

⑤　载 http://vip.chinalawinfo.com/newlaw2002/slc/slc.asp? db = fnl&gid = 117747047。此案件有关资料由葛芳丹同学提供,特此致谢。

农村承包经营户属于同一农村集体经济组织的成员,双方符合农村土地承包经营权出让和受让的主体资格条件。认定陈世奎与黄道开签订的《田土、山场转让承包合同》是双方真实意思表示,不违反法律法规的强制性规定,该合同合法有效。并且陈世奎农村承包经营户已经与土地发包方签订了《农村土地承包经营合同》,实际取得了争议土地的承包经营权。

判决冉正英农村承包经营户丧失了争议土地的承包经营权。

3. 本案争点

黄道开作为农户的代表人,未经其他家庭成员同意所为之土地承包经营权转让行为是否有效?其行为是否侵害了其他家庭成员的权益?土地承包经营权乃有时限性的用益物权,根据法院判决理由即可推知,重庆市第四中级人民法院认为黄道开在生前所订立的土地承包经营权转让合约包括了第二轮承包,在此基础上,必然还确定了第二轮确定所承包的集体土地之范围,法院这样的法律见解有何根据?⑥

(二)学界就权利主体的相关法律见解——以农户为主要说明载体

根据相关法律规定可知,现行权利主体有国家、集体、私人(公

⑥　应注意的是,重庆市第四中级人民法院判决本案时,《物权法》尚未出台,因此,无以根据《物权法》第128条"土地承包经营权人依照农村土地承包法的规定,有权将土地承包经营权采取转包、互换、转让等方式流转。流转的期限不得超过承包期的剩余期限。未经依法批准,不得将承包地用于非农建设。"之规定判决。

民、外国人、无国籍人、个人独资企业、个人合伙)、⑦企业法人、社会团体、个体工商户、农户等。企业法人(机关法人、事业单位法人、社团法人)中的机关法人和国家举办的事业单位法人其财产属于国家所有,其所直接支配的不动产和动产的收益权和处分权,均受到法律和国务院有关规定的限制。社会团体可以是法人,也可以不是法人,其主要包括人民群众团体(共青团、工会、妇联)、社会公益团体(如希望工程基金会)、专业团体(如律师协会)、学术研究团体(如法学会),以及宗教团体(如佛教协会)。⑧

与本章有密切关系,值得进一步说明的权利主体乃是"农户"。《物权法》第124条规定:"农村集体经济组织实行家庭承包经营为基础、统分结合的双层经营体制。"《农村土地承包法》第15条规定:"家庭承包的承包方是本集体经济组织的农户。"土地承包经营权的具体经营活动由农户进行,集体作为所有权人,将土地上的占有、使用和部分的收益权能转让给农户,农户以家庭为单位进行生产经营,形成统分结合的经济模式。所谓"统",就是指各种农村集体经济组织,如村合作经济组织或者村民委员会、村民小组等享有土地所有权人的地位,承担土地统一经营或者管理的职能。其具有

---

⑦　国家所有权,乃作为社会主义条件下的一种所有权形式,是国家对国有财产的占有、使用、收益和处分的权利,本质上是全民所有制在法律上的表现。国务院是代表国家统一行使国有资产所有权的主体(参见《国有企业监事会暂行条例》)。集体所有权,劳动群众集体组织的财产属于劳动群众集体所有。劳动群众集体所有权,简称集体所有权(参见《民法通则》第74条)。公民所有权,是指在法律范围内,公民对物全面支配的权利。

⑧　朱岩、高圣平、陈鑫:《中国物权法评注》,北京大学出版社2007年版,第240页。

分配、监督，以及一定程度上的调整农地权力，同时还承担农村的基础建设等公益事业的职责。所谓“分”，就是指农地的具体经营采取到户方式，不再统一经营，在“增人不增地、减人不减地”的前提下，具体的经营活动由农户承担。⑨ 农户乃土地承包经营权之主体，其家庭内部成员发生变化时，通常不影响该农户的权利主体地位，但在计算每个不同农户所得承包经营的农地面积时，会考虑该农户的人口数、劳动力与年龄结构等因素。在权利与义务的享受及承担上，家庭内部成员间有一定的连带性，但并非按人头均摊权利义务。家庭成员的劳动力有别，部分家庭成员可能为无行为能力人或限制行为能力人。故此，这种权利义务没有对等性，如有争议，应通过家庭内部的实际情形与血缘关系来调整。⑩ 家庭内部成员如就土地承包经营权的分割达成协议者，发包方应尊重其协议；未能达成协议者，只能作为承包方的内部争议解决，与发包方无直接关系；但在民事诉讼中，须将发包方列为利益第三人。⑪

(三)案例评释与理论探索

1. 民事权利主体与客体的基本概念

权利是民法的核心，权利的主体为人，包括自然人与法人。权利得以物、精神上的创造或权利为其支配的客体，此乃第一阶层的权利

---

⑨　朱岩、高圣平、陈鑫：《中国物权法评注》，北京大学出版社2007年版，第397～398页。

⑩　同上书，第401～402页。

⑪　黄松有主编：《农村土地承包——法律、司法解释导读与判例》，人民法院出版社2005年版，第182页。

客体;权利本身则得作为权利人处分的对象,这是第二阶层的权利客体。此项得为处分之客体,除物权、无体财产权(知识产权)与债权外,还包括一定的法律关系(如买卖、租赁)。例如,所有权得为让与,于债权、著作权得设定权利质权,买卖合同得为解除。⑫ 从另外一个角度来说明,法律关系指的是由法所规范,以权利与义务为内容的关系。人为权利的主体,物为权利的客体。若结合权利、人与物这三者,动态地观察权利的变动,则能看出基于某种"法律事实",使得"人与人""人与物"发生一定的法律关系,并造成权利的发生、变更与消灭。换言之,当涉及"人与物"时,其中的权利主体与权利客体间必须始终对应清楚,否则将难以确定当事人之间的法律关系。就本书所指涉的争议问题而言,即是权利主体彼此之间以及权利主体与权利客体之间的界线不清楚所致。

2. 从农户此一特殊权利主体所引发的思考

现行法律仅规定户主为农户的代表,而将农户内部的法律关系交由其内部自行解决,从而经常引发矛盾。在前述案例中,重庆市第四中级人民法院的判决回避了被告提出的原农户代表人黄道开可能对其他家庭成员的权益已经造成侵害的问题。从理论上来看,黄某未经家庭成员同意,擅自出卖黄某所属农户的财产,即属无权处分,除非陈世奎农户是善意第三人,否则当事人间的买卖合同即属效力待定,乃至于无效。值得注意的是,在本章后段所将讨论的"林山与林不四等

⑫　关于此项权利客体及处分客体的分类,参见 Larenz/Wolf, AT S. 383 ff.,应注意的是,物为权利的客体,但处分的客体则为物之所有权。转引自王泽鉴:《民法总则》,台湾地区,作者发行 2000 年版,第 222 页。

买卖合同纠纷上诉案”⑬中,海南省海南中级人民法院亦采与本文同一见解。此外,即便黄道开所为的土地承包经营权转让有效,但就土地承包经营权的性质而言,其仅为有时限性的用益物权,姑且不论黄某是否已经征得家庭成员的同意,除非其在生前所订立的土地承包经营权转让内容,同时也包括了第二轮承包后的土地承包经营权,否则该合同的持续效力将止于第一轮承包期届满之时。因为从农村土地承包经营权的性质来看,每一轮土地承包经营权的具体范围,都可能因为各种原因而发生或多或少的变动;当事人在尚不确定下一轮承包经营权的具体范围时,即将下一轮的土地承包经营权予以转让,在合同的效力上也会发生问题。因此,在第二轮土地承包时,昌坪村新屋组将黄道开转让给陈世奎的田土(实际上应该是土地承包经营权的转让)直接发包给了陈世奎,并非适当。重庆市第四中级人民法院的判决理由与判决结果均有误。

《农村土地承包法(草案)》第9条第2款原本规定:“土地承包经营权可以依法继承。”但在正式通过的文本中,此款被删去。全国人大法律委员会副主任委员顾昂然在第二届全国人民代表大会常务委员会第二十八次会议上所做的《关于〈中华人民共和国农村土地承包法(草案)〉修改情况的汇报》中指出:“家庭承包是以户为生产经营单位的,家庭中部分成员死亡的,土地承包经营权不发生继承的问题。”⑭此外,根据《农村土地承包法》第26、28~30条等规定可知,有关土地承包经营权,乃“增人不增地,减人不减地”,承包方全家迁入

⑬　参见海南省海南中级人民法院民事判决书(2005)海南民三终字第195号。

⑭　顾昂然:《关于〈中华人民共和国农村土地承包法(草案)〉修改情况的汇报》,《全国人大常委会公报》2002年第5期。

小城镇落户的，应当按照承包方的意愿，保留其土地承包经营权或者允许其依法进行土地承包经营权流转。承包期内，承包方全家迁入设区的市，转为非农业户口的，应当将承包的耕地和草地交回发包方。承包方不交回的，发包方可以收回承包的耕地和草地。农民迁入小城镇落户或迁入设区的市，转为非农业户口所涉及的保留土地承包经营权或依法进行土地承包经营权流转，以及交回承包的耕地和草地，均以"承包方全家迁入"为条件，排除了"农户"部分成员入城后引起上述权利义务的发生。⑮ 因此，农户的内部成员间，不存在继承与转让根据农户此一权利主体所取得的权利等问题。

但值得注意的是，《农村土地承包法》第 31 条规定："承包人应得的承包收益，依照继承法的规定继承。林地承包的承包人死亡，其继承人可以在承包期内继续承包。"最高人民法院《关于审理涉及农村土地承包纠纷案件适用法律问题的解释》第 25 条规定："林地家庭承包中，承包方的继承人请求在承包期内继续承包的，应予支持。"这两个条文显然突破了之前所建构的农户概念，因而得引出两种解释：第一种是于此所称之承包人也是农户，因此不存在继承人一说，条文中所指涉的继承人，只能是该农户以外而与该农户成员发生继承关系的继承人；第二种是林地的承包人可以不是农户，而是个人，因而在同一农户里或是该农户以外，均有可能存在继承人的问题。无论如何，即便是考虑到林地的历史传统与其特殊性，⑯这两条规定都已经模糊了农户本应与继承无涉的性质。

---

⑮　白呈明：《"农户"内部法律关系解析》，《甘肃政法学院学报》2003 年第 8 期。

⑯　此部分可参见陈红国：《农村林权制度改革路径的重述和展望——以林权属性的变迁为视野》，《河北法学》2010 年第 12 期。

实际上,农户的特殊性质与中国的传统有关。在比较法上甚难找到具有现代法律意义,又有相似性的立法例。有法律史学者认为,在中国传统中,家产的主体就是“家”,即便家长有很大的权威,也不能独立的随便处置家产。⑰ 从清代的遗嘱实例和自秦汉以来的承继制的演变来看,当有家属或“同居人”在的时候,家产的归属是相当明确的,家长不能通过遗嘱将财产赠给与家庭不相干的人。⑱ 自古以来所谓的“同居共财”制,“共财”的实质是家产制。在家产制下,父祖“总摄”家产,权限虽大,但家产绝非其私有;其他家庭成员虽于家产“有分”但不得擅自处分。⑲ 费孝通也表示,在拥有财产的群体中,家是一个基本群体。其乃生产和消费的基本社会单位,因此家就成了群体所有权的基础。⑳ 于此所谓的家,基本上很接近本书所指的“农户”。只不过农户以及其与成员间的关系,在性质上更偏向以前的“家”的概念,但又具有一定的现代民法色彩。

由于农户的内部成员并不固定,内部成员间的权利义务关系亦无法以自然人(亲属)间的权利义务关系视之。故以农户为独立的民事权利主体时,势必发生在以农户为权利主体的框架下,农户内部之各组成员(各自然人)间的权利义务关系难以厘清与界定的情形。这在农业社会与非市场经济时期,问题尚不突出,但是当整体社会已经进

---

⑰ 俞江:《论分家习惯与家的整体性——对滋贺秀三〈中国家族法原理〉的批评》,《政法论坛》2006 年第 1 期。

⑱ 俞江:《家产制视野下的遗嘱》,《法学》2010 年第 7 期。

⑲ 同上。

⑳ 费孝通:《江村经济》,江苏人民出版社 1986 年版,第 143 页。转引自俞江:《论分家习惯与家的整体性——对滋贺秀三〈中国家族法原理〉的批评》,《政法论坛》2006 年第 1 期。

入市场经济数十年，农村居民因各种原因，大量的迁徙流动，户籍制度已难以准确反应实际农村居住人口时，即便是在农村地区，财产对应的权利主体重点，亦已逐渐从“户”转到“个人”身上。农户这个权利主体概念，已经无法准确地对应农村地区的财产归属情形。当前农村地区之所以难以突破以农户为权利主体的原因，或系因从20世纪60年代之后，即便土地集体所有与统一经营等体制一直支配着农村；“包产到户”与“包干到户”可能已经是当时在承袭中国既有地方性习惯之下所能突破集体特别是人民公社体制下的极限；但这并不代表在观念上或实际需求上，农村地区就无法突破以农户作为最小权利主体单位的限制，而使得农民在某方面因为农户成员此一身份所带来的重要财产权利就一定不能落实在个人身上。法律应该承认集体组织成员对集体财产直接享有一定权利，㉑唯其如此，才能解决因为权利主体交错重叠所带来的无穷尽问题。

三、相关民事权利客体问题所涉若干概念问题分析

（一）案例分析——问题争点的提出

1. 林山与林不四等买卖合同纠纷上诉案㉒

（1）案例事实

林山（上诉人，原审原告）与林不四（被上诉人；原审被告）系兄弟

㉑　王利明：《物权法研究》，中国人民大学出版社2002年版，第306~309页。

㉒　海南省海南中级人民法院民事判决书（2005）海南民三终字第195号，摘自北大法宝。

关系,林爱珍(被上诉人;原审被告)与林山、林不四系母子关系。纠纷的小叶桉树系上诉人林山于1989年间开荒种植,种植林木时其母亲与胞弟林不四在美伴村生活。1995年间被上诉人林爱珍带着被上诉人林不四回谭楼村生活后,将上诉人林山的林木以800元价款出卖给陈大群(被上诉人;原审被告)。陈大群购买小叶桉树林后,曾经砍过二十多株林木。2004年间上诉人林山要砍林木时,被上诉人陈大群主张该林木由其胞弟被上诉人林不四已出售,因而双方引起纠纷。上诉人林山向原审法院起诉,请求:判决被上诉人林不四、林爱珍将林木当给被上诉人陈大群的行为无效。

(2)法院判决理由

本院认为,纠纷的小叶桉树,系上诉人林山于1989年间开荒种植的,所有权属于上诉人林山所有。被上诉人林不四未经上诉人林山同意,将15亩小叶桉树出售给被上诉人陈大群是属于侵权行为,是属于无效的。被上诉人陈大群因此取得15亩小叶桉树林应予返还给上诉人林山,被上诉人林不四因此取得被上诉人陈大群的800元也应予返还。

综上所述,上诉人林山上诉有理,应予支持。被上诉人陈大群主张林木属于林山、林不四、林爱珍家庭共有,但被上诉人林不四、林爱珍否认其共有,被上诉人陈大群也没有提供证据证明属于其共有,因此,被上诉人陈大群主张林木买卖合同有效,没有证据,不予支持。原审认定事实、判决适用法律错误,应予以撤销。

(3)本案争点

林地既为家庭承包,则林木是否即为家庭共有财产?如果承包期间,实际上种植者仅为家庭中某一成员时,该林木的所有权人为谁?

如果根据法律规定(司法解释),㉓林木仅属于实际种植人的,那么同为土地承包人的其他家庭成员,是否即意味着不得对该非其种植的林木主张任何权利?如果谁种的就是谁的,那何以体现家庭共有财产?在实践上当发生家庭成员未经协议,或协议不成而抢种的现象时,其他家庭成员得主张何种权利?此外,如果是谁种植的林木,该林木就是谁的?那么是否不管是种在谁的地上,种下去的林木都是种植人的?如果确系如此,那未经同意在他人土地(使用权)上栽种林木时,当事人间的法律关系如何?

2. 中国农业银行清流县支行诉清流县营林投资经营部等借款合同纠纷案㉔

(1)案例事实

中国农业银行清流县支行(以下简称清流农行;原告)与清流县营林投资经营部(以下简称投资经营部;被告)及清流县林业有限责任公司(以下简称林业公司;被告)之间签订《抵押担保借款合同》,约定被告投资经营部向原告清流农行借款。清流县国有林管理站(被告林业公司的下设机构,其资产划归由被告林业公司经营管理)同意将其国有林木资产作为该借款的抵押物,并随即出具《林木抵押承诺书》。清流县林业局出具清林《林木抵押登记证明》,该证明载明一共四个林权证号之林木提供抵押。其后查明,其中两个林地使用权和林木所有权列为自然保护区。

被告未按时还款,原告遂诉请被告偿还借款本金,并表示对本案

㉓　参见最高人民法院《关于国营老山林场与渭昔屯林木、土地纠纷如何处理的复函(1992年)》。

㉔　参见福建省清流县人民法院民事判决书(2005)清民初字第493号。

抵押物享有优先受偿权。被告投资经营部辩称:欠款属实,但抵押无效。

(2)法院判决理由

福建省清流县人民法院认为,原被告三方经协商达成的《抵押担保借款合同》,意思表示真实。借款期限届满,投资经营部未按合同约定全部履行偿还借款义务,构成违约。清流农行请求投资经营部偿还借款及支付利息的理由成立,本院予以支持;但涉及自然保护区的范围部分,其抵押行为损害社会公共利益,该抵押部分有效部分无效(参照林计发〔2004〕89号《森林资源资产抵押登记办法(试行)》第9条第4项:自然保护区的森林、林木和林地使用权不得抵押的规定,将自然保护区林木作为借款的抵押物,违反了《中华人民共和国民法通则》第58条、《中华人民共和国担保法》第37条的规定,该抵押无效)。

判决被告应偿还借款本金,并支付相应利息;逾期不履行判决,则以抵押林地上的林木折价或以拍卖、变卖该林木所得价款抵偿给原告。

(3)本案争点

从林木的物权属性的角度来看,按照法律规定,林木得抵押,其属于附着物的一种;值得探究的是,抵押人届时无法偿债,法院以折价或拍卖、变卖林木所得价款抵偿给抵押权人时,这些林木的所有权应如何变动?林木此一权利客体是以株树计算?还是以每一林权证号所及范围为计算?还是以林木本身的立木材积来计算?如非以株树或立木材积计算,那么是否系以单位面积来计算?而单位面积内的林木是否即应算成是集合物?林木与林地之间的法律关系如何?亦即其权利主体与权利客体之间应该怎样变换对应?

3. 海南岭南农业开发有限公司与海口新华典当有限责任公司抵押借款合同纠纷再审案㉕

(1)案例事实

2001 年 4 月 27 日,海南岭南农业开发有限公司(一审被告、二审上诉人,申诉人,以下简称岭南公司)以临集农(08)字第 10 号(集体所有权性质)的土地证作抵押,向海口新华典当有限责任公司(一审原告、二审上诉人、被申诉人,以下简称新华公司)借款 16 万元。借款期限届满后岭南公司未偿还借款本息,同年 7 月 6 日又向新华公司借款 38 万元;双方除追加抵押岭南公司 10 号土地上之农作物担保还款外,并签订补充协议,约定岭南公司另将临集农(08)字第 8 号(集体所有权性质)土地与地上农作物抵押给新华公司;但有关第 8 号土地部分(包括其地上农作物)之抵押并未办理抵押登记。借款期限届满后,新华公司多次通知被告偿还欠款未果,遂向法院起诉要求判令岭南公司将第 8 号与第 10 号土地证所载明的土地及其地上全部种植物、附属物及其他有效资产向新华公司承担借款 54 万元及其利息、罚息的抵押担保责任。

一审法院根据新华公司申请作出保全裁定,查封岭南公司第 8 号土地及其地上种植的香蕉、地上附属物和房屋。但此一裁定遭到了第三人武柏峰(以下简称第三人)异议。经查明,岭南公司将第 8 号土地抵押给新华公司之后,于 2003 年 6 月 26 日曾向第三人借款 56 万元,因无力偿还借款,岭南公司便与第三人于 2003 年 9 月 2 日签订还款合同,约定由岭南公司将坐落于昌富村面积为 833.26 亩的土地(包括第 8、9、10 号的土地面积)租赁给第三人使用 5 年,以偿还该公

㉕ 参见(2005)海南民再终字第 32 号。

司欠第三人的借款。第三人之异议其后遭到驳回。

(2)法院判决理由

一审法院认为:被告以农村集体所有的土地作为抵押物向原告抵押借款,违反法律强制规定,故而无效。原告仅享有信用贷款性质的债权。

二审法院认为:上诉人岭南公司抵押给上诉人新华公司的土地乃为昌富村委会集体所有。1996 年 10 月 21 日上诉人岭南公司与昌富村委会签订集体土地出让(实为承包)合同,约定将第 8、9、10 号三块共计 833.26 亩集体所有的土地使用权出让(实为承包)给上诉人岭南公司,期限为 50 年,该地系属四荒类土地。根据《担保法》第 34 条第 1 款第 5 项之规定,"抵押人依法承包并经发包方同意抵押的荒山、荒沟、荒丘、荒滩等荒地的土地使用权"可以抵押。上诉人岭南公司在获得集体土地所有权人同意的前提下,将其四荒土地承包经营权抵押融资,并不违反法律规定,该抵押设定生效。但第 8 号土地与地上农作物之抵押未办理抵押登记,不生抵押效力,不能对抗第三人(按:此系指一般第三人,非指本案第三人武柏峰)。

二审判决确定后,海南省人民检察院向海南省高级人民法院提出抗诉,其于抗诉意见中称:本案中双方约定抵押的土地至抵押借款合同签订时,地上已种植农作物,土地之性质已变更为农用地。故此,该协议违反《担保法》禁止规定,其将集体所有的农用地设定抵押的行为应属无效。海南省高院指令海南中级人民法院进行再审;再审法院并未采取检察院的抗诉意见,其认为:土地所有权人昌富村证明申诉人抵押给被申诉人的土地本属于四荒类土地,即便申诉人承包后耕种数年,该荒地已变为农用耕作地,亦不能否定土地的原本性质。《担保法》第 34 条第 1 款第 5 项所称之荒地,显然指的是承包前的土地性质,而非指承包后的土地性质。因为承包人承包土地的首要目的就是开发种植,发展农业,其次才是为了抵押。故此,抗诉机关的抗诉不予支持。

(3)本案争点

根据相关司法解释㉖可知,当事人得以尚未与土地分离之农作物抵押以融资;由于抵押并不需要移转土地使用权之占有,所以土地使用权的权利人,仍可以将土地使用权租赁给他人耕作。但当已经抵押的农作物在未收成前,若与其后所栽种的农作物混在一起而无法区分时,亦即抵押物(原种植农作物)与其后种植的农作物发生混杂时,当事人间的法律关系应如何?从这一个问题所衍生出的问题还有农作物与土地(使用权)之间的法律关系为何?农作物是否属于土地的成分?或是得否被吸收于土地(使用权)?还是应分离处理?换言之,若农作物非属土地之成分,则未与土地分离之农作物的属性为何?其究为一体说?还是分离说?如果视之为独立之不动产,要如何确定其客体范围?

(二)学界就林木、林地、农作物等权利客体的相关法律见解

1. 林木

学者认为,林木指向整体物,其具有功能一体性的物理意义上的全部,包括根、茎、叶、花、果等。一旦这些构成要素在不危及林木生命力的状况下脱落,则脱落的部分就成为独立的物,不再属于林木的范畴。根据《担保法》第 92 条之规定,林木系属不动产,但根据《森林法》可知,采伐后的林木为木材,其性质则为动产。由于我国土地不

㉖　参见最高人民法院《关于适用〈中华人民共和国担保法〉若干问题的解释》第 52 条。

能私有,为了满足无地者利用土地种植林木并取得林木所有权的需求,就必须突破上述限制,让林木从土地中分离出来,成为独立负担所有权的客体。[27]

学者上述见解,诚有意义。本章认为,姑且不论林木是否具有独立于林地以外的所有权,农村土地承包经营权系属用益物权,那么利用种植人拥有采伐权(收割权)的约定,即使将林木视之为土地的成分,亦可解决林木采伐权之所有权人与土地所有权人的权利分离问题。

学者认为,林业抵押权登记的设权效力规范在适用时,林木所有权和林地承包经营权之间是分离还是归一关系?这一点在法律中并无明确规定。出于简化和明确交易关系的考虑,其应系一体化关系,亦即其二者无论何种权利发生变动,另一权利均应随之变动。但在特殊状况下,林木所有权与林地承包经营权又是分离的。例如,在林地承包经营权被设定抵押权之后,林地上又种植新林木者,该林木就不应为抵押物,即使该林地与林木一同被拍卖,对于拍卖该林木之所得,抵押权人无优先受偿权。[28]

也有学者认为基于两种原因,应允许土地使用权与其上附着物分开抵押:[29]

(1)依据《担保法》第42条第3款之规定,"林木"得为抵押权的目标。

(2)《森林法》与《森林法实施条例》将林地使用权及林木的所有

---

[27] 常鹏翱:《论林业物权客体的确定》,《政法论丛》2008年第1期。

[28] 常鹏翱:《林业物权变动的规范架构——中国法律经验的总结与评析》,《江苏行政学院学报》2008年第2期。

[29] 杨立新:《民商法理论争议问题——用益物权》,中国人民大学出版社2007年版,第220页;李圆圆:《农村土地承包经营权抵押制度探讨》,《中国土地》2005年第7期。

权规定为两种独立的林权。从此规范意旨可以看出，有关土地及地上种植物间的关系，系采取“分离”所有权之立法体例。[30]

2. 林地

我国土地实行公有制，林地仅能为国家所有权或集体所有权的客体；但根据《农村土地承包法》第 2 条和《物权法》第 124 条第 2 款之规定，集体所有与国家所有由农民使用的林地，都能成为土地承包经营权的客体。林地是被登记机关登记植有林木的土地，其位置、四至界线、面积等必须在国家专设的登记簿中明确记载。[31]

3. 农作物

农作物抵押其所抵押的抵押物是什么？以粮食作物抵押为例，其所抵押的究竟是日后的农产品（粮食），还是地里长的庄稼？有学者认为：如果抵押物是庄稼，那么抵押农作物就是不动产抵押；如果是粮食，就是动产抵押，而且抵押时不能确定将来能打多少粮食，所以农作物抵押应当属于动产浮动抵押。[32] 也有学者认为，土地的生成物，包括各种农作物，在与土地分离之前，当然属于不动产。[33] 在农作物抵

---

[30] 世界各国在处理土地及地上种植物的关系时原本有两种立法体例：一为合一，二为分离。合一指将地上种植物作为土地组成部分，而不是独立的物，因此，凡是取得土地所有权的人即取得附着于该土地上之种植物所有权；而分离则指土地与附着于其上的种植物均为民法上独立的物，可以分属于两个主体所有。

[31] 常鹏翱：《论林业物权客体的确定》，《政法论丛》2008 年第 1 期。

[32] 刘生国：《破解农民融资难题——农作物与农产品抵押》，《法学家》2008 年第 3 期。

[33] 孙宪忠：《争议与思考——物权立法笔记》，中国人民大学出版社 2006 年版，第 39 页。

押是动产还是不动产这个问题上,根据部分最高人民法院法官们的著作可知[34],其态度含混不清,其表示《担保法解释》第52条是对集体土地使用权与其地上定着物的关系所作的规定,而《担保法》第92条将定着物明确为不动产;其并引据德国民法与我国台湾地区"民法"反复说明农作物应属不动产,但随即又表示农民以其集体所有的土地上的林木、树木上的果实、地里的农作物等作为动产抵押的,应当确认其设定抵押的效力。[35]

(三)案例评释与理论探索

林木、农作物与土地等所涉及之权利客体问题甚多,本章将综合前述几个案例之争点导引出以下问题,并通过相关法律法规、司法解释与比较法,进行分析说明:

1. 从抵押权角度分析荒地使用权与其上之农作物间的法律关系

前述海南岭南农业开发有限公司与海口新华典当有限责任公司抵押借款合同纠纷再审案中,当荒地[36]经过耕作而有农作物生长其上

---

[34] 李国光、奚晓明、金剑峰、曹士兵:《最高人民法院〈关于适用"中华人民共和国担保法"若干问题的解释〉理解与适用》,吉林人民出版社2000年版,第202页。转引自刘生国:《破解农民融资难题——农作物与农产品抵押》,《法学家》2008年第3期。

[35] 李国光、奚晓明、金剑峰、曹士兵:《最高人民法院〈关于适用《中华人民共和国担保法》若干问题的解释〉理解与适用》,吉林人民出版社2000年版,第202页。转引自刘生国:《破解农民融资难题——农作物与农产品抵押》,《法学家》2008年第3期。

[36] 《担保法》第34条第1款第5项所称之荒地,指的是承包前的土地性质,而非指承包后的土地性质。本章前述案例海南中级人民法院亦认为,荒地即便承包后耕种数年已变为农用耕作地,其荒地性质并不改变。

时，如该荒地承包经营权人将其土地使用权抵押，该地上之农作物是否应一并抵押？如不需一并抵押，当实现抵押权时，荒地使用权上之农作物与荒地使用权之间的法律关系如何？

依据《物权法》第180条第1款第1项规定，“债务人或者第三人有权处分的下列财产可以抵押：（一）建筑物和其他土地附着物”。由此可知，土地附着物可以独立当作权利客体而为抵押。土地附着物，系指附着于土地之上的除房屋以外的不动产，包括桥梁、隧道、大坝、道路等构筑物、林木、庄稼；㊲公民于其私人花园所栽种的树木，在自留山、自留地和荒山、荒地、荒坡上种植的林木、农作物；集体所有的用材林、经济林、防护林；机关、团体、学校、农场、牧场等单位种植的林木等。㊳ 换言之，农作物因系属土地附着物，自然得以成为抵押客体，并有独立之所有权。

此外，由于土地与其上附着物并非民法上的主物与从物间的关系，㊴故此，抵押土地使用权时，其效力不必然及于其上附着物。有关农作物与土地（使用权）之间的关系采分离说。故此，当农作物或荒地使用权被抵押时，其所附着之荒地使用权或其上种植之农作物不需一并抵押。当实现抵押权时，农作物若不能及时收割，则农作物所有

㊲　全国人大常委会法制工作委员会民法室编：《中华人民共和国物权法条文说明、立法理由及相关规定》，北京大学出版社2007年版，第323页。

㊳　北大法宝《物权法》第180条条文释义，载 http://vip.chinalawinfo.com/NewLaw2002/SLC/SLC.asp? db = chl&gid = 89386。源于全国人大常委会法制工作委员会之释义。

㊴　最高人民法院《关于适用中华人民共和国担保法若干问题的解释》第63条规定：“抵押权设定前为抵押物的从物的，抵押权的效力及于抵押物的从物……”

权人应得主张法定地上权,反之亦然。剩下的问题,则是如何确定地租的问题。

2. 未经同意种植林木所引发的问题与林木的物权属性

(1)未经同意种植林木所引发的问题

就此问题,首先应当参考《关于国营老山林场与渭昔屯林木、土地纠纷如何处理的复函(1992年)》,该司法解释规定:“广西壮族自治区高级人民法院:你院1992年4月10日《关于国营老山林场与渭昔屯林木、土地纠纷案的请示报告》收悉。经研究,答复如下:国营老山林场与渭昔屯讼争的渭贵沟、渭贵坡位于渭昔屯村背后约三公里处。解放前后渭昔屯村民曾在该地割草、放牧,1961年、1962年曾在该地垦荒种植农作物。1965年老山林场将该地纳入林场扩建规划,并从1967~1968年雇请民工种植杉木,但未经有关部门批准将该地划归老山林场。纠纷发生后,当地人民政府将该地确权归渭昔屯所有。据此,为了保护双方当事人的合法权益,我们基本上同意你院审判委员会的意见,即本案可视为林场借地造林,讼争的土地权属归渭昔屯所有,成材杉木林归老山林场所有,由林场给渭昔屯补偿一定的土地使用费。此案政策性较强,且矛盾容易激化,请你院主动取得区委、区政府的支持,并与有关部门联系,共同做好双方当事人的息诉工作。以上意见,供参考。”

根据《物权法》《农村土地承包法》,以及上述《关于国营老山林场与渭昔屯林木、土地纠纷如何处理的复函(1992年)》等法规与司法解释可知,集体土地是由家庭承包经营,承包方是“农户”而非个人,但是在承包地上种植的林木,却仅属于实际种植者(前述“林山与林不四等买卖合同纠纷上诉案”法院的判决理由亦采此一见解)。非实际种植者,若将在其家庭承包地上所种植的林木出售他人时,不但是出卖他人之物，甚至还可能构成侵权行为。

如此一来，那么当未经协商，家庭部分成员即抢种林木时，其他家庭成员的权利应如何保护即成问题。此外，在林木生长过程中的护养照顾期，是否亦应算是种植的一部分？实际种植者要如何界定？再者，如果在别人的土地（或土地使用权）上，未经同意就种植林木，若该林木的所有权仍属于实际种植者的，那么，应当如何依法补偿土地所有权（或土地使用权）人的权利？是否可以根据《关于国营老山林场与渭昔屯林木、土地纠纷如何处理的复函（1992 年）》司法解释的精神，在补偿一定的土地使用费后，即由未经同意在他人土地（或土地使用权）上种植者取得其所种植林木的所有权？在法律不备与具体个案具体处理的解决方式下，当前的法规、司法解释与相关判决，均无法圆满解答前述所提问题。

实际上，林地的家庭承包本系建立在家庭成员间不可分割的密切联系基础之上，对于林地的承包权而言，家庭成员间可以视为一种较为特殊的共同共有的关系；如类推适用《物权法》共同共有之规定即知，每一个共有人都有履行管理、照料共有物的权利和义务，但不能擅自处分共有物。具体到林地承包权和林木种植而言，林地的种植属于《物权法》第 97 条规定的共有财产的处分，除另有约定外，应由家庭成员共同决定。如家庭部分成员抢种林木或做出侵害其他家庭成员之共有林权的行为并发生损害时，将构成侵权行为。唯林木需要较长的生长周期，有些树种甚至需要精心的照理；故此，即便部分家庭成员抢种林木，其他家庭成员通常亦能很快发现，于此情形，其未实时提出异议，却在林木成材后才主张侵权者，则显然有悖诚信原则，法律上宜拟制其已默示追认行为人之种植行为，不得主张侵权损害赔偿，但其仍得就林木之收益主张一定权利。此外，林木的种植不应狭隘地理解为“种”,还应包括“管”“养”“伐”等,若有其他非一开始播种种植的家庭成员亦对该林木进行照护时,应承认其乃该林木的共同种植者。然而,不排除在特定情况下,其他家庭成员系经过久远时间后才发现共有的林地承包权已遭侵害,此时该林木的所有权宜认定为实际种植者所有,其他家庭成员除得决定是否主张侵权行为损害赔偿外,亦得同时类推适用无因管理规定以衡平利益,唯虑及家庭(农户)的特殊性,于此构成侵权行为之条件,应限制行为人在主观上须属故意。主张《侵权责任法》第15条时,各种责任方式均可使用或并用;然而应当注意的是,林木生长周期较长,成材不易,又可护土养水,同时还有较大的经济效益,在适用“恢复原状”这一责任方式时要特别慎重。

如果情形系属未经他人同意,在他人土地(或土地使用权)上种植林木或农作物之情形者,应立法(或通过司法解释)规定由该林木或农作物所附着之土地所有权(或土地使用权)人取得该林木或农作物之所有权,为了避免鼓励在他人土地(或土地使用权)上种植林木或农作物,并得请求土地所有权(或土地使用权)人购买该农作物或林木的情形发生,于此不应类推适用无因管理之规定,同时也不豁免其侵权责任。

(2)林木的物权属性

第一,比较法上的观察。

①日本

日本《民法》第86条规定:“土地及其定着物为不动产。不动产以外的物均为动产。无记名债权,视为动产。”在日本习惯中,以种植的树木作为独立于土地以外之物交易的情形亦所在多有。不过日本民法仍将其与土地视为一体,在登记法上亦不承认种植树木的特别登记。换言之,为了使种植树木与土地分离进行交易,只能在土地上设定租赁权或地上权,并将该权利予以登记。但此一做法违反习惯,亦不便于交易。因此1909年通过的《立木法》,就树木集团承认了"立木"(种植树木)的特别登记(立木登记),经此登记,树木集团得以与土地所有权分离,作为独立的不动产对待。但该法律当初只给予种植的树木集团,并不及于天然林,直到1931年才承认了天然林的登记。《立木法》制定后,未经立木登记制树木集团以及个别的树木,仍然难以构成独立的存在;但该状态并不适应交易的实际需要。在交易时,亦经常将未经立木登记的树木集团作为独立之物予以交易;此外,虽不常见,但亦有将个别的树木作为独立的交易目标物。于此情形,为明示交易之存在,经常采用或是削树皮或是立牌子并标明所有者姓名的方式(一般称为明认方法)。为此,判例虽将未经立木登记之树木集团或具有独立交易价值之个别树木作为土地之一部处理,但尊重上述习惯,当事人想刻意就此为物权性处分时,即不出售土地而仅出售树木,或仅出售土地而保留树木所有权之时,判例原则上亦认为其从土地分离而构成独立的物,不仅在当事人之间产生所有权移动的效力,并因施以"明认方法"而得以对抗第三人。㊵

不动产以外的有体物,全部构成"动产"。暂时种植的树木、未定着之机械等亦属于动产。值得注意的是关于橘子、桑叶等果实的判例。此等本来应视为树木或土地之一部分,但其成熟并已到采摘的时期时,可以作为独立于树木或土地之独立动产予以交易。其结果就是,买受人为取得果实之所有权并以该所有权变动对抗第三人,与买

㊵　[日]我妻荣:《我妻·有泉コンメンタール民法:总则·物权·债权》,日本评论社2006年版,第169页。

卖树木的情形一样,应采取“明认方法”。[41]

②德国

德国《民法》第94条规定:“土地的重要成分,为定着于土地之物,特别是建筑物以及尚与土地结合的土地出产物。种子自播种时起,植物自栽种时起,成为土地的重要成分。为完成建筑物而附置的物,属于建筑物的重要成分。”德国《民法》第946条规定:“动产与土地结合,致使其成为土地的重要成分的,土地所有权扩及于此动产。”德国《民法》第953条规定:“物的出产物和其他成分,即使在分离后,仍属于物的所有人,第954条至第957条另有规定的除外。”德国《民法》第954条规定:“因对他人的物所享有的权利而有权获得此物的出产物或其他成分的人,不受第955条至第957条规定的限制,自分离时起,取得其所有权。”

依据德国民法理论,物的成分区分为重要成分与非重要成分。重要成分系指各部分互相结合,非经毁损或变更其性质不能分离者,则各该部分均属重要成分。例如,房屋之横梁、油画上之颜料;非重要成分:凡不属于重要成分者均是,举例可知,如甲擅自占用乙所有之土地(或土地使用权)种植树木,该树木即成为不动产(或用益物权)的出产物,而为土地的部分(重要成分),由乙取得所有权,甲砍伐树木时即不能谓乙未因其侵害而受损害。

如果土地所有人(或土地使用权人)乙保留未与土地分离之树木,而将土地所有权让与(或土地使用权)甲时,乙对甲得主张砍伐树木的权利,但不能主张其对树木有独立之所有权。甲将该土地所有权

---

[41] [日]我妻荣:《我妻・有泉コンメンタール民法:总则・物权・债权》,日本评论社2006年版,第170页。

（或土地使用权）让与第三人丙时，乙不得对丙主张其有独立的树木所有权，亦不得对丙主张有砍伐树木的权利，因为乙的此项权利乃基于甲与乙的约定，不具物权效力，乙不得对丙主张之。其区别之实益在于重要成分不得独立为物权的客体。

第二，现实状况与可能选择。

根据《担保法》第 42 条第 3 款之规定可知，"林木"得为抵押权的目标；而《森林法》以及《森林法实施条例》均将林地使用权与林木的所有权规定为两种独立的林权。故此可知，中国一直实行林木所有权与土地所有权分离的原则。

但根据《森林法》第 35 条的规定："采伐林木的单位或者个人，必须按照采伐许可证规定的面积、株数、树种、期限完成更新造林任务，更新造林的面积和株数不得少于采伐的面积和株数。"最高人民法院、最高人民检察院印发《关于办理盗伐滥伐林木案件应用法律的几个问题的解释》的通知规定："二、关于如何认定盗伐、滥伐森林或其他林木'情节严重'的问题……林木数量，一般应以立木材积计算。超计划采伐而构成滥伐的林木数量，应根据伐区调查设计允许的误差额以上计算。"最高人民法院、最高人民检察院《关于盗伐、滥伐林木案件几个问题的解答》规定："附：立木材积的计算和幼树的概念及数量计算：一、立木材积的计算。立木材积即为立木蓄积。计算方法是：原木材积除以该树种的出材率。如：某地区、某树种的出材率为 60%，即立木材积（立木蓄积）= 原木材积 ÷ 60%。二、幼树的概念和幼树数量计算。幼树是指生长在幼龄阶段的树木。在森林资源调查中，树木胸径在 5 公分以下的视为幼树，以'株'为单位进行统计。"最高人民法院《关于审理破坏森林资源刑事案件具体应用法律若干问题的解释》第 4 条规定："盗伐林木'数量较大'，以二至五立方米或者幼树一百至二百株为起点;盗伐林木‘数量巨大’,以二十至五十立方米或者幼树一千至二千株为起点;盗伐林木‘数量特别巨大’,以一百至二百立方米或者幼树五千至一万株为起点。”等与林木、林地相关的法律规定与司法解释可知,涉及林木此一客体时,出现了“株”与“立木材积”两种计量单位。成材的树木与幼树的计量(数)方式显然不一样。换言之,以往在制定相关法律与司法解释时,并未虑及民法权利客体所需确认范围的需求。

本章认为,如确认林木为独立之不动产,考虑到其自然属性与登记方便,不论大树或幼树,包含果树在内,其计量均应以“株”数为准。而涉及林木所有权移转时,德国制度非常方便,在根本上并不存在林木所有权一说,因其林木与林地是结合为一体的,通过法律的设计,亦不妨碍林木经济价值的发挥,日后在通盘修订法律时,值得参考。日本是通过特别法的方式,解决林木的物权属性,虽然比较复杂,但是周延的考虑到各种不同的情形,在当前的现实状况下,确实也有许多值得借鉴之处。

3. 土地使用权设定抵押后与土地使用权租赁间的法律问题

前述海南岭南农业开发有限公司与海口新华典当有限责任公司抵押借款合同纠纷再审案中,被告将土地使用权抵押给原告后,又将该片土地(实际上是土地使用权)出租给第三人,目的系以租金抵偿债务。当第三人于其所租赁之土地使用权附着之土地上耕种后,该土地使用权因原告申请财产保全而被法院查封时,将引发如下法律问题:

(1)当抵押权与租赁权并存时彼此间的效力如何

一般而言,物权的效力优先于债权,但租赁权为其例外:

A. 租赁权与所有权:于一物数卖时,例如,甲先售A屋予乙,再售该屋予丙,并办理登记予丙,由丙取得所有权时,乙不能以其债权发生在前,而主张丙不能取得该屋所有权。但依据《合同法》第 229 条的规定,即便租赁物在租赁期间发生所有权变动,亦不影响租赁合同之效力。

B. 租赁权与用益物权:甲借某屋给乙无偿使用(使用借贷);其后甲将该屋所有权让与丙时,丙得对乙主张所有物返还请求权。在甲将该地设定地上权[42]与丙的情形,丙亦得向乙请求返还。同一目标物不容许有数个同一内容的物权(所有权或用益物权)[43]并存其上,先发生者具有优先性,此亦可认为是物权的排他效力。租赁权一样是利用物的使用价值,必须占有,所以其与用益物权之间并不兼容,但因为租赁权无须登记,所以在法律上,仍有可能发生同时并存的情形。举重以明轻,基于《合同法》第 229 条"买卖不破租赁"之规定可知,用益物权与租赁权之间的效力,乃先生效者具有优先效力。

C. 租赁权与担保物权:担保物权不论其发生先后,除法律有特别规定外,应优先于债权受清偿。在此所谓的特别规定,即是租赁权。由于担保物权是利用物的交换价值,而租赁权是利用物的使用价值,故其可以兼容,而《担保法若干问题的解释》第 65 条规定:"抵押人将已出租的财产抵押的,抵押权实现后,租赁合同在有效期内对抵押物的受让人继续有效。"《担保法若干问题的解释》第 66 条规定:"抵押人将已抵押的财产出租的,抵押权实现后,租赁合同对受让人不具有

---

[42] 地上权,乃在他人土地之上下有建筑物或其他工作物为目的而使用其土地之权。

[43] 地役权为例外,例如,在同一土地上得成立两个以上内容不同(如用水、通行),或内容相同但互不排斥(不作为)的地役权。

约束力。”由这两个条款可知,抵押权设定在租赁合同之先者,应当优先保护抵押权人的利益;反之亦然。

(2)当租用土地使用权被查封时,其对租赁权之影响为何

不论申请保全程序所依据的债权生效时间系在租赁之前或之后,基于债权平等原则,其效力一样。申请保全程序时,通常并不影响继续使用被查封之物,以促使其能继续发挥经济效益;此外,从考虑增加还款可能性的角度上来说,保持租赁权之效力,对债权人与债务人均有益处。故此,当租赁物在租赁期间因出租人之债务问题而被法院查封时,自亦不应影响承租人之权利。

4. 不同权利主体先后栽种之农作物(或林木)因混杂而难以区分的法律问题

前述海南岭南农业开发有限公司与海口新华典当有限责任公司抵押借款合同纠纷再审案中,与前述广西高院所审判的国营老山林场与渭昔屯间的林木纠纷中,均涉及先后不同权利主体种植之农作物或林木可能发生混杂之情形。在海南一案中,当租用土地使用权后所新种之农作物,与同一土地上之原已设定抵押权之农作物混杂在一起生长而难以区分时,此二者间之法律关系如何?在广西一案中,如发现存有24年以前(其时土地仍属渭昔屯)种植的树木混杂于其后所种植的林木中,却难以区分究竟是何权利主体所种植的话,那先后不同权利主体所种植的树木混在一起时又应如何处理?

依据相关法律规定可知,农作物可以单独抵押(林木亦然),而该农作物所附着的土地(或土地使用权)则可以出租。如甲承租乙之土地(或土地使用权),甲在该土地上种植农作物时,在约定(或当事人之间默示)甲租地为的就是栽种农作物的情形下,承租人甲取得该农作物的所有权。但如果该出租土地(或土地使用权)上本来已有农作

物生长其间时,将会诱发其他问题;假设该原来已有之农作物还被设定抵押时,则问题将更形复杂,相关情形分析如下:

如果承租人所栽种的农作物(或林木)与原已有的农作物(或林木)混杂一起而无法区分时,应如何处理?就此问题,我国立法例欠缺,实践中应以调解处理。从比较法中之德国《民法》来观察,或可类推适用添附之规定。[44] 惟添附有所谓动产因附合而为不动产之重要成分者,不动产所有权扩及于此动产;动产与他人之动产附合,非毁损不能分离,或分离需费过巨者,各动产所有人,按其动产附合时之价值,共有合成物。此项附合之动产,有可视为主物者,该主物所有人,取得合成物之所有权;动产与他人之动产混合,不能识别,或识别需费过巨者,准用动产与动产附合之规定。[45]

依据上述规定,动产所有权消灭者,该动产上之其他权利也消灭。设定权利的物的所有权人取得共同所有权者,原设定的权利存续于代替原物的应有份额之上。设定权利的物的所有权人成为单独所有权人者,原设定的权利扩及于附合物。因前述条文之规定,丧失权利而受损害者;得依关于不当得利之规定,请求偿还其价额或赔偿其损害。不得要求回复原状。[46]

如借助于德国理论解决,首先应解决的问题是附着于土地上之农作物在中国系属不动产,则两个不动产之间原则上,只能(类推适用)添附之规定(理论);惟应注意的是,罗马法承认不动产与不动产间的

---

[44] 王利明:《物权法研究》,中国人民大学出版社2002年版,第247~250页。

[45] 参见德国《民法》第946~948条。

[46] 参见德国《民法》第951条。

添附,如材料所有人在他人土地上建筑房屋,该建筑物即属于土地所有人。若该建筑人系属善意,则土地所有人应当赔偿材料的价金与建筑费用;如果建筑人系出于恶意,则其材料及建筑费用均视为赠与,由土地所有人无偿取得建筑物的所有权。㊼

如依据添附中混同之规定(理论),当承租人所栽种的农作物(或林木)较多,而原农作物(或林木)所有人的农作物(或林木)被混入承租人的农作物(或林木)时,原农作物(或林木)所有人虽然可以对承租人主张不当得利,抵押权人的抵押权则因无抵押物可附着而灭失。就此情形,本章认为,可以类推适用《物权法》第174条规定:“担保期间,担保财产毁损、灭失或者被征收等,担保物权人可以就获得的保险金、赔偿金或者补偿金等优先受偿。……”使抵押权人得就抵押人对承租人主张不当得利后所获得之赔偿金,有优先受偿权。

如果是原农作物(或林木)较多,则承租人栽种的农作物(或林木)就会被混入原农作物(或林木),承租人虽然也可以向其主张不当得利,惟此时承租人已不再拥有的自己种植之农作物(或林木)的所有权,该新长出来的农作物(或林木)则因混合而成了担保物。

由于物权法并未设计添附规定,所以在实践中,当农作物(或林木)混杂在一起时,只能采取调解的程序手段来解决,实体法上没有相应规定,此乃法律漏洞。

5. 农作物的所有权范围(边界)认定

《担保法若干问题的解释》第52条规定:“当事人以农作物和与

㊼ 王利明:《物权法研究》,中国人民大学出版社2002年版,第258~259页。

其尚未分离的土地使用权同时抵押的,土地使用权部分的抵押无效。"《关于审理涉及农村土地承包纠纷案件适用法律问题的解释(2005 年)》第 17 条规定:"(原则上)承包地交回的时间应当在农作物收获期结束后或者下一耕种期开始前。对提高土地生产能力的投入,对方当事人请求承包方给予相应补偿的,应予支持。"由此可知,农作物得以独立抵押,则农作物必将独立于土地,而自成权利客体。而上述司法解释旨在维护原耕作人之权益,亦在避免发生前后栽种农作物的归属不清的问题。有些学者就对于农作物究属动产或不动产语焉不详,然而综合观察法律规定后可知,其应属不动产。于农作物已经抵押,抵押人于农作物所附着之土地周边继续耕作,或出租他人于周边土地耕作,而发生农作物混杂时,其权利客体范围可以根据以下两个原则确认:

(1)分种分类以集合物视之。

(2)以所附着之土地(或使用权)边界,为其客体边界之最大范围限度。

惟本章虑及农作物的自然属性后认为,农作物实不宜视为独立之不动产,其在未与土地分离前,应视为土地的成分,其权利则归属于土地权利人(所有权人或使用权人)。在此前提下,农作物不得独立交付抵押,收割农作物之权利,则须经过一定程序以供担保之用。

四、民事法律体系建构的反思——代结语

现行的《民法通则》《物权法》《农村土地承包法》《担保法》及其

相关司法解释,均属于垂直切割模式立法;[48]并且都带有过渡性的转型色彩。其中的典型法律概念问题,就是如何在新制度中融合旧传统。以中国特有的权利主体群像来说,除了自然人与法人以外,还包含了许多具有中国传统或转型特色的类型,例如,个体工商户,或是农户。从现代化法律体制的视角来看,这一类权利主体都有着权利主体之间的权利界限不清,权利主体与权利客体间无法良好对应等特点;而这些特点与社会矛盾的不断发生有着密切关系。

在民事法律体系的建构过程中,部分民法学者一方面认为必须继受西方发达国家的法律体系与规定;另一方面却认为当前制定民法,必须落实本土化原则,宜粗不宜精,因为广大的农村社会将无法适用一个过度精致的法律;此外,还必须考虑到中国的特殊国情与既有的历史经验。在这几种基本考虑下,民事立法呈现着与西方国家迥然不同的风貌。

实际上,中国的民事法律问题在于当前的立法技术无法良好地回应处在巨变转型期中的社会需要,而不是立法太过精细或是太过超前;其民事法律中有许多概念都规定得混沌不清,现有的民事法律体

---

[48] 所谓“垂直切割模式”立法,就是按照不同的社会功能,制订个别法律。这种模式的立法,不限制于“私法”的纯净要求,而是在体系化所能处理的范畴内,围绕特定的社会部门或服务于特定的社会需求,以私法为主,将与之有关的公私法规范,甚至包括程序性规范,作打包处理。另有所谓“水平切割模式”,即按照普通特别的模式,把属于最普通,可以适用于各种私法关系,各个功能领域的民事规范集结起来,而把所有公法的介入,或在人事时地物上有其特殊性的规则,都留给特别法去处理。德国民法典及其特别法,为此模式之典型。参见苏永钦:《现代民法典的体系定位与建构规则——为民法典工程进一言》,《交大法学》2010 年第 1 卷。

系建构也看不出明确的发展逻辑。有许多在后制订的法律，若不是推翻，就是未考虑与之前法律在概念及体系上的连贯性，其中部分原因系于社会的变迁与宪法的修订，但是技术上的缺失也十分明显。

《物权法》在大体上与传统民法典中的物权法差异不大，但是并未贯彻以平等主体为前提的民法典基本原则。例如，《物权法》中区分了国家、集体与私人所有权；[49]甚至还把不需要放在民法典中的内容也放进来，例如，规定了私人财产的征收征用与补偿（《物权法》第42～43条），以及公法程序方面的规范（《物权法》第57条）；若以财产归属为中心的部门民法来定位，其完整性也不足。基于管制目的所必须作出的概念区分，本应交由特别法去处理，此类立法技术上的问题，实属憾事。

此外，民事立法，在普通法中还经常会出现考虑到制度安排，例如，《民法通则》中的农户与《物权法》中的土地承包经营权。这种以环绕集体所有而出现的特殊权利主体与客体的制度与规定，其实很难融合在以一般性、工具性、效率性为原则的普通法律中，反倒是必须与《农村土地承包法》等法律搭配使用，而成为一般法律体系与概念以外的"特区"。这些特区中的制度与概念，还是得与主体的一般法律概念衔接。当前的问题就是，特别法中的一些法律概念与普通法中的法律概念经常衔接不了，如前面篇幅所述，涉及农村领域的权利主体与权利客体，就几乎成了民法中的飞地，或是说其自成一套不算有序的系统。

以农户与该农户中的家庭成员间的关系而言，再以申请宅基地造

---

[49] 李友根：《论个体工商户制度的存与废》，《法律科学》（西北政法大学学报）2010年第4期。

农民房为例;根据相关法律规定[50]可知,农村村民一户只能拥有一处宅基地,具体去申请宅基地造农民房的农户家庭成员,均会清楚地列明该农户中的所有家庭成员,因为家庭成员的多少,会影响到所批准的宅基地与可建造的农民房的面积。换言之,农户就是宅基地使用权的权利主体,农民房即便仅是由该农户中的(部分)家庭成员所建造,但此一农民房在权利的归属上仍应属于农户;因为未出资或出力建造该农民房的家庭成员,其权利在申请建造审批时,已经被体现在因为考虑到这些家庭成员的存在而核准的宅基地与可建造农民房的面积上。

在申请建造农民房时,即便申请表上列明有数人,但只要该农户的家庭成员中还有一人存在,该农户就仍然存在,家庭成员彼此间就该农户所拥有的权利客体,并不因为其中有部分家庭成员死亡或脱离农村户口而发生变化;因为宅基地与农民房系属于该农户,而不是具体到任何一名家庭成员。须注意的是,农户是一种依附在该农户家庭成员存在前提上的虚拟权利主体,只要还有一个家庭成员存在,该农户就一直存在。法律之所以未规定当农户不存在时,家庭成员间就该农户所拥有的财产应如何分配,正是因为在逻辑上不会发生这样的问题。

由此可知,当农户中所有的家庭成员都过世(或脱离农村户口)

---

[50] 参见《物权法》第152条:“宅基地使用权人依法对集体所有的土地享有占有和使用的权利,有权依法利用该土地建造住宅及其附属设施。”《土地管理法》第62条:“农村村民一户只能拥有一处宅基地,其宅基地的面积不得超过省、自治区、直辖市规定的标准。农村村民建住宅,应当符合乡(镇)土地利用总体规划,并尽量使用原有的宅基地和村内空闲地……”

时，该农户即不存在，并且没有继承人。依据法律规定，此时宅基地应由集体收回；而根据法理可知，本属于该农户的农民房，因为不再属于任何权利主体则成了无主物。但是在实践上，没有一个法院或农村会这样操作，多数还是将该农民房交给了原农户中家庭成员的法定继承人；然而即便认可这样的做法，却还是会引发另一个疑义，因为法定继承人有其顺序，假设该农户原来有甲、乙两个人，甲先过世，乙后过世，那么当乙过世时，于此所谓的法定继承人，究竟是以甲为准？还是以乙为准？在实践上，这又是一个无法根据法律清楚论断，而只能借助调解来处理的问题。

简言之，既有制度在与现代化法律相遇时，因为要落实在现代化法律的框架内，致使概念之间发生龃龉，许多权利主客体的内涵与边界都必须重新审定。在这个过程中，造成了许多转型期较易发生的权利蒸发、权利流失与新权利产生等问题。

限于许多法律技术以外的原因，有许多问题，暂时无法通过现代化法律精确的界定其内部成员间彼此的权利关系，对于这些矛盾，立法考虑到现实困难而未做釜底抽薪式的调整；在现实中，则基于多重原因，大幅度地采用调解等“能动司法”方式解决问题，要求法官通过审判以及司法主导的各种替代纠纷解决方法，解决社会各种复杂的纠纷和案件，努力做到“案结事了”。[51] 这样解决问题的特点是能够迅速地暂时性解决个别问题，但成本较高，并且把根本问题遗留到以后，或是转嫁给社会。

质言之，相关制度建设的滞后所引起的政治文化变迁困难，仍然

---

[51] 《能动司法是司法运行规律的本质所在》，《人民法院报》2009 年 9 月 1 日。

是我们必须面对的课题。当前所面临的法律困境,有相当原因涉及其法律作业平台系统仍与继受国有相当差异,具体化到许多法律与概念的运用上之后,就产生了很多问题。形成新的成熟法律体系与概念所需要的成本非常大。从欧洲国家的成功经验来看,其时间跨度往往也是以数百年计;因此继受其他国家成熟的法律体系,应该是比较明智的选择。笔者相信,如何设计出符合现代法律理论规范,又能衔接当前中国国情的法律理论与制度,仍然是学者们应当继续努力的方向。

第八章

知识产权法律与国家发展政策的整合研究*

一、前　言
二、知识产权保护的前瞻与界限
（一）知识产权保护与国家发展的关系
（二）知识产权的保护与商业利益正当性的研究
三、知识产权法律效力与基本权保障的辩证关系及解决方式
（一）以法律规范逻辑的角度探讨其效力
（二）以社会学上的角度探讨其效力
（三）小　结
四、结论——知识产权法制与政策的因应之道与展望

* 本章共同作者为李筱苹律师，美国斯坦福大学（Stanford University）法学博士。

摘　要

中国就知识产权保护议题在与发达国家谈判的过程中屡遭挫败，甚至制定出“超国际标准”的知识产权保护规范。知识产权法制的立法意旨在于奖励创造与发明，进而促进科学及文化的进步；但是与发达国家一致的知识产权保护标准，并不能使发展中国家从中获益。然而并非所有的发达国家或国际组织在思考国际知识产权保护政策的走向时均固守本位主义；有许多支持发展中国家利益的各式研究成果，对未来制订新的知识产权法规与政策均甚有帮助。本章就知识产权与人权之间发生冲突时的法律分析，及其与宪法基本权冲突时的优位选择理论探索，均为日后制定知识产权法律及与发达国家谈判时的政策考虑依据。

关键词：知识产权　WTO　TRIPS　著作权　专利权

Abstract

As a developing country, China has been pressured by developed countries to increase the levels of Intellectual property (IP) protection and to adopt IP rules that even go beyond international minimum standards. IP regimes are established to promote advances in science and culture by rewarding creation and invention. However, developing countries do not necessarily share appropriately in the benefits from the harmonization of IP protection standards around the world. Fortunately, not every developed country or international organization is concerned with their own interests when evaluating the development of international IP protection policies. In fact, studies or findings that concentrate on the concerns and interests of developing countries can be extremely valuable to China. This article investigates the conflicts between IP rights and fundamental rights, as well as the validity of IP laws under jurisprudential arguments. In addition, this article examines legislative solutions and priorities in times of conflicts. The purpose is to provide strategic policy arguments that can be used in China's future amendments to its IP laws or negotiations with developed countries.

Key Words: Intellectual Property WTO TRIPS Copyright Patent Right

一、前　言

发达国家与跨国大型企业多认为严格的知识产权制度可以促进科技发展,刺激经济成长,同时还能消弭贫穷;故此不遗余力地推动知识产权保护的国际化。世界知识产权组织(The World Intellectual Property Organization, WIPO)与世界贸易组织(World Trade Organization,WTO)是目前推动国际知识产权政策的主要国际机构。WIPO负责知识产权条约的谈判与管理,其任务在于促进各国知识产权保护的国际化,促使各国保护知识产权的法律能趋于一致;WTO因其具有知识产权争议解决机制,故对知识产权政策的执行有很大的影响力。中国在成为WTO的会员国后,必须遵守《与贸易有关之知识产权协议》(Trade-Related Aspects of Intellectual Property Rights,TRIPS)的各项规定;而依照乌拉圭回合(Uruguay Round)的谈判结果,WTO的会员国还必须同时遵守《巴黎公约》《伯尔尼公约》《罗马公约》等有关工业财产权、著作权及著作邻接权之国际公约。①除此之外,许多国家还缔结了双边或多边的知识产权协议。

在知识产权保护全球化(globalization)的浪潮中,亦存在抱持不同意见的发达国家团体;由英国国际发展大臣(The Secretary of State for International Development)Clare Short发起,John H. Barton教授担任主席,邀集国际级学者与政府官员所组成的“英国知识产权委员

---

① TRIPS协议第2条、第9条及第14条之规定。参见WTO网站上与TRIPS协议有关之资料:http://www.wto.org/english/tratop_e/trips_e/trips_e.htm#WhatAre。

会”(The Commission on Intellectual Property Rights,以下简称该委员会),为了评估知识产权法制对发展中国家及第三世界的影响,在走访了中国、印度、巴西以及非洲等地,并会晤了伦敦、日内瓦、布鲁塞尔以及美国华府的官方与非官方组织之后,发表了具有人权价值优先,共享文明成果取向,定题为“知识产权与发展政策的整合”(Integrating Intellectual Property Rights and Development Policy)的报告。② 该委员会主席 John H. Barton 曾经接受本书作者的专访,③并亲切地为作者说明了发展中国家在国际知识产权谈判时的应有折冲之道。作者将该委员会所发表之报告及 John H. Barton 教授的建议作为本章伸展分析之客体,深刻讨论了知识产权之权利依据在法理学中法律效力的辩证关系及其与基本权冲突时的法律位阶选择;而其应成为中国日后制定知识产权法律及国家发展政策的考虑依据等,亦为本章研究之所及。

二、知识产权保护的前瞻与界限

(一)知识产权保护与国家发展的关系

从知识产权法制发展的历史观察可知,欧洲国家早年对外国人实行较为歧视的规定,而 19 世纪的美国亦未完全遵守欧陆国家所建立

---

② 载 http://www.iprcommission.org/graphic/documents/final_report.htm。

③ John H. Barton 教授为本章共同作者李筱苹律师的博士生导师;李筱苹为 Integrating Intellectual Property Rights and Development Policy 报告的中文版翻译校订人。

的知识产权法制。④ 同样地,今日的中国大陆、中国台湾地区、韩国等处于发展阶段的国家或地区,亦未严格落实知识产权保护措施。当迫于来自以美国为首的发达国家的重大压力,使得发展中国家在目前的国际知识产权政策架构下,必须服从标准化的规则(主要为发达国家所制定),而无法享受欧美国家多年前所曾享有的弹性选择。知识产权法为了奖励发明,促进创新动机,赋予发明创作人一定的成果独占权利,期待达成提升科学文明的终极目标。然而在赋予发明创作人独占权保障的同时,也限制了其他人对该发明创造的充分利用。由于发展中国家多为技术输入国,该委员会认为,并无足够的证据显示,知识产权制度促进了发展中国家的发展与革新;相反地,因为保护标准一致的知识产权法律存在,使得发展中国家对科技的使用受到了很大的限制,致使其保护知识产权所付出的成本远远高出其所带来的效益,这种情形在落后国家又尤其明显。⑤

该委员会以日本、韩国以及我国台湾地区等地数十年来的工业及经济发展经验为例,这些地区在知识产权保护制度较为宽松的情形下,仍能达成可观的科技进步与经济发展;由此可知,知识产权制度非如欧美发达国家所云乃促进革新进步的唯一手段。⑥ 实际上,某地区的产业革新及经济成长主要系于该地区的科技能力,唯有具备一定的科技能力,构筑适合商业运作的平台,方能有效地吸取并善用外来的技术与资源;而科技能力取决于教育环境、资源、经费、法治情形及其他配

---

④ The Commission on Intellectual Property Rights, Integrating Intellectual Property Rights and Development Policy 18 – 20(2002).

⑤ The Commission on Intellectual Property Rights, Integrating Intellectual Property Rights and Development Policy 18 – 20(2002), pp. 20 – 24.

⑥ Ibid., p. 20.

套措施等等;这些发展要素的具备,又与能否利用知识产权的成果有密切关系。因此该委员会认为,发展中国家在未完全具备这些条件的情形下,即贸然要求其实施严格的知识产权制度,其结果仅能是使发达国家获利,对发展中国家的进步并无帮助。⑦ 知识产权对知识经济的发展提供了制度性的保障,在一定程度上加速了知识经济的发展,⑧其最终目的在于促进整体社会的进步,而非个人权利的极大化满足,此点在 WTO 协议与 TRIPS 协议等知识产权条约中均有所体现。⑨

(二)知识产权的保护与商业利益正当性的研究⑩

1. 专利权保护的界限

知识产权法制的立法意旨在于奖励发明与创造,进而促进科学及文化进步,其手段则是赋予发明创作人一定的独占权利以为发明创造之动机。以专利权为例,依据 TRIPS 协议第 27. 1 条的规定,任何技术领域之物品发明或方法发明,只要具有产业利用性、新颖性与进步性者,皆可获得专利之排他权利。而 TRIPS 协议第 28. 1 条规定,物品发明专利权人享有禁止第三人在未得其同意下,而为该物品之制造、使用、买卖之要约、贩卖或为前述目的而进口该物之权。方法发明

---

⑦ The Commission on Intellectual Property Rights, Integrating Intellectual Property Rights and Development Policy 18 – 20(2002), pp. 24 – 26.

⑧ 罗玉中:《知识经济与法律》,北京大学出版社 2001 年版,第 6 ~ 7 页。

⑨ 郑成思:《WTO 知识产权协议逐条讲解》,中国方正出版社 2001 年版,第 68 ~ 97 页。

⑩ 王硕汶:《汽车产业之专利策略》,载 http://www. apipa. org. tw/Article/Article-ViewADA. asp? intADAArticleID = 146&strSortTarget = adaCreateDate;http://economicexplanation. tripod. com/Economic_explanation2. html。

专利权人则享有禁止第三人在未得其同意下,而使用其方法,以及为使用、买卖之要约、贩卖或为前述目的而进口直接由该方法所获得之物品。特别是将制造方法之保护扩及至因该方法所直接获得之物品上,加强了专门技术所有人的权利保护。针对第28.1条所规定之附注6则特别指出,专利权人之进口权与其他关于使用、贩卖等权利相同。

知识产权法制以独占权所能带来的商业利益作为诱因,以达成提升科学文明的终极目标,这在医疗、生化、电影以及音乐等产业方面表现得尤为显著。据统计,全美上市公司的资产总值中,有将近四分之三是包括知识产权在内的无形资产;这大约是无形资产于20年前所占比重的2倍。此外,全美国每年的技术授权收入总值高达450亿美元,而全球每年的技术授权收入总值则高达1000亿美元,并且仍在快速的成长中。[11] 由此可知,知识产权的保护除了促使经济成长外,还涉及巨大的商业利益,而这群既得利益者往往也是对知识产权保护最有力的拥护者。

尽管商业利益是知识产权法制构建的诱因,也是为了达成知识产权法制终极目标的"必要之恶",但是不合理的知识代价与商业利益却不断地遭到众人诟病。以汽车工业为例,其大致可区分为:设计研发、生产制造、销售及维修服务四种形态;针对其所生产的产品,又可分为正厂零件及售后服务件。所谓正厂零件,是指所生产之零件销售给汽车原厂,该零件有严格的质量标准,主要是安装于新车使用;而所谓的售后服务件,是指所生产之零件乃销售给坊间修车厂及其上游供

---

[11] A Market for Ideas:A Survey of Patents and Technology, *The Economist*, Oct. 22,2005.

货商。一般而言,售后服务件的质量略逊于正厂零件。以生产售后服务件之厂家而言,无论外观或者内装之钣金组件,大多是通过逆向工程以获取加工时所需数据,再利用此数据来制造生产所需模具,之后再利用模具以生产相关零件。此种规程在汽车业界已习以为常,但钣金件若被原厂制造商申请新式样之专利保护,则上述以生产售后服务件之厂家势必得通过专利授权的方式来取得制造该产品的权利;如此一来则生产售后服务件厂商的低价竞争优势即告消灭。汽车的专利权与该企业之命脉关系密切,因其所享有之专利保护年限得以限制其他车厂有关零组件的制造,⑫从而并影响了整个汽车工业。因此汽车大型企业无不挖空心思,希冀整个汽车的上中下游产业均能受其控制,期待获取巨额的商业利益;然而这种带有高度法律技术的商业手段,显然有滥用知识产权保护的嫌疑,同时也间接地使一般消费大众的权益受到损害。

在医疗保健方面,最引人重视的就是对 HIV 的防治;⑬落后国家由于人才不足、资金匮乏以及医疗系统不健全,对于 HIV 的防治效果

---

⑫　依赖专利技巧,有可能获得巨大的商业利益。以汽车工业而言,专利的生命周期在 15 年左右,并且尽可能地拖延申请期间,最为合适的策略则采取"潜水艇专利"方式。所谓"潜水艇专利",乃源自美国专利制度中的 CP 与 CIP 和 Reissue 所混合使用之手段,可通过申请期间的延长,使得该专利申请一直处于潜伏的虽已申请(patent pending)但未核准之状态,但过了 5 年或 10 年却突然获准,致使所有正进行初期制造之其他竞争者,侵害其所申请的专利范围(claims),因而得向其求偿。虽然许多国家并无 CP、CIP 与 Reissue 的制度,但申请人还是可以通过不断的非实质修正以及自我形式异议,来延长申请期间。

⑬　Barbara Hooks, Steps for the Future: A Miner's Tale, *The Age*(Melbourne), Nov. 7, 2002.

极差,感染者和发病者均有快速增长的趋势。发达国家虽然致力于研发控制 HIV 的药物,但由于这些药物的专利权多属欧美大药厂所有,其他药厂在专利法的限制下不得生产、贩卖同质药品(俗称学名药),而欧美药厂的药品价格又远非落后国家病人所能负担;所以在落后国家里,艾滋病(AIDS)患者数以千万计的大量死去。实际上,高额药价是导致患者无法获得治疗的重要障碍,而此障碍的来源则是失衡的专利权保护。以享有专利的鸡尾酒三重疗法为例,每人每年约需耗费 1 万美元用以治疗艾滋病;治疗由艾滋病引起的脑脊膜的专利药品 fluconazole,则每人每年约需耗费 3000 美元。⑭ 依据 WHO 估计,大多数的药品是以该药品边际成本的 20 ~ 100 倍的价格销售;另依据联合国的数据显示,150 毫克的 fluconazole 在印度的售价是 55 美元,因为该药品在印度并未受到专利权保护;在受到专利权保护的马来西亚与菲律宾,则分别售价为 697 美元及 817 美元。

由于印度尚未建立严格的知识产权保护制度,其药厂惯以低价生产同质药品营销至其他发展中国家牟利;⑮惟其有助于压低 HIV 药

---

⑭ United Nations, Report of the High Commissioner of the Human Rights Commission on Economic, Social and Cultural Rights, The Impact of the Agreement on Trade-Related Aspects of Intellectual Property Rights on Human Rights, UN Doc. E/CN. 4/Sub. 2/2001/13 at 14, para44(2001). 转引自林彩瑜:《WTO　TRIPS 协议下医药专利与公共健康之问题及其解决方向》,《政大法学评论》第 78 期。

⑮ Biswajit Choudhury, Patent Row TRIPS up Indian Drug Company, Gemini News Service, Feb. 2001, at http://www. panos. org. uk/aids/gemininewstories/PuzzlingOverPatents. htm.

物或其他专利产品的价格，使得发展中国家的穷人普受其惠；[16]但是依据TRIPS协议第66.1条规定可知，印度在2006年前必须采取专利保护制度，届时许多药品价格势必大幅上扬。此问题一直具有很高的争议性，欧美国家坚称若无专利保护则不可能有创新的发明，所以专利权不容侵犯；但是利益取向的另一端，却为人命攸关的重大人权问题。[17]

知识产权法制内固然有"强制授权"（compulsory licensing）以及"权利耗尽"（exhaustion）等制度可以弹性运用，以适度减弱独占之效果，只是均有一定的局限性与争议性。所谓"权利耗尽"，是为避免知识产权人企图控制整个销售体系，而使权利人于首次将产品交易流通后，则失去对该产品的营销控制权，第三人则可通过真品平行输入等方式取得产品。但对于究竟应采"国内耗尽"（national exhaustion）或"国际耗尽"（international exhaustion）原则，WTO的会员国间并无共识。因此，TRIPS协议第6条仅规定，知识产权耗尽的问题不得诉诸争端解决（dispute settlement）程序处理；换言之，TRIPS协议虽然承认知识产权耗尽为一个"争议事项"（issue），然而有关规范则完全留给

---

⑯ Nadia Natasha Seeratan, The Negative Impact of Intellectual Property Patent Rights on Developing Countries: An Examization of the Indian Pharmaceutical Industry, 3 *Scholar* 339, (2001), p. 367.

⑰ United Nations, Report of the High Commissioner of the Human Rights Commission on Economic, Social and Cultural Rights, The Impact of the Agreement on Trade-Related Aspects of Intellectual Property Rights on Human Rights, UN Doc. E/CN. 4/Sub. 2/2001/13 at 14, para44 (2001). 转引自林彩瑜：《WTO　TRIPS协议下医药专利与公共健康之问题及其解决方向》，《政大法学评论》第78期。

会员国自行决定。TRIPS 协议未对此议题加以处理的原因,是因为各会员国对处理方法无法达成共识。发达国家在其国内法制中偏好实行知识产权“领域耗尽”(territorial exhaustion)或“国内耗尽”(national exhaustion)原则,发展中国家则偏好自由的权利“国际耗尽”(international exhaustion)原则。“耗尽原则”的适用对国际知识产权的保护与商品在国家间自由移动的问题而言极为重要,以贸易自由化的角度观之,若采取权利“国际耗尽”原则,专利权人所丧失的,不仅为国内的转售权,亦包括输出权;于此情形,第三人以自国外进口产品之方式,将可相当程度地改善产品的“可取得性”(accessibility)。[18]

所谓强制授权,则是指在一定的情形下,政府可强制知识产权人授予权利。例如,发生公共卫生危机时,政府可要求专利权人允许其他药厂制造同样的药物,而由其他药厂支付给专利权人一定之权利金;如此一来,低收入国家就可以较低廉的价格购买药品。[19] 美国向来不支持强制授权制度,但在 2001 年遭遇恐怖攻击又遭逢炭疽热(anthrax)事件后,才意识到此问题的严重性。由于治疗炭疽热药物供不应求,而该药物的专利权又掌握在德国拜耳(Bayer)药厂手中,若紧守专利法将缓不济急,美国因此认为专利制度不得不有所调整;

---

⑱ United Nations, Report of the High Commissioner of the Human Rights Commission on Economic, Social and Cultural Rights, The Impact of the Agreement on Trade-Related Aspects of Intellectual Property Rights on Human Rights, UN Doc. E/CN. 4/Sub. 2/2001/13 at 14, para44(2001). 转引自林彩瑜:《WTO TRIPS 协议下医药专利与公共健康之问题及其解决方向》,《政大法学评论》第 78 期,第 279 ~ 280 页。

⑲ The Commission on Intellectual Property Rights, Integrating Intellectual Property Rights and Development Policy 18 – 20(2002), p. 42.

相关议题在同年11月于多哈(Doha)召开的WTO部长级会议也被提出讨论,该会议最后宣示会员国应该有权利使用强制授权,[20]但由于欧美大药厂的强烈反对,目前尚未有发展中国家正式引用过强制授权的特权。

不过随着禽流感(bird flu)对全球卫生的威胁日长,目前唯一能够治疗禽流感的药物"达菲"(Tamiflu),其价格高昂并且存货不足,类似的问题再次浮上台面。但是拥有专利权的瑞士药厂Roche对授权与否则持保留态度,而相关国际组织对于各国是否得主张强制授权亦未正式表态。[21] 依据巴西的法律,只要巴西政府认定相关药品对公共健康有利,就可以打破西方制药公司的专利,自行生产该种药物。而印度的西普拉制药公司总裁优素福·哈米德日前表示说,这家公司已经开发出"达菲"的替代品,但是基于人道主义精神,该药品的价格将会相对便宜。我国台湾地区在寻求Roche授权遭到拒绝后,主管卫生单位已率先表示不再理会Roche药厂的专利权,将自行生产"达菲"。[22] 由于此议题的争议性极高,未来的发展正考验着相关国际组织的智能与魄力。

2. 著作权保护的界限

为了提高创作动机,进而促进文化发展,著作权法赋予著作人具有

---

[20] Amy Harmon, In the "Idea Wars", a Fight to Control a New Currency, *N. Y. Times*, Nov. 11, 2001; Robert Weissman, Problems with Current U. S. Policy, *Foreign Policy in Focus*, June 3, 2002.

[21] Marwaan Macan-Markar, World Bank Gets Cold Feet on Bird Flu Drug Patent, Inter Press Service News Agency, Nov. 4, 2005, at http://www.ipsnews.net/news.asp? idnews = 30885.

[22] Taiwan to Ignore Flu Drug Patent, BBC News, Oct. 22, 2005, at http://news.bbc.co.uk/2/hi/asia-pacific/4366514.stm.

排他性之专属权利,使著作人得以利用“其他财产权”之方式,就其著作获取一定对价,享受财产上的利益,并排除他人的侵害。然而著作权法的目的并不仅在于保护著作人,其终极目标在于促进文化的持续发展。由于文化的进步经常必须奠基在前人的智慧结晶之上。故此,世界各国的著作权法多规定在符合一定要件时,可以不经过著作权人的同意而使用其著作,此即“合理使用”(fair use)制度,又称为,“公平使用”、“自由使用”(free use)㉓或“合理处遇”(fair dealing)。㉔ 此一制度的目的在于保障公众的信息利用自由,并寻求私利与公益之间的平衡点。

然而,此一平衡机制在数字时代受到了挑战;WIPO 于 1996 年年底通过了《世界知识产权组织著作权条约》(The WIPO Copyright Treaty,WCT)及《世界知识产权组织表演及录音物条约》(The WIPO Performances and Phonograms Treaty,WPPT)㉕后,其会员国陆续依据前述国际条约之要求,对规避著作权人用以保护著作之技术措施,以及篡改他人著作权管理信息同一性的行为加以限制。㉖ 以美国于

㉓ 黄怡腾:《著作权法上合理使用原则之研究》,台湾政治大学 1996 年博士学位论文,第 66 页。

㉔ 英国、加拿大及澳洲著作权法上之“合理处遇”(fair dealing)抗辩仅适用于因为报道时事或新闻而使用他人著作之情形;美国著作权法上之合理使用原则可适用的范围则较广,因为批评、评论、新闻报道、教学、学术、研究等目的而使用受保护之他人著作时,均可能构成美国著作权法上之合理使用,并不仅限于出于报道时事或新闻之使用。Brian F. Fitzgerald, Digital Property: The Ultimate Boundary? 7 *Roger Williams U. L. REV.* 47(2001),p. 116.

㉕ WIPO Doc. CRNR/DC/94(Dec. 23,1996);WIPO Doc. CRNR/DC/95(Dec. 23,1996).

㉖ Article 11 of the WCT;Article 18 of the WPPT.

1998年10月28日由克林顿总统签署通过的《数位千禧年著作权法》(Digital Millennium Copyright Act, DMCA)为例,有关受保护著作的技术措施规定已超出了传统著作权法之范畴,等于是在著作权法所赋予的专属权之外,再加上一层权利保护;更有甚者,实务见解还大幅缩小了"合理使用"的成立空间,认为"合理使用"的抗辩不适用于DMCA所禁止之行为。换言之,若干被传统著作权法认为"合理"之使用,却可能违反DMCA的禁止规定。[27]

许多发展中国家的盗版行径诚然极为猖獗,但该委员会亦指出,盗版软件所造成的损失经常被跨国企业高估,而计算机软件的高价位元使得发展中国家的一般人难以在"合法"的情形下接近使用,才是盗版猖獗的真正主因。[28] 例如,微软中文版的Windows 98在中国的售价是人民币1998元,而美国的人均GDP超过中国达三十倍以上,但是该软件在美国的售价却仅是109美元(以当时的汇率计算,折合人民币约1000元)。[29] 而在电影、唱片等产业的施压下,许多国家对著作权的保护亦日趋扩张,[30]美国最高法院2005年6月对MGM v. Grokster案所为的判决即为适例。尽管该法院曾于1984年的Sony

---

[27] 李筱苹:《著作权与言论自由保障的限界》,台湾大学2002年硕士学位论文,第131页。

[28] The Commission on Intellectual Property Rights, *Integrating Intellectual Property Rights and Development Policy* 18 - 20(2002), pp. 104 - 105.

[29] 倪振峰:《知识经济与知识产权》,《上海大学学报》(社会科学版)2003年第3期。转引自伍静:《知识产权垄断与反垄断立法分析》,《当代法学》第5期。

[30] Christopher Norgaard, Recording-Industry Group Pushes Past Copyright Limits, *Daily Journal*, July 21, 2005.

Corp. of America v. Universal City Studios, Inc.[31]案中表示录放机(VCR)虽然可作为侵害著作权的工具,但因同时具备得为其他合法用途之功能,因此可享有合理使用的保护,但在最近的 Grokster 一案中,却认为因为 Grokster 网站上提供的软件可被用以下载非法音乐或电影,所以,Grokster 网站有可能构成著作权的侵害。继此判决后,韩国、我国台湾地区、澳洲等地陆续有类似判决出笼,[32]尽皆否定了档案分享软件之合法性。这些判决对著作权人而言是一大胜利,但是却进一步限缩了"合理使用"的空间。如此一来,发展中国家有关教学、科研以及使用图书馆的成本势将大幅提高,知识的传播亦将受到重大影响。

三、知识产权法律效力与基本权保障的辩证关系及解决方式

由于发达国家坚持全球应遵守同一标准的知识产权法律,其结果就是发达国家与发展中国家对目前的状态均不满意,并且成效不彰;其中涉及了复杂的政治意识形态及心理意识(如敌视或羡慕富人)等问题,其所呈现的实际情形即是许多发展中国家的社会,对侵害发达国家的知识产权普遍抱持着宽松的氛围,这也是那些侵害知识产权的侵权行为得以猖獗存在的重要原因之一。这种情形令人感到沮丧与迷惑,然而以法理学验证法律实际效力的方式,可以清楚地说明此问题的缘由;其中涉及宪法基本权问题之分析,则更能说明一体遵守同

---

[31] 464 U. S. 417(1984).

[32] Jennifer Bayot, Grokster File-Sharing Service Shuts Down in Settlement, *N. Y. Times*, Nov. 7, 2005.

一标准知识产权法律的不合理性。

法律制定之后，通常得以下列方面来分析其效力：[33]

（一）以法律规范逻辑的角度探讨其效力

1. 妥当性：也就是此规范在法律体系中为调和之一部分，不与上位规范抵触的概然性

（1）知识产权法主要是规定与科学和技术发展相关的无体财产权问题，故其规定很少涉及其他领域的法律；然而人权条约也未就知识产权对人权的影响有所规定。当知识产权与人权两种权利发生冲突时，大部分的 WTO 成员既是 TRIPS 协议的缔约方，同时也是国际人权条约的缔约方，根据善意履行国际条约义务的国际法原则，WTO 成员不能为了实施 WTO 协议所规定的义务就不履行其根据国际人权条约所承担的国际义务，而且国际人权法规则是对各文明国家所早已承认的一般法律原则的宣告，其具有国际强行法的特征。[34] 在国家依据有关知识产权协议行使权利，与国家所承担的人权义务发生冲突时，自应优先承担人权义务。[35]

知识产权法律表面上似乎符合了法律体系的上下位规范，但实际

---

[33] 此一分析架构，乃参照我国台湾地区杨日然大法官生前教授法理学时，其于课堂中所介绍之方法。

[34] 万鄂湘、石磊、杨成铭、邓洪武：《国际条约法》，武汉大学出版社 1998 年版，第 324、328 页。

[35] 《联合国宪章》第 1 条、第 55 条、第 56 条明确规定了缔约国保护人权的条约义务，第 103 条规定缔约国对宪章所承担的义务优先于根据其他国际条约所承担的义务。转引自万鄂湘、冯洁菡：《知识产权国际保护的新发展》，《法律适用》2003 年第 7 期。

上并非如此。由于知识产权保护虽系以私人(包括法人)为主体,但是多以国家之力以达到保护目的,故我们应先以国家为利益主体来说明。德国学者 Böhm 认为,国家对于经济最重要的任务就是维护竞争,他把竞争当成营业自由和财产权保护背后的必要条件;而 Kurt Biedenkopf 教授,将此观点发挥到极致,认为财产权的大小应视当事人市场地位强弱而定(市场地位越强者,其财产权越要受到限制);㊱ Wolfgang Fikentscher 教授则认为控制经济强权、防止滥用独占力的机关,应该完全独立而受到宪法保障。㊲ 受到后面两位学者及其他学者的学说影响,市场竞争的价值无线上纲,竞争法被戴上经济宪法的光环。㊳ 而竞争法对市场经济的积极促进作用,已毋庸争辩。

此一理论给我们带来的启示是,因为发达国家的市场地位较大,故其财产权应受到较多限制;而且限制经济强权,防止其滥用独占力,应该上升到宪法的层级。所以反面推论,在发展中国家,其于利用发达国家的知识产权成果时,应受到较低的标准限制,但是当发达国家利用发展中国家的知识产权成果时,则应受到与发达国家一致的限制标准。

㊱ Biedenkopf, Über das Verhältnis wirtschaftlicher Macht zum Privatrecht, FS Böhm, 1965, 135 ff. 转引自苏永钦:《经济宪法作政治与经济关系的基本规范》,载《走入新世纪的私法自治》,台湾元照出版公司 2002 年版,第 128 页。

㊲ Fikentscher Wirtschaftskontrolle-ein Verfassungsgrundlagenproblem, FS F. Günther, 1971, 789 - 797. 转引自苏永钦:《经济宪法作政治与经济关系的基本规范》,载《走入新世纪的私法自治》,台湾元照出版公司 2002 年版,第 129 页。

㊳ 苏永钦:《经济宪法作政治与经济关系的基本规范》,载《走入新世纪的私法自治》,台湾元照出版公司 2002 年版,第 129 页。

(2)基本权就是基本权利或基本人权的简称,[39]基本权除为对抗国家的权利之外,也应包含制度性保障、分享的权利、请求权基础等。[40] 而从基本权性质所导出的功能之一,则为分享功能。分享权除分享各种自由权外,也有对给付义务的受益性质,其中包括物质的(如社会福利)及精神的(如教育、文化、训练等设施)。应当注意的是,依照传统理论,适用基本权利必须具备两个要件:第一,必须是国家的行为;第二,必须是国家基于公法上统治关系而行使之高权行为。[41] 然而实际上,私人与私人间之私法行为也有可能造成基本权利受到侵害,因此有所谓"基本权利对第三人效力"理论产生,此一理论已为许多欧洲国家所继受,欧洲人权公约虽未明文规定,但实务发展亦大体肯定某种第三人效力(主要表现于"保护义务",亦即间接效力。)[42]德国通说及学者王泽鉴,均采基本权利间接效力说,亦即基本权利虽是客观的价值秩序,具有放射效应(Auss-trahlungswirkung),任何民事法规不得作与之相反的解释,但仍认为基本权条款须通过民法的概括条款进入民事法律关系而间接适用之;[43]学者吴庚、许宗力均表示承认基本权利的直接效力,将使宪法与人民权利的保障有更为积

---

[39] 吴庚:《宪法的解释与适用》,台湾地区,作者发行2003年版,第85页。

[40] Ossenbühl, Die Interpretation der Grundrechte in der Rechtsprechung des Bundesverfassungsgerichts, NJW, 1976, SS. 2100 – 2106. 吴庚:《宪法的解释与适用》,台湾地区,作者发行2003年版,第88页。

[41] 许宗力:《基本权力对国库行为之限制》,台湾月旦出版社1993年版,第2页。

[42] 苏永钦:《民事裁判中的人权保障》,第149页。

[43] 王泽鉴:《宪法基本权利与私法》,台湾地区司法主管部门发行1998年,第69页;吴庚:《宪法的解释与适用》,第153~154页。

极密切的关系;[44]即便是国库行为亦应受基本权利的限制。[45]

我们对基本权利应采"效应历史意识"[46]的诠释方法,所以解释宪法并不是探求制宪者的意识,而应该是宪法的意识;尤其对基本权的解释更应考虑人民的权利意识、社会发展的现况与人权的普世趋向。在此一基础之上,加上前段的推论可知,无论知识产权保护的争端发生主体为国家或私人,人的基本权利均不应因知识产权法的规范而受到侵害;这也是任何法律都必须一体遵守的宪法原则,因此若是制订了某一个知识产权法规或是缔结了某一个国际多边协议,只要其内容侵害了基本权,我们几乎用不着上升至法理学的说明层级,即可判定其因其为违宪而无效。此外,观乎《联合国宪章》的前言,以及"联合国人权委员会"所建构的国际人权法典体系可知,基本权利已有国际化倾向,人权不仅受国内法保障,亦有渐受国际法保障之趋势。[47] 因为基本权不仅可能受到本国侵害,亦可能到外国侵害;而基本权利具有国际性,是各国的宪法上的义务。因此当人民的基本权利受到其他的国家侵害时,自然得以基本权利对抗之。

2. 有效性:某规范的妥当性被有权机关认定的概然性

"联合国经社理事会促进和保护人权分会"(以下简称该人权分会)就知识产权与人权的冲突于2000年8月提出了解决方案。其指

---

[44] 吴庚:《宪法的解释与适用》,台湾地区,作者发行2003年版,第155~156页;许宗力:《基本权力对国库行为之限制》,台湾月旦出版社1993年版,第47~51页。

[45] 许宗力:《基本权力对国库行为之限制》,第1~71页。

[46] "效应历史意识"即对作品的解释必然在不同的时期,有不同的理解。

[47] 法治斌、董保城:《宪法新论》,台湾元照出版公司2004年版,第129页。

出知识产权与人权间现实存在或可能发生的冲突包括以下几点:(1)妨碍使用知识产权制度向发展中国家转让技术;(2)植物种植者对植物新品种享有权利的后果及对遗传改良生物授予专利,给对食品所享有的基本权利所带来的影响;(3)"生物海盗"行为,即跨国公司掠夺社区尤其是土著社区对其自然资源以及文化遗产的控制;(4)对获得专利药品的限制及对享有健康权的冲击。该解决方案要求所有 WTO 的成员,均应遵循国际人权公约而承担起应尽的义务,并对土著的传统知识、文化价值以及遗产给予充分的保护。

该人权分会并于2001 年8 月就知识产权与人权及 TRIPS 协议对人权的冲击做了报告,要求联合国人权事务高级官员在 WTO 中寻求观察员的位置,以监督对 TRIPS 协议的审查。该人权分会指出,由于 TRIPS 协议的实施并未充分地反映所有人权的基本性质和不可分割性,包括人人有权享有科学进步及其应用所带来的利益,及健康权、食品权、自决权等;因此,TRIPS 协议所体现的知识产权制度与国际人权法之间有着明显冲突,[48]致使各国难以制定可同时符合其国内经济发展及人权和环境保护需求的知识产权法律与政策。令人沮丧的是,知识产权保护向所寻求的发明者权利与公共利益间的平衡点,如今已明显的朝向满足发明者经济利益的方向倾斜。

在知识产权法规被制定后,因为发达国家与发展中国家之利益取向差异太大,相互之间协调极为困难,发展中国家最终多是迫于现实

[48] Intellectual Property Rights and Human Rights, Sub-commission on the Promotion and Protection of Human Rights, Fifty-second session, agenda item 4, E/CN. 4/Sub. 2/2000/7, adopted Aug. 17, 2000. 万鄂湘、冯洁菡:《知识产权国际保护的新发展》,《法律适用》2003 年第 7 期。

的利害关系,而不得不勉强接受一致的规范标准,㊾在此一拉锯交战的过程中,双方均消耗了极大的交易成本,截至目前,双方还是各说各话,相互指责,因此在此一法规范被有权机关认定的概然性上,实可谓不高。回溯知识产权立法的历史可知,在东京回合期间,美国与欧洲国家曾经联合提出了《关于制止假冒商品进口措施的协议》(Agreement on Measures to Discourage the Importation of Counterfeit Goods)㊿草案。该草案主要是为解决在边境上对假冒商品的拦截,以及在商业渠道外对这些假冒商品的处置。此为知识产权问题引入WTO体制的开端,发达国家几乎无一例外地支持此一草案,但是以巴西、印度为主的许多发展中国家,却对GATT具有争端解决机制,表示了强烈的反对意见;认为应该由WIPO来解决争端。实际上此一争端背景,在于有争端时,发达国家均怀疑WIPO将偏袒保护发展中国家之利益。发达国家力求完善地保护知识产权,但是发展中国家却对知识产权的过度保护,致使其难以获得前沿技术而深感忧虑;其并认为,发展中国家的发展需求重要性并不亚于知识产权所有人的经济利益。[51]

(二)以社会学上的角度探讨其效力

1. 实定性:指某规范的强制措施(制裁)被有权机关执行之概然性

"联合国经济、社会和文化权利委员会"在2000年已就健康权问

㊾　沈木珠、乔生:《论中国大陆知识产权保护的问题与对策》,《政大法学评论》第70期。

㊿　Terence P. Stewart, *The Gatt Uruguay Round: A Negotiating History* (II) 2260(1993). 转引自魏姝:《TRIPs协定:在什么程度上"与贸易有关"?》,《北大法律评论》第5卷第1辑。

[51]　同上注,第165页。

题明确指出，国家不应采取与其在先所承担的国际法律义务明显不相容的措施，[52]而根据1976年《经济、社会和文化权利国际规约》第15条第1款之规定："国家必须承认所有人民的下列权利：(1)参与文化生活；(2)享用科学进步及其应用所产生的利益；(3)对其本人的任何科学、文学或艺术作品所产生的精神上和物质上的利益应享受被保护之利益。"由此可知，在人权与知识产权的关系问题上，国际人权条约首先确认的是普通大众对智力产品享有合法的利益，对创作者利益的保护不能超越对其他大众基本人权的保护。其次，人权条约也承认科学和技术发展的重要性，以及私人利益和社会公共利益在分享科学进步所带来的利益方面可能存在的冲突；而国家的政策制定者，应在发明创作者的利益与社会公共利益之间谋求平衡，这其中又以公共利益的保障为先，因为知识产权制度的目的不仅在于确保发明创造者从中获益，更在于借其成果以促进整个社会的科技、文化与经济的进步。但是由前述的论证可知，发展中国家本就无意接受严格知识产权保护规范标准，在非自愿的情形之下认定了其有效性，所以发展中国家的执法机构、必然没有严格执行的积极性，甚至为了经济发展，还会采取一定程度的放任侵害其他国家知识产权的国家保护主义态度。而发达国家为其自身利益或受迫于国内企业压力，又会不断施加压力，促使发展中国家严格执行法律规范，由此致使双方矛盾加深，并易导致国际不安定等因素。

---

[52] Committee on Economic, Social and Cultural Rights, General Comment No. 14, The right to the highest attainable standard of health, UN Doc. E/C12/2000/4(2000)，万鄂湘、冯洁菡：《知识产权国际保护的新发展》，《法律适用》2003年第7期。

2. 实效性:指某规范所预定之目的或社会效果被实现的概然性

在发展中国家,从政府机关到一般人,基于各种不同的理由,对于知识产权法规欠缺“法的确信”,所以不但主动遵守的积极性不高,甚至有不少人认为,此一法规范对发展滞后的群体而言,根本是恶法,所以无遵守之必要。故此一法规所预定之目的或社会效果被实现的概然性,自然极低。我们以简单的经济学理论分析即可说明其中缘由:社会中,某人之行为不仅涉及个人之成本与收益,并可能给其他人施加成本或带来收益。如有此情况出现,我们称该行为具有“外部性”(externality)。经济学者把行为主体个人直接承担的成本称为“私人成本”(private cost),个人直接享受的收益称为“私人收益”(private benefit);相对的,将私人成本施加于外部成本之和称为“社会成本”(social cost),私人收益与给他人带来的外部收益之和称为“社会收益”(social benefit)。理性人的决策是基于私人成本与私人收益的比较做出的,个人最优决策在边际私人成本等于边际私人收益点达到,而“帕累托最优”(Pareto optimum)[53]意味着社会最优在边际社会成本等于边际社会收益点到达。因此,除非一种行为没有外部性(社会成本等于私人成本;社会收益等于私人收益),否则理性人的个人最优决策一般不会等于社会最优决策(边际社会成本等于边际社会收益)。帕累托改进(Pareto improvement)是指一种变化,在没有使任何人境况变坏的前提下,使得至少一个人变得更好。一方面,帕累托最优是指没有进行帕累托改进的余地的状态;另一方面,帕累托改进是

---

[53] 载 http://zh.wikipedia.org/wiki/% E5% B8% 95% E7% B4% AF% E6% 89% 98% E6% 9C% 80% E4% BC% 98,2005 年 1 月 21 日访问。

达到帕累托最优的路径和方法。[54]

假设某发展中国家甲卖盗版 CD，成本 5 元，售价 15 元；乙卖来自发达国家授权的正版 CD，成本 30 元，卖 40 元。第三人丙（买家），当看到甲和乙出售的货品一样但是价格却不同时，根据理性人的决定，他会选择购买甲的盗版产品，因为如此可省下 25 元，此即为丙所获得到的利益；甲亦因此赚得 10 元利润；乙因为没有卖出货品，所以无收益；总计甲、乙、丙三人的社会收益是 35 元。就成本而言，甲的成本是 5 元；乙的成本是 30 元，外加上丙因为没有向乙购买，而损失了 10 元的机会成本，所以其成本为 40 元；丙为消费者，无制造或进货成本，故总计社会成本是 45 元。由于社会成本大于社会收益，所以这个行为对整体社会有害。简而言之，在此的外部成本，即为甲与丙的收益都来自于给乙所施加的成本。由于甲和丙是遵循最优选择而获益，但该选择并不等于乙的最优选择。乙唯有调降售价，使得丙在做选择时，会愿意购买乙的产品，这样甲与丙转嫁在乙之上的外部成本才有降低的可能，此即帕累托改进；但此系针对买方丙和卖方乙而言，对甲而言，其不需做任何改变，因为甲有价格优势，单以价格和买方（丙方）心态来说，其（甲和丙）已达到帕累托最优。如果我们利用艾吉渥斯箱形图（Edgeworth Box）或博弈论予以分析说明，亦可得到相同的结论。乙当然也可用其他的方法降低甲、丙间为盗版买卖的可能性，使丙最终转而购买乙的产品，并使甲放弃出售盗版产品。但由前述推论可知，在发展中国家此一方法仍是成效不彰。[55]

---

[54] 张维迎：《作为激励机制的法律》，载《信息、信任与法律》，生活·读书·新知三联书店 2003 年版，第 70～72 页。

[55] 本小节之完成获益于王正中先生（东吴大学经济系毕业），在此致谢。

穷国与富国以及穷人与富人之间的差别不仅在于穷国和穷人所获得的资本较少,也在于他们所获得的知识较少。[56] 知识的分配是社会不平等的原因和结果。有权利的人比较容易接近知识。在知识社会,接近知识也就传递了影响,甚至传送了权利。[57] 穷国因为没有制订规则的权力,甚至欠缺话语权,他们不像美国一样,在遭到"炭疽热"(anthrax)攻击后,能够重改游戏规则,他们只能穷尽一切方式,祈求先保住性命。美国至今仍然拒绝签署《京都议定书》,就是发达国家选择性遵守国际规范的一大明证,如果美国的行为是可以被认可的,那么,一般发展中国家的老百姓是否不必主张"间接的"紧急避难,即可购买或是制造未经授权的救命药品;或是得以主张购买盗版的软件是合理的,甚至是必然的选择。

(三)小　结

知识产权在与基本权相互冲突时,因知识产权法的法位阶次于宪法,所以凡是抵触宪法之部分,司法机关均应予以判定无效。较为困难的是,如何建构一套既符合知识产权保护目的,又符合人权保障要求的知识产权法律,同时并能将其真正地落实在判决之中,有赖于学界与实务界的持续共同努力。中国应团结世界上与我们有一致利害关系的发展中国家,并结合发达国家中深具正义感如"英国知识产权

---

[56] 1998 年、1999 年世界银行发展报告:《知识与发展》,中国财经出版社 1999 年版,第 1 页;伍静:《知识产权垄断与反垄断立法分析》,《当代法学》第 5 期。

[57] [美]尼科·斯特尔:《知识社会》,殷晓蓉译,上海译文出版社 1998 年版,第 353 页;伍静:《知识产权垄断与反垄断立法分析》,《当代法学》第 5 期。

委员会”的组织，在共谋人类社会和谐发展的前提下，共同推动制订与适用知识产权法律的新思维，并将其逐步落实在国际公约与各国法律之中。

四、结论——知识产权法制与政策的因应之道与展望

综观全文可知，发达国家以美国为代表，系以通过发展高科技，垄断产业核心技术，拉大其与世界其他国家的数字鸿沟，以获取高额知识附加价值，从而巩固美国在世界经济中的主导地位；并通过控制技术扩散的阀门，实现由美国对国际分工和世界各国经济发展水平的调控，保证美国在国际经济体系中得以长久居于最佳地位。知识霸权是美国软权力的基石，软权力是当今美国建立国际新秩序的重要手段；自 20 世纪 90 年代起，随着信息革命的发展和美国建立国际新秩序的需要，开始出现“软权利理论”。美国哈佛大学教授、前助理国务卿 Joseph S. Nye 认为：“软权力和硬权力一样重要，如果一个国家可以使它的权力在别的国家眼里看来是正当的，其在实现预期愿望时阻力便会减少；如其文化与意识形态是有吸引力的，其他国家就会更愿意追随；如其可以建立与其他社会相一致的国际惯例，则此种国际惯例就不太可能被改变；如其可以建立一系列使其他国家希望开辟或限制它们的行为的组织，并且这种方式也是占主导地位国家所希望的，硬权力运作的巨大成本就会被节省。”[58]由此可知，发达国家正是通过知识产权法律，以控制发展中国家的各式资源与其发展进程；此种见解再次被证明其并非仅是发展中国家为了抗拒一体适用的知识产权保

---

[58] Joseph S. Nye, Soft Power, *Foreign Policy*, Fall 167(1990).

护标准而凭空诬陷发达国家的伎俩。

当前国际知识产权法的架构,多半牺牲了发展中国家的发展需求;发达国家及相关国际组织应尽力协助发展中国家,使其得依各自的发展需求采取适合该国发展现况的知识产权法制,而非压迫发展中国家必须以欧美国家的法制为模板。中国在制定与执行知识产权政策时应考虑发展现状与国情,不宜完全以欧美法制为范本。在专利法方面,应注意生物科技及医药等重要领域的长程发展目标,加强这些方面的研究,并灵活运用在目前国际及双边协议架构下中国所能享有的选择弹性,避免太过严苛的立法阻碍了研究、创新与提升科技能力的机会。另应注意的是,外国企业在中国高新技术领域通过技术专利化、专利标准化等方式申请了大量的相关专利,以强化其贸易壁垒;同时藉其技术垄断地位,对消费者实施价格歧视,并收取高额之专利许可费,此皆滥用知识产权保护的惯用伎俩。故此,在公布《反垄断法》时,应将限制知识产权滥用情形予以一并规范;[59]在著作权法方面,为避免妨碍知识的传播及文化发展,实务上不宜对“合理使用”解释过严,尤其是出于研究教学需要以及图书馆的利用,更应享有较大的合理使用空间。

简言之,一国的知识产权法制应与其社会、经济及科技的发展程度相配合,适当的知识产权保护标准可以协助社会的发展,但是过当的标准则会阻碍科技发展及知识的传播。[60] 尤应注意的是,因为发展

---

[59] 乔生、陶绪翔:《我国限制知识产权滥用的法律思考》,《现代法学》2005年第1期。

[60] The Commission on Intellectual Property Rights, *Integrating Intellectual Property Rights and Development Policy* 18 – 20(2002), p. 66.

中国家经常未被充分告知其于TRIPS架构下所能享有的选择弹性，如对可专利性采取较严格的认定标准及限缩专利目标范围，所以可能会制订出超过其发展程度的知识产权保护标准；中国即是其中适例，[61]特别是在行政执行与司法判决等实践上，犹有甚之。[62]有鉴于此，该委员会亦期望其研究报告对发展中国家能具有教育的功能，在制订或未来修改知识产权法时能与本国的发展政策密切结合，并广纳建言；[63]而在知识产权法的执行上，尤须建立健全的司法体制，并尽量以行政及民事途径解决知识产权争议，不宜仰赖刑事司法手段，以免推行知识产权保护制度的成本过高。[64]在符合人权价值优先的前提

---

[61] 例如，国务院于1992年所颁布的《实施国际著作权条约的规定》，就软件的登记及保护期，实行了对外保护高于对内保护的“超国民待遇”标准；1995年颁布的《知识产权海关保护条例》，其所针对的是一切侵权商品，比TRIPS协议的要求还严格。转引自胡祖刚：《中国〈知识产权海关条例〉与TRIPS之比较研究》，《世界贸易组织动态与研究》1996年第4期。1995年国家版权局发布的《关于不得使用非法复制的计算器软件的通知》，其中的“非法复制”概念等同于“未经授权”，亦即任何用户只要持有“未经授权”的软件即构成侵权责任，此一保护的严格程度，超越了发达国家标准。参见沈木珠、乔生：《论中国大陆知识产权保护的问题与对策》，《政大法学评论》第70期。

[62] 例如，1999年《大学生》杂志社诉首都在线网络服务商案、香港PU公司、京研公司诉广州雅芳公司案、罗马磁砖公司诉荣联陶瓷工业公司案，以及日本圆谷株式会社诉上海某购物中心销售“天美时”闹钟侵犯“奥特曼”著作权案……参见沈木珠、乔生：《论中国大陆知识产权保护的问题与对策》，《政大法学评论》第70期。

[63] The Commission on Intellectual Property Rights, *Integrating Intellectual Property Rights and Development Policy* 18 – 20(2002), p. 140.

[64] The Commission on Intellectual Property Rights, *Integrating Intellectual Property Rights and Development Policy* 18 – 20(2002), pp. 146 – 148.

下,建构并推行新的知识产权法律与政策,势必会与发达国家产生一定程度的紧张关系,除了提升经济实力以增加谈判的筹码外,真正得以帮助我们的应该是综合法律所赋予我们的权利,在国际场合据理力争,并广为宣传。当然,在朝此方向努力的过程中,也应严惩从整个生产及消费过程,均纯系为获商业利益的不法侵害知识产权行为,以向国际社会证明我们所抱持立场极为严正;也唯有在此基础之上,以富含人权价值优先的"新"知识产权保障推展运动才有成功的可能。

第九章

两岸民事判决的认可与执行问题研究*

一、前　言

二、法律规定与实务现状

（一）台湾地区对大陆判决的认可

（二）大陆对台湾地区判决的认可

三、问题焦点与分歧探讨

（一）适用的法律领域

（二）认可要件

（三）认可程序

（四）认可效力

四、期待模式与未来展望

---

* 本章共同作者为周翠，浙江大学光华法学院副教授，德国海德堡大学（Universität Heidelberg）法学博士。

摘　要

目前,两岸互相认可与执行民事判决的规定仍有诸多分歧与差异。本章全面介绍了两岸当前与此相关的法律法规与重要实务见解,并以评释我国台湾地区的一个重要相关判决见解展开论述,从比较法的角度来看,对民事确定裁判的概念与内容、国际管辖权、保障法定听审以及两岸法院认可判决的程序和效力等问题进行了深入探讨。解决这些问题的最佳方式,是两岸就民事判决的相互认可与执行签署共同协议。

关键词:区际司法协助　判决认可　确定判决　既判力　互惠对等原则

Abstract

In the light of pertinent regulations, courts across the strait have recognized and enforced many civil and commercial judgments which were issued by the other side. However, Taiwan's Supreme Court issued a judgment, *Tai Shang Zi No.* 2531, in November 2007, which held that civil judgments issued by courts in mainland China, after they are recognized by courts in Taiwan, shall only be entitled to enforcement without the effect of *Res Judicata*. This means that courts in Taiwan can re-adjudicate the final and binding judgments issued by courts in mainland China, and even reverse judgments. Thus, the meaning of the procedure of recognizing and enforcing civil and commercial judgments is undermined. It also repudiates the principle of *Verbot der révision au fond* applied to the issue of recognition and enforcement of judgment. This decision not only calls for some doubts theoretically, but also is a backlash in terms of cross-strait recognition of judgments.

The final and binding civil and commercial judgments are not simply "final and binding judgments". They may encompass all the rulings of courts with*Res Judicata* that are issued according to legal procedure and based on substantive issues of concerned parties at dispute. Nevertheless the judiciaries across the strait disagree on what shall be considered as final and binding civil and commercial judgments. This article contends that mediation statements issued by courts in mainland China are judgments with *Res Judicata* that are reached according to the legal procedure and based on the substantive issues at dispute between pertinent parties. Hence, they shall fall within the scope of "final and binding civil judgments" as prescribed in Article 74 of the *Act Governing Relationships between People of Taiwan Area and Mainland Area*. To clarify this, mediation agreements reached only by parties at dispute during the litigation process in mainland China shall not be regarded as "judgments", and therefore shall not be recognized and enforced in Taiwan. Nevertheless, in accordance with Article 380 of *Taiwanese Civil Procedure*, "a final settlement shall have the same effect as a final judgment with binding effect." A final settlement should be a final and binding judgment. Hence, courts in mainland China shall recognize such settlements. Furthermore, temporary rulings of preliminary enforcement of debts against defendants issued by courts in Taiwan, or rulings of preliminary execution issued by courts in mainland China should be recognized and enforced in the future because they have stronger Rechtskraft des Urteils.

In terms of the recognition procedure, the mainland side has accepted the reality of the judicial powers across the strait and recognized the *Res Judicata* of Taiwanese judgments. However, on Taiwan's side, a recognition procedure is required to recognize judgments issued by courts in mainland China. It differs from recognition of foreign judgments, which is an automatic process. The reason for this was aimed to protect the Taiwanese rights without breach of Taiwanese public order and good morals. However, in terms of protecting interests of Taiwanese businessmen, this is part of assessment of business risks, for which investors should shoulder their own responsibilities. Given excessively loose retrial system and still-needed-to-be-strengthened judicial independence in mainland China, a method of density review according to the principle of proportionality should be adopted.

In consideration of separate regulations enacted by each side regarding cross-strait mutual recognition and enforcement of civil and commercial judgments, which resulted in many confusions and disagreements, the article suggests to sign a cross-strait agreement on mutual recognition and enforcement of civil and commercial judgments to address these problems.

Key Words: Interregional Judicial Assistance　Res Judicata　Verbot der Révision Au Fond　The Cross-Strait Recognition of Judgments　Rechtskraft des Urteils　Reciprocity Principle

一、前 言

在最高人民法院《关于人民法院认可台湾有关法院民事判决的规定》(法释〔1998〕11 号,以下简称《认可规定》)①实施 11 周年之际,最高人民法院制定了相应的《补充规定》,②其于 2009 年 5 月 14 日起施行。《认可规定》与《补充规定》为大陆人民法院认可和执行台湾的民商事判决与仲裁裁决确定了相对固定的程序与模式;虽然其中个别条文的表述与内容仍有待进一步厘清与解释,但从创建两岸交流所需要的法律安定性环境角度而言,这两个司法解释均蕴含着重要意义。

实际上,最早推动两岸判决的认可与执行的当属 1992 年 7 月 31 日在我国台湾地区实施的“两岸人民关系条例”第 74 条。依据该规定,许多大陆判决在台湾被顺利的认可与执行。不过我国台湾地区司法主管部门却在 2007 年 11 月判决中表示,大陆法院做成的判决被我国台湾地区法院认可后,仅具有执行力而不发生既判力。此一判决为大陆民事判决在台湾地区的认可与执行带来了不小的波折,有学者甚至称此判决为“美丽的错误”。③ 本书认为,值此两岸交流日趋密切,法律的实际需求与日俱增之际,法律规定与实务见解的变化,都是动见观瞻,在客观上都可能被视为是某种新信息的出现。故此,不论是立法者或是实务界,均应慎之又慎;惟其从另一个角度来看,新的变化也促使了学者对相关命

① 法释〔1998〕11 号(1998 年 1 月 15 日通过,1998 年 5 月 16 日施行)。

② 即最高人民法院《关于人民法院认可台湾地区有关法院民事判决的补充规定》(法释〔2009〕4 号)。

③ 黄国昌:《一个美丽的错误:裁定认可之中国大陆判决有无既判力?》,《月旦法学杂志》2009 年第 167 期。

题进行多维度的思考与研究。本书即拟针对两岸民事判决的认可与执行实践中所存在的问题进行分析,并进一步展望其未来发展方向。

二、法律规定与实务现状

(一)台湾地区对大陆判决的认可

迄今为止,两岸并未就民商事判决的认可与执行等问题共同制定规则,而是分别作出了单方规定。较之大陆 1998 年和 2009 年公布的规定相比,我国台湾地区在 1992 年 7 月 31 日颁布的“两岸人民关系条例”④第 74 条中,就对认可与执行大陆民事判决进行了规定。1995 年 9 月 20 日,台湾板桥地方法院作出裁定,认可了江苏省南京市中级法院的离婚判决,成为台湾法院依照“两岸人民关系条例”第 74 条认可大陆民事确定判决的首例案件。⑤ 此后,大陆法院的离婚及离婚后财产分配的判决频频被台湾法院认可,⑥其被认可的范围甚至及于

---

④　即“台湾地区与大陆地区人民关系条例”,全文共 96 条;至 2006 年 6 月 30 日,共进行过 9 次修订。

⑤　被认可的判决为:南京市中级人民法院〔1994〕宁民初字第 104 号;认可裁定为:台湾板桥法院 84 年度家声字第 24 号。案情详细介绍与评析参见林俊益:《广东法院认可台湾法院判决之案例分析》,《法令月刊》1999 年 10 月。

⑥　依据黄国昌一文(同注 3)中的不完全统计,1997 ~ 2007 年间,曾抗告至高等法院的关于大陆判决认可的案件就达 25 件,其中关于认可大陆离婚判决的达 18 件。此外,台湾地方法院对离婚案件的认可裁定也不在少数,例如台湾高雄地方法院民事裁定 85 年度养声字第 213 号、台湾屏东地方法院民事裁定 85 年度家声字第 2 号等,参见王建源:《论两岸民事司法中判决的认可与执行问题》,《台湾研究集刊》2004 年第 4 期。

1954年大陆法院所作的判决。⑦ 1996年1月19日,台湾桃园地方法院认可了福建厦门市中级法院作出的判定被告因侵权行为支付损害赔偿的判决,⑧开启了认可损害赔偿判决的开端。此外,被台湾法院认可的关于财产给付的大陆法院判决,也不在少数,⑨例如,1999年10月15日,台湾板桥地方法院认可了海口市中级法院1995年10月26日所作的民事判决等。⑩

然而,我国台湾地区法务主管部门在2007年11月做成的96年度台上字第2531号判决⑪中表示,大陆的民事判决被台湾法院认可

---

⑦　焦仁和、林柏杉:《泛论两岸民事裁判的互相认可》,《中国法律》2005年第5期:依据该文作者的统计,截至2005年,共有8件离婚及离婚后财产分配的判决被台湾法院认可。

⑧　被认可的判决为:厦门中级法院〔1992〕厦中法经民字第37号判决、厦门高级法院〔1993〕闽经终字第95号判决;认可裁定为:台湾桃园地方法院84年度声字第429号裁定。关于案情及对认可裁定的评析,参见林俊益:《广东法院认可台湾法院判决之案例分析》,《法令月刊》1999年10月。

⑨　例如,台湾桃园地方法院民事裁定84年度声字请第694号,参见王建源:《论两岸民事司法中判决的认可与执行问题》,《台湾研究集刊》2004年第4期。

⑩　被认可的海口中级法院判决的编号为:〔1995〕海中经初字第54号;认可裁定由台湾板桥地方法院民二庭法官陈世杰先生作出,编号为:(立股)1999年度声字第68号。关于该案的评析详见李梦舟:《大陆法院的民事判决到台湾地方法院申请认可和强制执行的法律实务问题》,《两岸关系》2000年第4期。

⑪　关于该判决的详细评析,参见姜世明:《大陆地区民事确定判决之承认与执行——评台湾司法主管部门96年台上字第2531号民事判决》,《台湾法学杂志》2009年第123期;黄国昌:《一个美丽的错误:裁定认可之中国大陆判决有无既判力?》,《月旦法学杂志》2009年第167期;李永然、曹馨方:《经台湾法院认可之大陆民事确定判决是否有既判力?》,《军法专刊》2009年第3期。

后仅具有执行力，而不发生既判力。盖大陆判决若不能在台湾发生既判力，此即意味台湾法院得对大陆法院做成的判决进行实质审查。此一观点立即引起了学界与实务界的广泛讨论与争议，并且为两岸判决未来的认可与执行带来了变量。为了进一步探究前述判决所持观点的合理性，并厘清相关问题，重新审视与回顾有关立法政策与实务见解，及对判决认可的要件与效力进行深入探讨，即具有重要意义。

（二）大陆对台湾地区判决的认可

最高人民法院制定的《认可规定》于1998年5月16日起施行，其对大陆法院认可台湾的民事判决的申请与认可程序（第3~8条、第11条、第14条和第17条）、认可条件（第9条）、被认可的判决的效力（第12条）等，均做出了详细规定。1998年6月9日，浙江省台州市中级人民法院裁定认可了台湾南投地方法院关于台湾同胞褚春裁对天台县侄儿褚金绸收养关系的裁定，成为大陆法院首次认可台湾法院民事裁判的案例。⑫ 此后，大陆各地人民法院认可台湾法院民事判决

---

⑫　仅隔一天，上海市第一中级人民法院于1998年6月10日就以裁定形式认可了台湾高雄地方法院对高雄居民许玲雯诉台湾长泰庄建设发展有限公司有偿借款纠纷一案的判决，并进行了强制执行，参见林振通：《两岸相互认可和执行民事判决的实践与思考》，载 http://www.zwmscp.com/list.asp?Unid=9713。一个月后，广东省中山市中级法院于1998年7月15日认可了台湾士林地方法院士林简易法庭的判决，这成为《认可规定》公布施行以来广东法院认可台湾判决的首例案件：台湾判决的编号为：86年度士简字第237号判决（何××诉东其公司）；认可裁定为：中山市中级人民法院〔1998〕中中执认字第1-1号民事裁定书。关于此案的详细评析参见林俊益：《广东法院认可台湾法院判决之案例分析》，《法令月刊》1999年10月。

的数量渐增。2005 年全年,大陆各法院认可台湾有关民事判决共 17 件;⑬但相对而言,大陆认可与执行的台湾判决多集中于离婚案件领域,其他民商事判决数量比较少。⑭

为了进一步规范认可和执行台湾法院判决的程序,2009 年 3 月 30 日,最高人民法院审判委员会又通过了《补充规定》,特别对认可台湾有关法院民事判决的适用范围、案件管辖、举证责任、财产保全、审查程序、审判组织、申请认可及审理的期限等作出了具体规定。《补充规定》在第 1 条第 2 款明确了被认可的台湾法院民事判决与人民法院的生效判决具有同等效力,此与台湾法务主管部门 96 年度台上字第 2531 号判决形成了鲜明的对比。《补充规定》第 2 条第 2 款,则确定了可被认可的台湾民事裁判的范围。为了防止被申请人在申请认可的过程中转移财产,《补充规定》第 5 条和第 6 条并对财产保全的适用条件和程序作了规定。《补充规定》第 9 条还对《认可规定》第 17 条进行变更,该条文将"申请人申请认可的期限"由 1 年延长为 2 年。《补充规定》的施行,被实务界誉为"标志着大陆法院认可和执行台湾地区法院民事判决的司法实践进入一个新的发展阶段"。⑮

---

⑬ 载 http://www.huaxia.com/zt/tbgz/06-005/516281.html。

⑭ 关于台湾法院的票据裁定在大陆的认可和执行,参见福建省泉州市中级人民法院民事裁定书〔2001〕泉民字第 3 号、浙江省宁波市中级人民法院民事裁定书〔2005〕甬民二认字第 1 号,分别涉及台湾高雄地方法院民事裁定 90 年度票字第 901 号和 94 年度票字第 113 号及补充裁定。案情及认可程序的详细过程参见钱锋:《外国法院民商事判决承认与执行研究》,中国民主法制出版社 2008 年,第 286 页。

⑮ 林振通:《两岸相互认可和执行民事判决的实践与思考》,载 http://www.zwmscp.com/list.asp?Unid=9713。

三、问题焦点与分歧探讨

(一)适用的法律领域

在《补充规定》公布之前,两岸均未对认可与执行的民事法律领域的范围进行过详细规定。为了适应两岸交往的需求,最高人民法院在《补充规定》第2条第1款对民事纠纷进行了扩充式枚举。申请认可的台湾有关法院的民事判决,包括对商事、知识产权、海事等民事纠纷案件。此一补充解释对于《认可规定》的适用领域的清晰化与确定化,具有重要积极意义;但对于介于公法与私法之间的"灰色区域",例如,破产案件中的判决,是否也属于可被认可的民事判决的范围,则仍有待明确。此外,颇有争议的"惩罚性损害赔偿金"的性质,也可能在两岸判决的认可与执行问题上带来问题。两岸民法中均存在"惩罚性损害赔偿"(puntive damages)的规定,因此,如何对此类案件定性,其是否属于一般民事案件,需要澄清与明晰。⑯ 鉴于目前海峡两

⑯ 关于"惩罚性损害赔偿"的性质,在德国颇有争议。由于美国的集团诉讼(class action)经常与惩罚性损害赔偿结合,因此德国的司法实践常常拒绝对此类案件进行司法协助,这迫使美国联邦最高法院一再降低惩罚性损害赔偿的惩罚倍数:2008年6月25日的最新案例(Exxon Shipping Co. v. Baker)表明,惩罚倍数已经从2003年4月7日确定的9倍降低为1倍。关于最新案例的评析,详见Thomas/Wilske,Die Exxon Valdez-Entscheidung des U. S. Supreme Court und deren Bedeutung für die künftige Höhe von Punitive Damages, RIW 2008,668 f。

岸关于惩罚性损害赔偿的数额都有明确的限制(最高三倍)。[17] 本书认为,一定程度上将此领域的判决视为民商事判决,较为适宜。

(二)认可要件

"两岸人民关系条例"第74条规定:"在大陆地区成立之民事确定裁判、民事仲裁判断,不违背台湾地区公共秩序或善良风俗者,得请法院裁定认可。前项经法院裁定认可之裁判或判断,以给付为内容者,得为执行名义。"1997年4月18日,我国台湾地区立法主管部门增加了第3项:"前两项规定,以在我国台湾地区做成之民事确定裁判、民事仲裁判断,得声请大陆地区法院裁定认可或为执行名义者,始适用之。"从上述规定中可以看出,我国台湾地区对于认可或执行大陆民事判决或仲裁裁决的审查仅限于"公序良俗"和"互惠对等原则"这两项内容的审查,而并不对案件的实体法律关系进行判断,同时也不涉及如管辖权等程序事项的审查;此规定与大陆颁布的《认可规定》第9条[18]规定有

---

[17] 根据《消费者权益保护法》第49条,经营者提供商品或者服务有欺诈行为的,应当按照消费者的要求增加赔偿其受到的损失,增加赔偿的金额为消费者购买商品的价款或者接受服务的费用的1倍。同样,台湾地区"消费者保护法"第51条规定,因企业经营者故意所致之损害,消费者得请求损害3倍以下之惩罚性赔偿金;但因过失所致之损害,得请求损害额一倍以下惩罚性赔偿金。

[18] 《认可规定》第9条:"台湾地区有关法院的民事判决具有下列情形之一的,裁定不予认可:(一)申请认可的民事判决的效力未确定的;(二)申请认可的民事判决,是在被告缺席又未经合法传唤或者在被告无诉讼行为能力又未得到适当代理的情况下作出的;(三)案件系人民法院专属管辖的;(四)案件的双方当事人订有仲裁协议的;(五)案件系人民法院已作出判决,或者外国、境外地区法院作出判决或境外仲裁机构作出仲裁裁决已为人民法院所承认的;(六)申请认可的民事判决具有违反国家法律的基本原则,或者损害社会公共利益情形的。"

所区别。

1. 民事确定裁判

在可被认可的裁判之范围此一问题上，台湾与大陆的规定存在较大差异。根据“两岸人民关系条例”第74条之规定，“得声请台湾法院裁定认可者，应以在大陆地区做成之民事确定裁判或民事仲裁判断为限”。但何谓民事确定裁判，则在个别情形产生了争议，例如，大陆的调解书，不被台湾主流观点和实务界视为“民事确定裁判”（详见下文）。相较于我国台湾地区的规定，最高人民法院却在《补充规定》第2条中确定了更为宽泛的可被认可裁判的范围，当事人可以向人民法院申请认可台湾有关法院作出的民事判决（第1款）、民事裁定、调解书、支付令，以及我国台湾地区仲裁机构作出的仲裁裁决；而在实务操作中，大陆法院甚至还认可台湾法院刑庭作出的和解笔录。

（1）“民事确定裁判”之定义

所谓民事判决的承认与执行，实际上是指承认外国判决发生的诉讼法上的效力，[19]但并不是指所有的判决效力都可以被承认。一般而言，可被承认的判决效力仅包括：确定力（又称实质既判力）、失权效力、形成力以及诉讼告知和辅助参加效力；与此相反者，执行效力、构成要件效果以及判决的证明效力均不得被承认。[20] 在两岸民事判决的认可与执行领域，也同样应当参照上述理论。即民事判决认可与执

---

⑲ 参见 Zöller/Geimer, ZPO（2009），§ 328 Rn. 20。

⑳ 德国的通说，参见 Zöller/Geimer, ZPO（2009），§ 328 Rn. 31 f。我国台湾地区有学者也持类似观点，参见陈启垂：《外国判决的承认与执行》，《月旦法学杂志》2001年第75期（但在该文中未提及事实效力和证明效力）。

行的最基本的先决条件就是:被认可的判决必须是确定判决;而这一点亦均为“两岸人民关系条例”第 74 条和《认可规定》第 9 条第 1 项所强调。

依照大陆、[21]我国台湾地区[22]以及国际通行(包括德国)[23]的观点,判断某判决是否属于确定判决,或者是否具备某项得承认的效力,系以判决做出地的法律为依据,承认地的法律规定为何并不重要。因此,如果台湾判决须在大陆认可和承认,即应依照我国台湾地区的规定判断该判决是否属于“效力确定”(《认可规定》第 9 条第 1 款的用语)的民事判决;而对于需要在台湾认可的大陆判决,则应当依照大陆的法律判断其是否属“两岸人民关系条例”第 74 条所指的“民事确定裁判”。

“两岸人民关系条例”第 74 条并未对“民事确定裁判”这一概念进行界定;参照我国台湾地区“民事诉讼法”第 402 条“确定判决”之定义,确定判决原则上是指不能以通常上诉或声明不服的方法,请求法院加以废弃或变更的判决,并不以具有如我国台湾地区的形式确定力或既判力(实质既判力)为绝对必要,但至少该判决须在该国具有相当程度的存续力[24]即知。根据此一定义,对照大陆法院作出的民事

---

[21] 罗蔺:《论承认与执行外国法院判决的条件》,载《诉讼法论丛》第 6 卷,第 643 页。

[22] 我国台湾地区司法主管部门 92 年度台上字第 985 号判决;陈启垂:《外国判决的承认与执行》,《月旦法学杂志》2001 年第 75 期。

[23] Zöller/Geimer, ZPO(2009), § 328 Rn. 20. 判断外国判决是否发生实质既判力(res iudicata),依照判决作出国的法律为准, § 328 Rn. 37。

[24] 陈启垂:《外国判决的承认与执行》,《月旦法学杂志》2001 年第 75 期。

判决后即能轻易发现，虽然民事诉讼法中未使用“既判力”的概念，《民事诉讼法》的立法者也未必意图引入“既判力”理论，但是从模糊和分散的法条中仍然可以看出，“发生了法律效力”[25]的大陆法院判决具有形式上的存续力，当事人不再能针对其提起上诉，并且其发生“禁止重复起诉”（《民事诉讼法》第111条第5款）的效力。这实际上相当于德国或台湾通说所指的形式既判力以及实质既判力。[26] 在对法律进行解释的过程中，学者从《民事诉讼法》第136条第5项[27]以及法理出发，一般也都认为，人民法院作出的已经发生法律效力的判决发生“禁止矛盾判决”的积极效力，即实质既判力——当事人及人民法院均必须受到生效判决的拘束，不得再为相反的主张或判断。[28]

通过以上分析可知，大陆法院的民事判决一旦依照法律发生了法律效力，亦即发生了形式既判力和实质既判力。故此，其应属得被台湾“两岸人民关系条例”第74条所认可的“民事确定裁判”。即使其有可能经过再审或审判监督以及检察监督程序被推翻，但并不妨碍其作为“确定判决”被台湾法院认可与执行。从这个角度来审视，香港

---

[25] 依照《民事诉讼法》第141条，最高人民法院的判决、裁定，以及依法不准上诉或者超过上诉期没有上诉的判决、裁定，是发生法律效力的判决、裁定。

[26] 持此观点的参见黄国昌：《一个美丽的错误：裁定认可之中国大陆判决有无既判力？》，《月旦法学杂志》2009年第167期。

[27] 根据《民事诉讼法》第136条第5项，如果本案必须以另一案的审理结果为依据，而另一案尚未审结的，诉讼应当中止。

[28] 江伟主编：《中国民事诉讼法专论》，中国政法大学出版社1998年版，第171页以下。

法院前所持有之观点和相应做法即有欠妥适。[29]

对于"确定判决"的定义,大陆学者有不同观点。有学者认为,确定的判决是由一国法院或有审判权的其他机关按照其内国法所规定的程序,对诉讼案件中的程序问题和实体问题所作出的具有约束力的、即已经发生法律效力的判决和裁定。[30] 但一般而言,能够被承认或认可的只能是确定的实体判决,其他如诉讼驳回裁定或者对程序事项所作的中间裁判等,均不得被承认或认可。[31] 因此,上述定义

---

[29] 再审程序或审判监督程序是冲破既判力的一种救济,不是第三审程序,它们仅应当因法律规定的理由在极其例外的情形而发生。虽然,《民事诉讼法》规定的发动审判监督和检察监督程序的理由过于宽泛,确实有悖法之安全性与安定性的考虑,但仍然不能因存在不合理的审判监督程序,就认定人民法院作出的发生法律效力的判决不属于"确定判决"。从此点来看,香港法院以前对内地发生法律效力的判决的性质认定,一定程度上也反映了英美法系与大陆法系之间以及香港和内地法律之间的隔膜。对于被认可的判决,香港法院要求"其须是最终的且不可推翻的"。基于此,香港法官张泽佑以内地民事诉讼法存在相对比较宽泛的再审和审判监督程序为由,于 1996 年 7 月 12 日针对集友银行诉陈天君一案,作出拒绝认可与执行内地法院判决的判决([1996]2 HKLR 395)。此后香港高等法院多次以此为由拒绝认可与执行内地判决,例如,Tan Tay Cuan v. Ng Chi Hung(香港高等法院民事诉讼第 14325 号);Chan Chow Yuen v. Nanyang Commercial Bank(香港高等法院遗产认证诉讼 2002 年第 4 号)。案例详情及评析参见钱锋:《终局性:外国法院民商事判决承认与执行的先决条件》,《法律适用》2006 年第 6 期。但自从《内地与香港特别行政区法院相互认可和执行当事人协议管辖的民商事判决安排》于 2008 年 8 月 1 日生效之后,这种情况就不复存在,因为第 2 条第 1 款明确规定了内地终审判决的范围。

[30] 谢石:《对外国法院判决的承认与执行》,《中国社会科学》1990 年第 5 期。

[31] Zöller/Geimer, ZPO(2009), § 328 Rn. 39.

似乎过于宽泛，其中“针对程序事项作出的判决和裁定”，显然不属于得被认可和执行的民事裁判的范围。实际上，只要台湾法院作出的实体判决，如其依照台湾地区“法律”已经效力确定，均得为大陆法院所认可与执行。《补充规定》第2条第2款已对其范围进行了列举。

（2）支付令

支付令曾作为“敲门砖”在两岸判决的承认与执行领域发挥过重要的引领作用。早在《认可规定》制定之前，厦门市中级法院就曾于1995年5月受理过台湾居民张××请求认可与执行台湾板桥地方法院的支付令的申请。当时最高人民法院民事审判庭作出答复：“鉴于目前海峡两岸的状况和现有规定，人民法院不宜直接认可和执行台湾有关法院发出的支付命令。对于申请所涉纠纷，厦门市法院可作为债权债务案件受理。”[32]随着两岸交往的频繁，在《认可规定》实施后，最高人民法院也曾于2001年3月20日以批复的形式，将支付命令纳入可被认可的台湾裁判的范围。在该批复中，最高人民法院指明：人民法院对当事人持台湾地区有关法院支付命令及其确定证明书申请认可的，可比照《认可规定》予以受理。[33] 如今，支付令已被列举在《补充规定》第2条第2款之内。

（3）调解书

如前所述，台湾法院的调解书已被《补充规定》第2条第2款纳

---

[32] 详见王建源：《论两岸民事司法中判决的认可与执行问题》，《台湾研究集刊》2004年第4期。

[33] 法释〔2001〕13号。

入人民法院可认可的裁判范围之中。但是,大陆的调解书[34]却未能被台湾法院所认可与执行。1994年,台湾地区司法主管部门以“诉讼调解由强制执行法第4条第1项第3款明定”为由表示,“两岸人民关系条例”第74条所述的民事确定裁判,宜解释为不包括民事调解书在内。[35] 台湾法务主管部门查阅起草讨论记录及该条文的“立法”理由后,亦以其均未提及“民事调解书”为由,得出第74条不包括民事调解书在内的结论。[36] 故此,台湾各法院的通行做法是不对大陆的调解书予以认可。[37] 例如,在1994年台湾板桥地方法院声字第977号民事裁定书、台北地方法院士林分院声字第333号民事裁定书中,台湾法官分别不予认可河南郑州金水区法院和广东乐昌县法院作出的离婚调解书,因其非属“民事确定裁决”范围。[38]

---

[34] 调解协议的形式有两种:除了调解书之外,还存在调解笔录这一形式。在特定情况,例如调解和好的离婚案件、调解维持收养关系的案件、能够实时履行的案件以及其他不需要制作调解书的案件,法院只需要将当事人达成的调解协议记入笔录即可(《民事诉讼法》第90条)。对于调解笔录,原则上不存在认可与执行的问题,所以这里不予讨论。

[35] 参见台湾司法主管部门1994年11月19日函:(94)秘台家厅民三字第20524号。这涉及赵××单方提凭经海峡交流基金会验(查)证的大陆地区公证书暨人民法院民事调解书,申请离婚登记一案。

[36] 台湾法务主管部门1994年12月22日法(83)律决字第27869号函。

[37] 台湾法务主管部门也同样持反对认可意见,详见焦仁和、林柏杉:《泛论两岸民事裁判的互相认可》,《中国法律》2005年第5期。

[38] 详见李梦舟:《祖国大陆法院的民事判决到台湾地方法院申请认可和强制执行的法律实务问题》,《两岸关系》2000年第4期;唐宗智、陶旭东、李阿吉:《海峡两岸司法协助课题研究》,《福建政法管理干部学院学报》1999年第2期。

本书认为，台湾法务主管部门对“两岸人民关系条例”第 74 条所进行的“立法目的”解释显然过于保守；台湾司法主管部门如系根据台湾“法律”来判断大陆的调解书是否属于“两岸人民关系条例”第 74 条所述之“民事确定裁判”虽属正确，盖于此问题起决定作用者乃认可地之法律，[39]亦即台湾地区的有关规定。惟其值得进一步探究的是，是否在立法例上，台湾“强制执行法”第 4 条第 1 项第 3 款已将“依民事诉讼法成立之和解或调解”与该条之第 1 项第 1 款所称“确定之终局判决”于法条中并列，即能得出“调解并不属于民事确定裁判”之结论？盖“民事确定裁判”不但包含“确定终局判决”，且其范围亦较之为广。换言之，民事确定裁判实际上不仅只“确定之终局判决”一种而已。

依照国际私法的通行观点，“确定判决”一词并不指纯粹技术意义上的判决，而是包含所有的经法定的程序对双方当事人之间的争议的实体作成的、发生既判力的法院裁判，或对之所为的所有形成或变更。[40] 判决的形式或称谓均不重要，但其必须由“法院”——亦即依照域外法有权对民事争议进行裁判的国家机构做成。[41] 有鉴于此，“大陆法院所做成的调解书”是否亦属“判决”之一种形式，即属争点问题。

依照《民事诉讼法》和 2004 年 11 月 1 日生效的最高人民法院

---

[39] 系德国通说，参见 Zöller/Geimer，ZPO（2009），§ 328 Rn. 65。

[40] Zöller/Geimer，ZPO（2009），§ 328 Rn. 66.

[41] 陈启垂：《外国判决的承认与执行》，《月旦法学杂志》2001 年第 75 期；BGHZ 20，323，329；Geimer，IZPR，Rn. 2852；Rosenberg/Schwab/Gottwald，Zivilprozessrecht（2004），§ 156 Rn. 27；MünchKomm/Gottwald，ZPO（2008），§ 328 Rn. 45。

《关于人民法院民事调解工作若干问题的规定》(以下简称《调解规定》)[42]可知,调解与判决一样,同属于民事诉讼程序的结案方式;调解须在答辩期满后裁判作出前,[43]或者在征得当事人各方同意后在答辩期满前进行(《调解规定》第1条);调解不成的,应当及时判决(《民事诉讼法》第9条后半句);[44]调解工作由独任法官或合议庭主持(《民事诉讼法》第86条);调解达成协议后,人民法院应当制作调解书,由审判人员和书记员署名,并加盖人民法院印章(《民事诉讼法》第89条第2款)。

此外,调解协议的达成,须经过法定程序:依照《民事诉讼法》第9条前段和第85条、第88条规定,人民法院审理民事案件,应当根据自愿和合法的原则进行调解,不得予以强迫。调解方案可以由当事人自行提出,也可由主持调解的人员提出,供当事人协商时参考(《调解规定》第8条)。再者,人民法院调解案件,应当通知当事人、证人到场(《民事诉讼法》第86条第2款),由此可知,当事人的法定听审权亦已获保障;调解时当事人各方应当同时在场,根据需要也可以对当事人分别作调解工作(《调解规定》第7条第2款)。在调解前,当事人还享有提出申请回避等诉讼权利,人民法院应当在调解前告知当事人主持调解人员和书记员姓名以及是否申请回避等有关诉讼权利和诉

---

[42] 法释〔2004〕12号。

[43] 参见《民事诉讼法》第128条第2款:判决前能够调解的,还可以进行调解,调解不成的,应当及时判决。

[44] 另外,《调解规定》第18条规定,当事人自行和解或者经调解达成的协议,请求人民法院按照和解协议或者调解协议的内容制作判决书的,人民法院不予支持。这一条也反映了调解书与判决书作为民事案件结案的两种形式存在。

讼义务(《调解规定》第5条);当事人申请不公开进行调解的,人民法院应当准许(《调解规定》第7条第1款)。

人民法院制作的调解书,其对内容、形式上之要求均与判决的内容、形式要求类似,而且发生法律效力和执行力。根据《民事诉讼法》第89条第1款规定,调解书应当写明诉讼请求、案件的事实和调解结果。当事人不能对诉讼费用如何承担达成协议的,不影响调解协议的效力。人民法院可以直接决定当事人承担诉讼费用的比例,并将决定记入调解书(《调解规定》第14条)。与判决书的内容相比,调解书仅缺少《民事诉讼法》第138条[45]第2项的内容"判决认定的事实、理由和适用的法律依据";而基于调解的性质,此项内容也不宜和不必载入调解书。从判决的形式要求看,调解书与判决书一样,均须审判人员、书记员署名,并加盖人民法院印章(《民事诉讼法》第89条第2款和第138条第2款)。此外,调解书依照《民事诉讼法》第89条第3款自双方当事人签收后[46]发生法律效力。此即表示,不得就调解书上诉;针对同一事实,当事人不得再次起诉。发生法律效力的调解书,当事人仅可在证明调解违反自愿原则或者调解协议内容违反法律时申请再审(《民事诉讼法》第182条)。[47] 此外,调解书具有执行力,一方

[45] 根据《民事诉讼法》第138条第1款,判决书应当写明:(一)案由、诉讼请求、争议的事实和理由;(二)判决认定的事实、理由和适用的法律依据;(三)判决结果和诉讼费用的负担;(四)上诉期间和上诉的法院。

[46] 当事人拒收调解书的,不影响调解协议的效力(《调解规定》第13条第2款)。

[47] 此外,当事人也可以申请对调解书进行补正:根据《调解规定》第16条,当事人以民事调解书与调解协议的原意不一致为由提出异议,人民法院审查后认为异议成立的,应当根据调解协议裁定补正民事调解书的相关内容。

不履行调解协议的;另一方可以持调解书向人民法院申请执行。[48]

根据上述分析可知,人民法院制作的调解书,是法院依照法定程序对当事人的实体争议作出的发生确定力的“裁判”,只不过“裁判”不是通常意义上的判决,而是相对比较特殊的法院裁决的方式。故此,本文以为,其应属“两岸人民关系条例”第 74 条所规定之“民事确定裁判”指涉范围。[49] 实际上,许多学者[50]均认为,台湾地区法院不认为调解书系属认可裁判的范围,乃有悖于台湾“民事诉讼法”第 416

---

[48] 根据《调解规定》第 19 条,调解书确定的担保条款条件或者承担民事责任的条件成就时,当事人申请执行的,人民法院应当依法执行。《民事诉讼法》第 212 条第 2 款规定:调解书和其他应当由人民法院执行的法律文书,当事人必须履行。一方拒绝履行的,对方当事人可以向人民法院申请执行。此外,《民诉意见》(1992 年 7 月 14 日)第 254 条中,最高人民法院明确将调解书与支付令、判决和裁定相并列,认定其属于可执行的法律文书;《最高人民法院关于人民法院执行工作若干问题的规定(试行)》(1998 年 7 月 8 日)第 2 条第 1 项也明确指出:执行机构负责执行生效的人民法院民事、行政判决、裁定、调解书、民事制裁决定、支付令,以及刑事附带民事判决、裁定、调解书。

[49] 诸多台湾学者亦持此见解,例如,姜世明:《大陆地区民事确定判决之承认与执行——评“最高法院”96 年台上字第 2531 号民事判决》,《台湾法学杂志》2009 年第 123 期。另外,杨建华教授也认为:“大陆调解书附有理由,形同小判决书,调解亦属判决。因此,有必要研究是否将调解亦纳入上述《两岸关系条例》第 74 条认可范围”。转引自李梦舟:《大陆法院的民事判决到台湾地方法院申请认可和强制执行的法律实务问题》,《两岸关系》2000 年第 4 期。

[50] 周道鸾、杜万年:《对祖国大陆法院认可台湾地区法院民事裁判实务中若干问题的探讨》,《人民司法》2003 年第 6 期;李梦舟:《大陆法院的民事判决到台湾地方法院申请认可和强制执行的法律实务问题》,《两岸关系》2000 年第 4 期;王建源:《论两岸民事司法中判决的认可与执行问题》,《台湾研究集刊》2004 年第 4 期。

条第 1 款和第 380 条第 2 款的规定。[51]

从另外一个角度看,调解在大陆民事审判中具有绝对重要地位。从 1982 年《民事诉讼法(试行)》第 6 条确立的"着重调解"原则,1991 年《民事诉讼法》第 9 条确立的自愿、合法调解的原则,一直到当前法院实践对调解的强化;人民法院的调解结案率形成了 V 形反转的局面,目前的审判模式可谓是"调解型的审判模式"。据统计,2008 年全年审结民事案件共 316.71 万件,其中调解结案占结案总量的比例为 58.86%,也即 186.42 万件。[52] 在许多基层法院,调解结案的案件比例大约为 80% 至 90%。如果数量如此巨大的调解书不能被纳入两岸判决认可与执行的体系之中,势必将严重影响两岸交流的顺畅发展。

(4)和解协定与和解笔录

在人民法院的民事审判程序(包括二审程序)和执行程序中,双方当事人可以自行和解(《民事诉讼法》第 51 条、第 217 条,《民诉意见》第 191 条)。对于和解协议的效力,法律和司法解释均未作出任何明确规定。一般而言,和解达成协议后,原告可以申请撤诉,由法院审查准许。[53] 由此可见,和解协议实际上并不发生《民事诉讼法》上规

---

[51] 台湾地区"民事诉讼法"第 416 条第 1 款、第 380 条第 1 款规定:调解或和解成立者,与确定判决有同一之效力。

[52] 2002 ~ 2006 年,调解占结案的比重分别为:30.32%、29.94%、31.01%、32.01%、32.54%。详细统计参见历年来最高人民法院院长的工作报告。

[53] 法律或最高人民法院的司法解释对"一审程序中和解达成后的撤诉"问题也未作明确规定,但从《民诉意见》第 191 条关于二审程序的和解的规定,可以推出类似结论:当事人在二审中达成和解协议的,人民法院可以根据当事人的请求,对双方达成的和解协议进行审查并制作调解书送达当事人;因和解而申请撤诉,经审查符合撤诉条件的,人民法院应予准许。

定的"法律效力"。也基于此,《调解规定》第4条规定,当事人在诉讼过程中自行达成和解协议的,人民法院可以根据当事人的申请依法确认和解协议,制作调解书。[54] 因此,民事诉讼中双方当事人自行达成的和解协议,不属于"判决",也不发生被认可的效力。故此和解书在台湾地区亦不得被认可与执行。

至于台湾法院的和解笔录,能否被大陆人民法院认可与执行,则值得探讨。依照德国通说,和解协议一般不被承认,因其不发生被承认的效力,但如果和解协议依照判决国法律具有被承认的诉讼效力,特别是既判力,则此种和解协定亦得被承认。[55] 在两岸判决的认可与执行问题上,大陆的人民法院持有类似德国之观点。依照台湾地区"民事诉讼法"第380条第1项规定,和解成立者,与确定判决有同一之效力。因此,台湾的和解笔录(台湾地区"民事诉讼法"第379条)应属于"确定判决":2008年7月21日,厦门市中级法院裁定认可了台中地方法院就刑附民案件作出的和解笔录(日南公司诉陈某);此乃大陆首次认可台湾法院作出的和解笔录,而且是刑庭的和解笔录。[56] 虽然《补充规定》第2条第2款并未将和解笔录纳入可被认可和执行的确定裁判范围内。但不容否认,厦门中院的这一判决具有引领与示范意义,其为相关规定的进一步完善创造了实践

[54] 显见,这种调解书是具有可认可的效力的。德国主流观点,亦认为:法院在当事人和解协议基础上作成的裁判,具有可被承认的效力,从而依照§328 ZPO 被承认与执行,参见 MünchKomm/Gottwald, ZPO (2008), §328 Rn. 59。

[55] 德国的和解协定并不发生实质既判力,参见 Zöller/Geimer, ZPO (2009), §328 Rn. 79。

[56] 载《福建日报》2008年7月22日。

基础。

(5)保全裁定

海峡两岸的保全制度规定虽然有很大区别,但各自的相关规定却均未提及"保全裁定是否发生既判力以及得否被认可与执行";此一"空白"随着司法实践的发展将越来越突出。此之焦点问题乃两岸法院作出的保全裁定,是否发生可被认可的效力。传统的德国理论认为,保全裁定不是终局解决案件实体问题的裁判,因此不能被承认。[57] 换言之,只有依照裁定作成的法律能够终局解决争议的临时裁定,才可被承认和执行;[58]就此显系指类似于法国法院在紧急审理程序(référé 或者 requête)或者荷兰法院在 kort geding 程序中作出的临时裁定。惟此观点因其过于严格和狭窄而不应适用于海峡两岸的区际司法协助领域,其甚至不适用于欧盟法域,因为临时裁定也属于 § 32 EuGVO 规定的"裁判"范围,并依照 § 34 EuGVO 在欧盟法域内被承认与执行。[59] 无论如何,不容否认的是,台湾法院所作出之判处被告先行给付债权的临时裁定(台湾地区"民事诉讼法"第538 条,类似于 § 940 ZPO),或者大陆法院作出的先予执行裁定,因其紧急满足债权人的需求和其要件的严格适用性,使得这些裁定具有较

---

[57] Musielak/Kommentar, ZPO(2009), § 328 Rn. 5.

[58] 例如 Geimer, § 928 Rn. 70。

[59] Schlosser, EU-Zivilprozessrecht (2003), Art. 32 Rn. 2; MünchKomm/Gottwald, ZPO(2008), § 328 Rn. 68. 当然,在欧盟法域内,还须注意欧盟最高法院针对 EuGVÜ 作出的 Denilauler 判决 EuGH, Rs. 125/79. 但另有观点认为,此判决并不对 § 31 EuGVO 适用,参见 Zöller/Geimer, Anhang I Art. 31 EuGVO Rn. 8; Geimer/Schütze, EuZVR Rn. 35。

强的确定力,[60]其应被认可和执行。这对于全面保护债权人以及促成两岸的司法配合有深刻意义。最高人民法院2009年发布的《补充规定》,并未涉及保全裁定的认可与执行问题,仅仅规定了申请人在申请认可时或法院作出认可裁定前可以提出财产保全申请(第5条)。这一规定还远不足以满足申请人要求全面权利保护的需求,但它毕竟将"保全裁定"纳入了认可与执行程序的视野。总之,进一步阐明与确认保全裁定在海峡两岸的民事认可与执行体系中的位置,对于未来的法律完善具有非常重要的现实意义。

2. 存在"国际管辖权"

台湾地区"民事诉讼法"第402条第1项第1款,应类推适用于海峡两岸民事判决的认可与执行领域。[61] 依照该规定,如果大陆法院依照台湾地区相关规定没有管辖权,则大陆法院作出的判决即不能被台湾法院认可。此之管辖权,系指"国际管辖权",而非地域管辖权或事物管辖权。[62] 当然,若大陆判决违反台湾地区之专属"国际管辖"规定,大陆法院亦被视为没有管辖权。[63] 如同德国《民事诉讼法》第328条第1款第1项,此项"积极审查管辖权"规定,旨在保护被告并以此

---

[60] 虽然法律或司法解释未作出明文规定,但是人民法院在财产保全和先予执行程序中作出的裁定,实际上也发生法律效力,因为当事人仅可以针对其裁定申请复议一次,复议期间不停止裁定的执行(《民事诉讼法》第99条);这种复议不属于上诉手段,因为它并不发生移审效果和中止效果。

[61] 详尽理由将于文章后段论及。

[62] 台湾学者之观点(与德国主流观点一致),参见陈荣宗、林庆苗:《民事诉讼法》,台湾三民书局1996年版,第109页。

[63] 与德国的观点一致,参见 MünchKomm/Gottwald, ZPO (2008), § 328 Rn. 70。

促使判决发布之法院尽量注意国际通用原则。[64]

与台湾的规定相比,最高人民法院的《认可规定》第9条第3项,仅仅规定了"专属管辖"情形,相对范围要狭窄一些;此外,该条第4项也明确提出"仲裁协议"也是阻却认可的事由。[65] 换言之,如果台湾法院所作出的民事判决的案件系人民法院专属管辖,或该案双方当事人订有仲裁协议,则人民法院将裁定不予认可台湾法院的民事判决。惟其如何理解"专属管辖"规定,则为关键问题。由于司法实践中,涉港澳台民商事诉讼均参照涉外民事诉讼程序的有关规定(《民事诉讼法》第四编)处理,因此,这里的专属管辖应当指《民事诉讼法》第244条,而非第34条。该条仅包含一种情形:因在大陆履行中外合资经营企业契约、中外合作经营企业契约、中外合作勘探开发自然资源契约发生纠纷提起的诉讼,由人民法院专属管辖。从此角度来看,之前上海市第二中级人民法院[66]因我国台湾地区的判决违反《民事诉讼法》第34条而作出的不予认可的裁定,系属适用法律错误。[67]

---

[64] BGH将此视为开展"国际教育",受到Geimer批评,FS Nakamura,1996,169。

[65] 这与德国的规定类似:如果外国法院忽视了双方当事人达成的仲裁协议,且被告在外国法院的程序中曾主张存在仲裁协议但未果,则类推适用§328 I Nr. 1 ZPO不予承认该外国判决,参见Zöller/Geimer,ZPO(2009),§328 Rn. 133。

[66] 该案涉及我国台湾地区孙氏母女申请认可台北地方法院88年度简上字第208号判决书和89年度再易字第23号判决书。2001年8月24日,上海第二中级人民法院经审查认为,该案涉及不动产纠纷,此类纠纷应当由不动产所在地的法院(《民事诉讼法》第34条)专属管辖;据此,它作出了违反不予认可的规定。参见《解放日报》2001年8月25日。

[67] 有些法官也有此误解,参见王建源:《论两岸民事司法中判决的认可与执行问题》,《台湾研究集刊》2004年第4期。

此外,应注意的是,判断管辖权是否存在,应以向法院起诉时为准;[68]判断是否违反专属管辖权时,不受判决做出的法院对法律或事实认定之拘束。不过在管辖权标准的法律适用上,应持宽大态度,此系国际私法领域的未来发展趋势。因为除了管辖权标准,在判决认可与执行领域内,还存在其他审查标准,如公序良俗和程序公正等要求。[69]

3. 保障法定听审

根据台湾地区"民事诉讼法"第402条第1项第2款规定,败诉的被告若因未收到合法的通知而未应诉,则不予认可此判决的效力。类似规定也见于《认可规定》第9条第2项:当事人申请认可的台湾法院作出的民事判决,如果是在被告缺席又未经合法传唤或者在被告无诉讼行为能力又未得到适当代理情况下作出的,大陆人民法院不予认可。于此问题所涉,乃系以何地规范为标准来判断是否进行了"合法传唤"?以及"无诉讼行为能力"和"适当代理"的问题。[70] 德国法和"台湾法"均以判决作出国的法律为依据,并进行"双重审查",即审查传唤之送达是否依法且及时实施,以致被告能进行答辩。[71] 但是以判决作出国的法律为准据之做法,受到了学者的批评。学者认为,按照判决作出国的法律进行审查不仅复杂,而且耗时耗力,更有意义的做

---

[68] Zöller/Geimer,ZPO(2009), § 328 Rn. 140.

[69] 在国家间的判决承认与执行领域内,大多数学者也都持此观点,参见宣增益:《国家间判决承认与执行中的管辖权标准比较研究》,《比较法研究》2005年第3期。

[70] 由于我国台湾地区和大陆对于这些概念和相关制度的规定各不相同,因此这一问题就变得很重要。对此提出疑问的如唐宗智、陶旭东、李阿吉:《海峡两岸司法协助课题研究》,《福建政法管理干部学院学报》1999年第2期。

[71] Zöller/Geimer,ZPO(2009), § 328 Rn. 164;陈启垂:《外国判决的承认与执行》,《月旦法学杂志》2001年第75期。

法是以承认地的法律为依据,审查外国判决是否遵守了该法律中关于法定听审权的规定。[72] 不过是否应在海峡两岸的认可与执行程序中采纳此一建议,有待进一步探究。与此有关,最高人民法院于 2008 年 4 月 23 日施行的《关于涉台民事诉讼文书送达的若干规定》[73]对于台湾法院判断大陆判决是否合法和及时地实施了送达,即具有重要意义。

此外,对于因被告未被及时和合法送达而不予承认外国判决的情形,还存在一些争论。例如,有观点认为:如果被告依照判决作出地的法律有相应的救济手段可对判决进行声明不服,而其并未提起相应的救济,则不能因为被告未被及时和合法送达此一原因拒绝外国判决;[74] § 34 Nr. 2 EuGVO 亦作如此规定;[75]惟有学者对此观点提出质疑。[76] 此外,对于公告送达基础上发布的缺席判决的认可问题,也还

---

[72] Geimer, IZPR Rn. 2915; Zöller/Geimer, ZPO(2009), § 328 Rn. 158.

[73] 法释〔2008〕4 号。

[74] 也参见 Geimer, IZPR Rn. 2921; Zöller/Geimer, ZPO(2009), § 328 Rn. 136,137。

[75] 该项规定为:如果被告未应诉,且开启程序的诉状或者类似文书未能及时地以某种使他能答辩的方式送达,则相应的判决不予承认,但若该被告未针对此判决提起诉讼救济手段,而他原本可以这样做,不在此限。

[76] 参见 Stein/Jonas/Roth, ZPO(2007), Rn. 115; Thomas/Putzo/Hüßtege, ZPO(2008), Rn. 11, 12 a。此外也参见 MünchKomm/Gottwald, ZPO(2008), § 328 Rn. 87,他认为:“Geimer 的这一观点走得太远,因为也可能会因传唤期间太短致使被告无法应诉这一原因拒绝承认某个外国判决,所以,如果从总体上赋予被告提起诉讼救济手段的义务,则前述的规定就成为空谈。因此,关键问题在于,是否被告被及时传唤以能参加一审诉讼和阻止缺席判决的发布,而不是令其承担在判决作出国提起上诉的义务。”

需要进一步探讨。⑦

4. 不得“判决矛盾”

一般而言,“判决冲突”也是阻碍判决承认/认可和执行的重要理由。台湾地区“民事诉讼法”第402条并未就此作出规定,不过最高人民法院的《认可规定》第9条第5项则就此作出了规定,如果案件已由人民法院作出判决,或者外国、境外地区法院作出的判决或境外仲裁机构作出的仲裁裁决已为人民法院所承认,则相应的台湾民事判决在大陆不予认可。《认可规定》中之规定与德国《民事诉讼法》第328条第1款第3项所涉范围相较略窄,其仅仅包含了“判决重复”,而未涵盖“判决矛盾”的情形,即类似于 § 34 Nr. 4 EuGVO 的规定。显然,这里要求两个案件的当事人相同而且涉及同一诉讼目标。是否应对《认可规定》第9条第5项作扩大解释,将“判决矛盾”的情形纳入,需要最高人民法院进行进一步解释。⑧ 笔者认为,如采扩大的“判决矛盾”概念,将有利于未来两岸法律的合作与融合。

---

⑦ 例如,如果缺席被告是以德国《民事诉讼法》规定的公告送达的方式被传唤,西班牙最高法院视这样的缺席判决未能保障法定听审权而不予承认,但如果被告有机会在申诉程序中针对该缺席判决提起抗辩,则意味着法定听审权得到保障,TS, Beschl. v. 18. 4. 1998 – 330/1997; TS, Beschl. v. 5. 11. 1991 – EDJ 1991/10449,对此参见 Löber/Lozano/Steinmetz, Anerkennung und Vollstreckung deutscher Titel in Spanien, NJOZ 2008, 488。

⑧ 例如,欧盟最高法院采用了广义的“判决矛盾”的概念,并对之适用核心理论:如果外国的判决在先决法律关系或者先决法律问题上作出与本国判决不同的判决,就意味着存在“矛盾判决”,因此不予承认该外国判决,参见 EuGH 14. 11. 2002 C – 271/00。

5. 不悖公序良俗

在海峡两岸认可与执行民商事判决的领域，同样适用“禁止实体审查”原则，此即法官不得对外国裁判的正确性进行审查，其既不得对该判决的程序，也不得对该判决本身的事实或法律认定进行审查。[79] 但如果对岸的判决违反了本法域内的重要利益或法益，则允许存在例外。这在国际私法领域通常被称作公共秩序保留条款，它仅应当在特别例外的情形阻却判决的认可与执行。

与我国台湾地区采用的“公序良俗”概念不同，《认可规定》第9条第6款采用了另外两个概念，即台湾法院如作出违反“国家法律的基本原则”或者损害“社会公共利益”的判决，则该判决不被人民法院认可。此与《民事诉讼法》第266条（关于承认和执行外国法院判决、裁定）使用的概念[80]类似。不过在界定“法律基本原则”与“社会公共利益”的具体情形时，人民法院应十分谨慎。迄今为止，还未出现以此为理由不予认可台湾判决的案例。

我国台湾地区“两岸人民关系条例”第74条将“公共秩序”与“善良风俗”作为阻却认可大陆判决的重要理由。具体说来，此可区分为

---

[79] 关于“禁止实质审查”原则的内容，参见 Zöller/Geimer, ZPO (2009), § 328 Rn. 208。

[80] 第266条使用了“法律的基本原则或者国家主权、安全、社会公共利益”等概念，有学者也批评这一规定是拒绝承认和执行外国判决的唯一理由，留下了诸多模糊和不确定的问题，建议增加正当程序规范等内容，详见王克玉：《外国判决承认与执行视角下的正当法律程序探析》，《政法论坛》2009年第1期。

违背程序法上的公序良俗和违背实体法上的公序良俗两种情形。[81]一般而言,如果诉讼程序违反了公平、公正原则、法官中立性与独立性、毫无理由的秘密审判以及滥用诉讼程序的行为,如诉讼欺诈、证人伪证等,都被认为是违背了程序上的公序良俗;如果判决之内容系命为我国台湾地区"法律"所禁止之行为(如命交付违禁物或承揽非法偷渡之报酬),或承认重婚、赌博等,一般就被认为是违反了实体法上的公序良俗。[82]

就实体法上的公序良俗而言,"两岸人民关系条例"第52条第2款的规定具有重要意义,其规定:判决离婚之事由,依台湾之"法律"。因此,如果大陆的离婚判决违反了我国台湾地区"民法"第1052条第1项规定的十款离婚理由,[83]其在我国台湾地区将无法被认可。台湾

---

[81] 详见陈启垂:《外国判决的承认与执行》,《月旦法学杂志》2001年第75期。

[82] 详见陈启垂:《外国判决的承认与执行》,《月旦法学杂志》2001年第75期;焦仁和、林柏杉:《泛论两岸民事裁判的互相认可》,《中国法律》2005年第5期。关于《德国民法施行法》第6条规定的公序良俗条款在德国的适用,参见蔡晶莹:《公序良俗条款在国际私法中之发展与适用》,《政大法学评论》第97期。关于欧盟领域内的公共秩序保留条款的适用,参见许耀明:《欧盟国际私法上的公共秩序问题(上)》,《政大法学评论》第102期。

[83] 依照我国台湾地区"民法"第1052条第1款,夫妻之一方,有下列情形之一者,他方得向法院请求离婚:(1)重婚;(2)与配偶以外之人合意性交;(3)夫妻之一方对他方为不堪同居之虐待;(4)夫妻之一方对他方之直系亲属为虐待,或夫妻一方之直系亲属对他方为虐待,致不堪共同生活;(5)夫妻之一方以恶意遗弃他方在继续状态中;(6)夫妻之一方意图杀害他方;(7)有不治之恶疾;(8)有重大不治之精神病;(9)生死不明已逾三年;(10)因故意犯罪,经判处有期徒刑逾6个月确定。

地区法官也在一系列认可裁定中具体化了这些理由。[84] 例如，大陆离婚判决中常用的“双方认识不深、互不了解”或“缺乏感情基础”等理由，亦被认为与台湾“民法”第1052条第2项所称“难以维持婚姻之重大事由”相当而予以认可。[85]

6. 中间结论：两岸认可要件之比较

比较大陆和台湾地区关于两岸判决认可和执行的规定，《认可规定》和《补充规定》更具有操作性，而且持更松弛与宽泛的观点，不仅得被认可的台湾判决的范围更宽，而且不予认可的理由也限制较为狭窄的范围内。这对于两岸区际司法协助的良好发展，具有积极意义。

表9－1　海峡两岸民商事判决互相认可要件之比较

	台湾认可大陆判决	大陆认可台湾判决
法律规定	“两岸人民关系条例”第74条；台湾地区“民事诉讼法”第402条	《认可规定》第9条
认可要件：		
1. 民事确定判决	民事确定裁判	民事判决的效力确定
(1) 支付令	是	是

[84] 例如，台北法院声字第573号民事裁定书（郑丽燕法官不予认可上海杨浦区法院民初字第453号民事判决）、台湾板桥地方法院家声字第24号民事裁定书（张竟文法官予以认可南京中级法院判决书）等。详见李梦舟：《大陆法院的民事判决到台湾地方法院申请认可和强制执行的法律实务问题》，《两岸关系》2000年第4期。

[85] 焦仁和、林柏杉：《泛论两岸民事裁判的互相认可》，《中国法律》2005年第5期。

续表

	台湾认可大陆判决	大陆认可台湾判决
(2)调解书	否	是
(3)和解笔录	否	是
(4)保全裁定	未明确	未明确
2. 阻却认可的理由		
(1)无管辖权	依台湾地区规定,大陆法院无管辖权者(台湾“民事诉讼法”第402条第1款第1项)	案件系人民法院专属管辖,或双方当事人订有仲裁协议
(2)未保障法定听审权	开始诉讼之通知或命令依照大陆法律未合法送达,或者未依台湾“法律”协助送达,致使败诉之被告未应诉者(台湾“民事诉讼法”第402条第1款第2项)	被告缺席是未合法传唤,或被告无诉讼能力又未得到适当代理
(3)矛盾判决		案件已由人民法院作出判决,或外国、境外地区法院作出的判决或境外仲裁机构作出的仲裁裁决已为人民法院承认
(4)违背公序良俗	违背台湾地区公共秩序或善良风俗者	违反国家法律基本原则或社会公共利益
(5)违背互惠原则	互惠对等	

(三)认可程序

1. 台湾地区法院认可与执行大陆判决的程序

就外国(地区)民事判决的承认与执行,部分学说认为台湾地区与德国法一致，均采自动承认原则。据此，则承认国之法院并不另设外国判决之承认程序，于该外国判决符合承认国所规定之承认要件时，即当然自动地发生承认效力。若当事人对于该外国判决是否有承认效力发生争议时，系由当事人向承认国法院提起确认该外国判决有效无效之诉。但对于外国判决之执行，则设有许可执行之判决程序，非可仅持外国确定给付判决即径为执行名义，要求承认国法院强制执行。[86] 此一制度之特殊性在于其对承认程序并无特殊程序要求，但对于执行程序则另行设置法院程序处理。此时执行力系因此判决宣告程序而赋予或仅予确认。惟此理论上非无争议，学者有对执行许可判决采确认判决性质，[87]亦有认为非当然有执行力者，如此即须另行创设执行力。[88]

与台湾地区自动承认外国判决的程序不同，台湾地区法院认可大陆判决须经过"认可程序"。[89] 台湾地区行政主管部门于有关"两岸人民关系条例"草案总说明中曾指出："于民事案件，除本于'一国两地区'之理念适度纳入区际法律冲突之理论，以解决实际问题外，对于大陆人民民事上权利、义务，亦基于事实需要，予以有条件之承认。""两岸人民关系条例"第 74 条第 1 项、第 2 项立法说明亦指出：

---

[86] 参见台湾新竹地方法院 92 年度第 129 号民事判决。

[87] 王甲乙、杨建华、郑建才：《民事诉讼法新论》，台湾地区，作者发行 2003 年版，第 571 页。

[88] 姜世明：《大陆地区民事确定判决之承认与执行——评"最高法院"96 年台上字第 2531 号民事判决》，《台湾法学杂志》2009 年第 123 期。

[89] 有学者批评："这反映了台湾对彼岸司法审判的不信任，是否必要，值得商榷"，参见陈启垂：《外国判决的承认与执行》，《月旦法学杂志》2001 年第 75 期。

"两岸地区之民事诉讼制度及商务仲裁体制有异,为维护我法律制度,并兼顾当事人权益,规定因争议而在大陆作成之民事确定裁判或仲裁判断,须不违背台湾地区公共秩序或善良风俗,使声请台湾法院裁定认可。又经声请法院裁定认可之裁判或判断,若系以给付为内容者,为实现其给付,并明定得为执行名义。"应注意的是,此规定与"香港澳门关系条例"第 42 条不同,该条规定:"在香港或澳门作成之民事确定裁判,其效力、管辖及得为强制执行之要件,准用'民事诉讼法'第 402 条及'强制执行法'第 4 条之 1 的规定。在香港或澳门作成之民事仲裁判断,其效力、声请法院承认及停止执行,准用'商务仲裁条例'(按:已改为'仲裁法')第 30 条至第 34 条之规定。"据此可知,台湾地区对于港澳地区之民事裁判等之承认与执行,乃采自动承认原则,但就大陆地区之裁判,则另须法院裁定认可,并非当然承认其效力。惟其若系给付性民事裁判,则可据前开认可裁定而取得执行名义。[90]

于此须进一步探讨的是,既然大陆民事裁判得予有条件承认,在立法用语上,为何不直接书之以"承认"? 而系以法院"认可"代之? 有学者认为此一立法用语,恐系为避免将大陆地区等同于外国,而发生"国与国"关系之疑虑,故此,回避承认而改采认可制度。

从两岸区域冲突之特殊性角度而言,台湾地区"民事诉讼法"第 402 条承认外国判决之规定,以及"强制执行法"第 4 条之 1 所规定外国判决之执行,并"仲裁法"所规定处理外国仲裁判断之规定,对于大陆之法院及仲裁判断,均无适用余地。中华人民共和国在大陆之法院

---

[90] 姜世明:《大陆地区民事确定判决之承认与执行——评"最高法院"96 年台上字第 2531 号民事判决》,《台湾法学杂志》2009 年第 123 期。

及民事裁判，经台湾地区法院以裁定认可，并得声请大陆法院裁定认可者，在台湾地区有裁定之效力，其以给付为内容者，并得为执行名义，无须另外诉请台湾地区法院为执行判决。”[91]惟其参阅台北地方法院89年度婚字第53号判决所述之理由：“裁判权视为国家主权之内容，判决即系裁判权之行使，从而判决之效力原则上仅及于判决国之领土内，他国领土上所为判决效力则不及。惟若绝对贯彻此一原则，而忽视于外国经合法正当诉讼程序所获取判决之情形，则当事人势必就涉外民事诉讼之权利纠纷事件，一一向各国起诉获取判决，对当事人不仅不方便，而且无法保护权利，且兼或有判决矛盾之情形，使当事人间国际法律关系不安定，阻碍国际法律关系圆滑发展；且承认外国判决之效力，未必侵害主权，亦无违反公益之事，对保护诉讼当事人之权益有帮助等，是承认外国法院之确定判决系有益之法律制度。”后可知，其以国际间司法权裁判结果视之，从司法救济角度而言，参酌两岸间之实际情形实非无相通之处。

两岸各自行使司法权，乃两岸关系现实下所致之特殊情形，台湾的现行制度或系基于对大陆主权之回避，或系基于对大陆司法权不够信赖所致；从大陆《认可规定》与《补充规定》相关条文后可知，祖国大陆都能正视两岸司法权各自行使之现实，承认台湾判决之既判力，台湾又有何理由不承认大陆的裁判？如果台湾法院不愿承认大陆判决之效力，是从保护台商利益角度着想，则纯属多虑，盖此系属商业风险评估范畴，应由投资者自负其责。至于有学者引用大陆权威学者见

[91] 陈荣宗、林庆苗：《民事诉讼法（上）》，台湾三民书局2005年版，第114页。转引自姜世明：《大陆地区民事确定判决之承认与执行——评“最高法院”96年台上字第2531号民事判决》，《台湾法学杂志》2009年3月第123期。

解,认为大陆法院之既判力,已陷入“理论上重视”“立法上轻视”“实践上的漠视”境地;[92]此所反映者,乃过于宽松的再审制度及犹待加强的司法公正现状,是否即予承认,即值忧虑。[93] 本书认为,就此问题,台湾法院得以建立符合比例原则的审查密度方式来解决;在审查密度上应注意的是,比例原则之判断应注意限制基本权的手段与规范目的之达成,二者间是否存有一定程度的关联性,以及该关联性及于何种程度而定。如就本命题而言,“从严审查”其关联性比“从宽审查”更紧密,且有重要公益存乎其中,则不妨加强其审查密度;否则即便大陆民事判决相对而言仍有较大的提升空间,也没有区别对待的必要;于此,而台湾对于其他司法实践状况尚不及大陆之国家的判决都予以承认,则益证此理。故此,有学者认为,“两岸人民关系条例”第74条第1项之“认可”,应解释为承认许可之意,其承认程序固应依法院程序进行,惟其经“认可”者,即应发生“承认”之效力;[94]有学者认为,在认可与执行大陆的民商事判决时,应类推适用台湾地区“民事诉讼法”第402条第1项第2款、第3款的规定。[95] 本文亦采此一见解。

此外应予注意的是,1998年5月修正后之“两岸关系条例施行细

---

[92] 江伟:《民事诉讼法专论》,中国人民大学出版社2005年版,第80页。

[93] 黄国昌:《一个美丽的错误:裁定认可之中国大陆判决有无既判力?》,《月旦法学杂志》2009年第167期。

[94] 姜世明:《大陆地区民事确定判决之承认与执行——评“最高法院”96年台上字第2531号民事判决》,《台湾法学杂志》2009年第123期。

[95] 台湾地区通说,认为第74条未规定管辖权和合法听审,属“立法”上的疏漏,参见陈启垂:《外国判决的承认与执行》,《月旦法学杂志》2001年第75期。但实务有不同做法,详见焦仁和、林柏杉:《泛论两岸民事裁判的互相认可》,《中国法律》2005年第5期。

则”第54条规定：“依本条例第74条规定声请法院裁定认可之民事确定裁判、民事仲裁判断，应经行政主管部门设立或指定之机构或委托之民间团体验证。”此即表示，大陆的民事判决或仲裁裁决尚须经过“海基会”的认证。

2. 大陆法院认可与执行我国台湾地区判决的程序

《认可规定》与《补充规定》主要对认可程序进行了详细规定。对于认可程序，由当事人住所地、经常居住地或者被执行财产所在地的中级人民法院管辖（《认可规定》第3条）；申请人向两个以上的法院申请认可的，由最先立案的中级法院管辖（《补充规定》第3条）。认可申请，应当在判决效力确定后2年内提出（《补充规定》第9条），其可以由本人亲自提出，也可委托他人进行（《认可规定》第11条）。申请书除了具备《认可规定》第5条的内容外，还须依照第4条提供台湾法院民事判决书正本和经台湾地区公证机关或者有关机关出具的证明无误的副本。此外，申请人还应当提供相关证据，证明台湾地区判决真实并且效力已确定（《补充规定》第4条）。认可申请被立案受理之后，人民法院应当组成合议庭（由3名法官组成）对认可申请进行审查（《认可规定》第7条、《补充规定》第7条）。如果台湾法院的民事判决真实并且效力确定，且不具有《认可规定》第9条所列情形，人民法院裁定认可其效力；否则，裁定驳回申请（《补充规定》第8条）。

在上述规定中，最突出也最常被人批评[96]的是申请时限的问题。根据原来的《认可规定》第17条规定，申请认可台湾地区民事判决，应当在该判决发生效力后1年内提出；《补充规定》将此期限延长为2

---

[96] 陈启垂：《外国判决的承认与执行》，《月旦法学杂志》2001年第75期。

年。显然这是为了与《民事诉讼法》第 215 条规定的执行申请期限相一致而作出的变更。因为依照《认可规定》第 18 条规定,被认可的台湾地区民事判决需要执行的,依照《民事诉讼法》规定的程序办理。可见,这里对认可申请作出的期限规定,仅是对《民事诉讼法》规定的一系列期限或时限(如审理期限等)的延续或补充,而非特别为限制台湾地区当事人而设。当然,这些独特的、未见于其他地区或国家民事诉讼法的期限规定是否合理,可另作讨论。

(四)认可效力

就有关外国判决之承认而言,对于外国判决之效力,乃依法自动承认。其所承认之效力为既判力、遮断效(失权效)及形成效等,至于是否发生构成要件效力,系以相关实体法规范是否亦藉由外国判决发生之而定。通说在外国之起诉,仅于该外国判决得在内国承认者,该外国判决方得延长时效期间。[97] 若欠缺承认要件,则该外国判决自不发生效力,至多仅系用作内国新诉中之证据方法;若具备承认要件,基于判决效力之延伸(扩张)理论(Wirkungserstreckung),对于系争请求权如在内国起诉,如其可执行宣告得在较简单程序中被取得者,则应属不合法。[98] 简言之,外国判决依据判决国法律所具有的效力,依承认国法律延伸到内国,这种判决效力的延伸,就被称为判决

---

[97] Rosenberg/Schwab/Gottwald, Zivilprozessrecht, 16. Aufl., 2004, S. 1084 f. 转引自姜世明:《大陆地区民事确定判决之承认与执行——评"最高法院"96 年台上字第 2531 号民事判决》,《台湾法学杂志》2009 年第 123 期。

[98] Rosenberg/Schwab/Gottwald, Zivilprozessrecht, 16. Aufl., 2004, S. 1085. 转引自姜世明:《大陆地区民事确定判决之承认与执行——评"最高法院"96 年台上字第 2531 号民事判决》,《台湾法学杂志》2009 年第 123 期。

的承认。[99] 根据前段论述可知，此一理论亦宜适用于两岸民事判决的认可与执行领域。认可对岸判决，实质上就是认可对方判决的效力延伸。这一点，最高人民法院在《补充规定》第 1 条第 2 款第一段即已强调：经人民法院裁定认可的台湾地区有关法院民事判决，与大陆人民法院的生效判决具有同等效力。

反观之，我国台湾地区司法主管部门 2007 年 11 月的 96 年度台上字第 2531 号判决却并未赋予认可后的大陆民事判决如同台湾地区确定判决的同一效力。此案涉及“上海海事法院及上海市高级人民法院[100]针对浙纺织公司诉长荣公司一案的判决，是否在台湾地区被认可以及判决被认可后的效力”问题。2004 年 8 月，台湾桃园地方法院裁定（93 年度声字第 1032 号）认可了上海海事法院和上海高级法院的判决。长荣公司提起的第二审上诉，亦被台湾高等法院驳回（96 年度重上字第 175 号判决）。高等法院在裁定中确认“经裁定认可的大陆判决应发生与台湾地区确定判决同一之效力”。针对长荣公司提

---

[99] 关于德国和我国台湾地区对效力延伸说的参考文献，详见陈启垂：《外国判决的承认与执行》，《月旦法学杂志》2001 年第 75 期；Musielak/Kommentar，ZPO（2009），§ 328 Rn. 2。

[100] 浙纺公司向上海海事法院针对长荣公司提起损害赔偿之诉，主张被告在没有收回正本提单的情况下将货物交予他人，致使原告无法收到货款。2002 年 12 月 25 日，上海海事法院作出一审判决，认定被告违反法律及航运惯例，判令其承担原告的损失 260 余美元和其他损失 311 万元（〔2001〕沪海法商初字第 441 号）。被告随后提出上诉；2003 年 9 月，上海市高级法院作出判决，维持一审判决。由于债务人在大陆无可供执行的财产，浙纺公司遂向台湾法院申请执行。案件事实情况与各判决、裁定参见《人民法院报》2005 年 6 月 20 日；黄国昌：《一个美丽的错误：裁定认可之中国大陆判决有无既判力？》，《月旦法学杂志》2009 年第 167 期。

起的第三审上诉,台湾地区司法主管部门认为:“大陆地区民事确定裁判,应只具有执行力,而无与台湾法院确定判决同一效力之既判力,债务人自得依‘强制执行法’第14条第2项规定,以执行名义成立前,有债权不成立或消减或妨碍债权人请求之事由发生,于强制执行程序终结前,提起债务人异议之诉。”因此,在原审判决被台湾地区司法主管部门废弃发回后,台湾法院对“浙纺公司与长荣公司之间的债权争议”进行了实质审查,并判处长荣公司胜诉,确认大陆判决中所判定的损害赔偿债权不存在。[101] 故此,导致台湾法院作出的判决与大陆民事判决相互矛盾的局面。

台湾地区司法主管部门于该判决中所持之观点,系对相关条文进行立法目的与文义解释后所致,被认可的大陆法院民事判决在台湾不能继续发生法律效力(既判力),这意味着,台湾法院随时可以就案件进行重新审理,并作出相反的判决。如此一来,“民事判决的认可与执行程序”将失去积极意义,这实质上也蚀空了判决认可与执行领域所适用的“禁止实体审查”之原则,“此举实不得不谓系两岸判决互相认可法制的后退”与“无异耗费司法资源”。[102] 故此,台湾地区司法主管部门实有必要从司法政策层面,以有利于两岸未来司法交流顺畅进行为目标,对如何维系认可制度的意义进行重新考虑。

此外,另一与认可效力相连的问题是,被认可的裁判系何时开始发生效力?此点对于形成判决例如离婚判决尤其重要。台湾陆委会

---

[101] 台湾地区高等法院96年度重上更(一)字第210号判决。

[102] 黄国昌:《一个美丽的错误:裁定认可之中国大陆判决有无既判力?》,《月旦法学杂志》2009年第167期;李永然、曹馨方:《经台湾法院认可之大陆民事确定判决是否有既判力?》,《军法专刊》2009年第3期。

于1999年作出决议，认定“大陆地区判决经台湾法院裁定认可确定后，溯及自大陆地区离婚判决确定时，产生消灭婚姻关系的形成力”；这对于创造法的安定性与诉讼经济而言都具有重要意义。[103]

四、期待模式与未来展望

鉴于目前两岸互相认可与执行民事判决的规定尚有诸多分歧与差异；本文以为，解决这些矛盾的最佳方式莫过于两岸共同就民事判决的相互认可与执行签署共同协议；欧盟2000年12月22日通过的《布鲁塞尔公约》[104]即最佳范例。若能将此协议拓展至两岸四地间[105]的区际司法协助协定，则更为恰当。例如，可将2006年4月1日和2008年8月1日生效的，最高人民法院与澳门、香港特别行政区签署的《内地与澳门特别行政区相互认可和执行民商事判决的安排》和《内地与香港特别行政区法院相互认可和执行当事人协议管辖的民商事判决安排》，[106]以及台湾地区制定的“香港澳门关系条例”的内容

---

[103] 对此做法深表赞同的，参见王建源：《论两岸民事司法中判决的认可与执行问题》，《台湾研究集刊》2004年第4期。

[104] 欧盟法令编号44/2001，其于2002年3月1日生效，取代了1968年9月27日的旧布鲁塞尔公约。

[105] 关于区际司法协助的最新文章参见李广辉、王瀚：《我国区际法院判决承认与执行制度之比较》，《法律科学》2009年第2期；江保国：《内地与港、澳民商事判决认可和执行安排比较研究》，《法学论坛》2007年第5期。

[106] 前者于2006年2月13日由最高人民法院审判委员会第1378次会议通过（法释〔2006〕2号），后者则于2006年6月12日由最高人民法院审判委员会第1390次会议通过（法释〔2008〕9号）。

包含在内;磋商和签署的主体则得由各法域内取得授权的相应机构承担。

未来的认可与执行协议,应当将重点放在厘清适用的法律领域、确定可被认可的民事裁判的范围、明晰认可理由、简化认可与执行程序以及明确认可效力等问题上。特别是应当适当扩大得被认可的裁判的范围,并相对放宽"不予认可"的理由。原则上,认可要件可以分为"直接保护国家利益的认可要件"和"实现程序公正的最低要求以保护当事人的认可要件"两种。未来的阻却认可的理由,不应当以贯彻特定的"法适用利益"为目的,因此,对于前一种认可理由,应当着重明确此一弹性条款之内容,并适用较低的审查密度,只有当判决明显违反了法治国要求。例如,违反了法官独立和中立、法定听审权或程序公正和公平等,才可以拒绝对该判决进行认可。[107] 一般违反情形,则非属重要。例如,在德国,被告未被有效代理并不能阻却判决被承认。[108] 此外,还应当对认可程序进行规范与简化,并明确判决被认可的效力。对于法院裁定认可了的判决,其依判决作出地法律原本发生的法律效力或者确定力,应当继续延续在本岸发生。也唯有如此,"认可与执行"制度才能具有真正的实质意义。

---

[107] Zöller/Geimer, ZPO(2009), § 328 Rn. 215 ff. 德国联邦最高法院指出,如果判决作出的程序违反了德国诉讼法的基本诉讼原则,则不对该判决承认。这里并非指某一个特定的具体的程序原则,而是隐藏在法律规定之后的诉讼程序的基本原则, BGHZ 48,327; BGH RIW 78,410; NJW 99,3198。

[108] Zöller/Geimer, ZPO(2009), § 328 Rn. 219. 因为未被有效代理的被告,一般都能在判决作出国依法提起再审。

第十章

清代涉台官式文书析要*

一、序　言

二、清代官式文书之源流及其释义

三、清初三朝奏折选录

（一）康熙朝

（二）雍正朝

（三）乾隆朝

四、结　论

* 本章之完成必须感谢王泰升教授与庄吉发教授。此文乃学习之作，初稿完成于1996年年底，乃于修习台大法研所王泰升老师研究所课程时，因受启发，而决定撰写此文。作者曾多次赴台北故宫图书馆就本文内容与相关著作中所涉问题向庄吉发老师请教。庄老师非常亲切客气，没有庄老师提供的数据与仔细的说明，这篇文章是难以完成的。然而必须说明的是，作者乃历史学之门外汉，文中的谬误之处自然与庄老师无关，应由作者负完全责任。

摘　要

《宫中档》主要为清代皇帝的御批奏折及军机大臣奉旨代批的奏折及其附件,清朝的各式要务及决策均载于档内。观乎奏折即能看出,清初三朝为帝国盛世,皇帝们施政宽严并济,对地方利弊了如指掌;议事思虑缜密,并且处置明快;大臣们亦多能勤勉任事。相关奏折的内容清晰地反映出当时清政府对台湾经济、治安以及国防的治理用心,凡论及我国台湾地区与大陆关系的历史文章,均不应忽视清朝宫中档案的重要参考价值。

关键词:清代官式文书　台湾史　折子　奏折　奏本　题本

Abstract

Official files from the Qing Dynasty covered a wide variety of topics, including its politics, military forces, and legal system, among other things. The processes of policy-making and decision-making for material matters in various fields in the Qing Dynasty were carefully recorded in such files. Official documents of the imperial age had many different names. Not only did the terms used to describe such official documents vary, but these documents were also subject to different formats.

The "Imperial Files" currently preserved in the Palace Museum of Taipei encompass various *Zouzhe* reviewed by Qing emperors or by Ministers of State authorized by the emperors; annexes of *Zouzhe* are also included. After a *Zouzhe* was reviewed by the emperor, it would be returned to and properly archived in the imperial palace, the Forbidden City, along with other official files. The collection of those files is called the Imperial Files.

The Imperial Files kept in Taipei's Palace Museum do not include any *Jedz* from the time periods of Emperors Kangxi and Yongzheng. As a matter of fact, however, quite a few *Jedz* from those time periods did refer to Taiwan affairs. There were more than five hundred *Jedz* pertaining to Taiwan affairs reviewed by Emperor Qianlong during his reign, which followed those of Emperors Kangxi and Yongzheng. Thereafter, there were more and more *Jedz* that discussed issues regarding Taiwan. Judging from the *Zouzhe* being produced, it is not difficult to understand why the reigns of the above three emperors were the most prosperous time in the Qing Dynasty. Governmental officials were working extremely hard. Moreover, the three emperors were very capable of recruiting people and implementing their policies, because they were well aware of local conditions and could make quick but careful decisions.

It is worth mentioning that the clashes between Taiwan's two opposing ethnic groups were caused by long-existing hostility and hatred, rather than matters as simple as unequal divisions of rights to land and water. Emperor Qianlong was particularly concerned with the frequent disturbance in Taiwan, and had waived and reduced taxes for Taiwanese people during his reign. Official documents of the Qing Dynasty are very valuable references for studies of historical systems and institutions. Most importantly, through studies of Taiwan-related materials of the Qing Dynasty, it is easy to recognize the close relationship between Taiwan and the Mainland, which dates back to at least 300 years ago, and the close attention that the Qing authority paid to Taiwan.

Key Words: The Official Documents of the Qing Dynasty　The Taiwan History　Jedz　Zouzhe　Zouben　Tiben

一、序　言

清代宫中档案所涉内容十分广泛，观乎台北故宫所收藏的《宫中档》《军机处档》《清史馆档》《内阁部院档》《雍正朱批谕旨》等史料可知，举凡清朝对国家的政治、军事、法律、经济、文化等要务的决策与终极处置均载于档内。清代的官式文书均有定制，不但名称繁复（如朱谕、谕旨、诏书、奏片等），行文亦有特定的规矩（如明发上谕、廷寄、传谕）。例如“谕旨”是皇帝发布日常政令的载体总称，是清代最高级的下行文书之一，其具有行政与法律上的双重意义；广义而言，谕旨中所言，尽皆法律也。透过对清代涉台官式文书的研究，既可认识当时的规章制度，亦可了解海峡两岸间源远流长的关系。① 任何言及清室的文章，未取之加以研析，都是令人遗憾的。

二、清代官式文书之源流及其释义

台北故宫现存的《宫中档》，其主要为清代皇帝之亲手御批及军机大臣奉旨代批的满汉文奏折及其附件。所谓奏折，即臣工进呈君主的报告。清初本章，沿袭明代旧制，公题（题本）私奏（奏本），相辅而行。各省总督、巡抚……顺天等府尹及盛京（沈阳）五部（无吏部）本章，均由通政使司转送内阁，称为“通本”；京内各部院府寺监衙门本

---

① 作者前于台北国父史迹纪念馆中抄录的敬献孙文先生挽联，即足资佐证：“中山先生千古。三百万台湾刚醒同胞微先生何人领导，四十年祖国未竟事业，舍我辈其谁分担。北大台湾同学会敬挽。”

章,附于六部之后,径送内阁,则称为"部本"。上述二者皆先经内阁大学士拟写票签,或双签,或数签,兼书满汉文字,进呈御览,以候钦定。其各有成规,或拟"该部知道""知道了",或书"依议"等字样。皇上可如所拟而择一签,亦可朱笔改定,另降谕旨。②

"题本"与"奏本"均须投递通政司转呈,但奏本有时亦有不经通政司而径行至御前的密奏。③ 清初实行的奏折,就是沿袭明代奏本而损益之的产物。奏折制度的出现,应该在康熙中叶,现存最早的奏折是始自康熙32年(1693年)6月苏州织造李煦请安奏折及7月奏报苏州得雨并报米价折。奏折并非因折叠而得名,折子的原义为清单,满州语读如"Jedz",它是汉文的音译。事实上,就文书上的意义而言,奏折是奏本与折子的结合名词。④ 奏折与奏本的功能不同,奏折内容不分公私,凡是事涉机密,或是有所顾忌,虏获风闻等均在折奏之列。奏折若非应速递之公事,不准经由驿站驰递。⑤

康熙一朝,奏折奉御批发还原奏者后,并无缴回内廷之例。胤祯即位之后,始命内外臣工将御批奏折查收呈缴。雍正之意在于"……

② 庄吉发:《故宫档案述要》,台北"故宫博物院"1983年版,第9~10页。

③ 参见《大清世祖章皇帝实录》,台北"故宫博物院"藏(部分藏于普林斯顿大学葛斯德东方图书馆)。转引自庄吉发:《故宫档案述要》,台北"故宫博物院"1983年版,第108页。顺治13年6月甲申载上谕云:"向来科道及在京满汉各官奏折俱送内院,今后悉照部例,径诣宫门陈奏。"康熙11年,清圣祖命开史馆纂修清世祖实录,雍正12年世宗复令重加校订,参考异同画一译音,乾隆4年校峻成书。乾隆清世祖实录内所出现的"奏折",似即不经通政司而径自封的奏本。

④ 庄吉发:《清代奏折制度》,台北"故宫博物院"1979年版,第23~24页。

⑤ 同上书,第11~12页。

凡一切事件，有皇父朱批旨意，亦俱著敬谨查收进呈，此旨。目今若不查收，日后倘有不肖之徒，指称皇父之旨，捏造行事，并无证据，于皇父盛治，大有关系。嗣后朕亲批密旨，下次具奏事件内务须进呈，亦不可抄写存留，钦此。”⑥自此缴批遂成定例。御批奏折缴还宫中后，与御制诗文，各类清档，日记账簿等储存于懋勤殿及保和殿东西庑中。后世遂将此批档案称为《宫中档》。

奏折制度的出现，是清初本章制度的重大变迁，但是国家文书，既有题本与奏本之分，又有奏折，名目实在是过于繁多。奏本与题本的主要区别，是内容上有公私之分，然而公私之间，缺乏明确的界限，事之公私，或介于两可，应题应奏，遂不免错误，虽资深老吏，亦往往不谙程序，违例题奏。奏折与奏本的功能虽然不同，然其形式并非大相悬殊，当奏折普遍通行以后，奏本已名存实亡。清高宗于乾隆 13 年(1748 年)11 月颁谕废除奏本，明清实行已久的奏本制度，至此正式废止。⑦

就清初而言，奏折只是君主广咨博采的重要工具，臣工奉到批谕后，若欲付诸施行，应该另行具本谨题，凡有一定成例可查照办理者，必须使用题本。藩臬等员于地方事务应详明督抚办理，若意见相同，督抚即当具题，若意见不同，藩臬始得折奏以闻。奏折并不能取代题本，题本与奏折必须并存不废，公题私奏相辅而行。直省督抚等缮写

⑥　参见《雍正元年二月二十五日吴升奏折》，《宫中档》第 79 箱第 93 包第 2642 号，台北“故宫博物院”藏。转引自庄吉发:《清代奏折制度》，台北“故宫博物院”1979 年版，第 12、108 页。

⑦　《上谕》，《清高宗纯皇帝实录》卷 329，第 33 页。转引自庄吉发:《清代奏折制度》，台北“故宫博物院”1979 年版，第 17、109 页。

题本,例应将折本中之大意,摘写贴黄。贴黄不许超过一百字。此外又有副本,与正本一并递送内阁,等到奏旨后,内阁将副本遵照红本,用墨笔批录,另储存于皇史宬;在京之各部院覆奏本章,亦比照办理。内阁于各省题本,遇有字画错误,忘记用印,以及违式者,均票拟交部议处。但因题本袭用日久,习为故套,流弊颇深。督抚于寻常题本,率委之书吏缮写,并不留心阅看。部院题本,陋习相沿,也不能实心办理。刑部堂官因题本繁多,往往先行画题(先行办理),以待临时依次进呈,至于事件的情节,并未细心详度。各部院事件,虽关紧要,但题本积压的情形,却极其严重。自乾隆年间以降,已多改题为奏,奏折遂多于题本。例行题本,碍于体制,既有副本,又有贴黄,辗转呈递,繁复迟缓,改题为奏,简便易览。清季讲求变法,废除题本,光绪 27 年(1901 年)6 月,张之洞等具折奏请将题本"永远省除",⑧同年 8 月,下令废除题本,奏折终于取代了题本,成为京中外省通行的重要文书。

清代《宫中档》的内容,不限于奏折,尚有其他文书,例如,"谕旨""清单""夹片""书札""图片""供词"等,多为奏折的附件。所谓谕旨,种类颇多,其中朱笔谕签是附在奏折内的谕旨。宫中档所存诸笔密谕,主要为君主批览奏折发还原奏人时附入封套内的谕旨,就是奏折的附件;此类密谕是探讨君臣关系及地方吏治的数据。

自雍正以降,清代的权力重心,移转至军机处。据赵翼著《檐曝杂记》云:"军机处本内阁之分局。国初,承前明旧制,机务出纳,悉关内阁,其军事,付议政王大臣议奏。康熙中,谕旨或有令南书房翰林撰

---

⑧ 参见《遵旨筹议变法折》,《张之洞·张文襄公全集》第 53 卷,光绪 27 年 6 月 4 日,台北"故宫博物院"藏。转引自庄吉发:《清代奏折制度》,台北"故宫博物院"1979 年版,第 17、109 页。

拟。是时,南书房最为亲切地,如唐翰林学士掌内制也。雍正年间,用兵西北两路,以内阁在太和门外,儤直者多虑漏泄事机,始设军需房于隆宗门内,选内阁中书之谨密者,入直缮写,后名军机处,地近宫庭,便于宣召。为军机大臣者,皆亲臣重臣,于是承旨出政,皆在此矣。直庐初仅板屋数间,今上特改建瓦屋。"⑨事实上军机处之设立确切时间,估计于雍正4年以后才存在,⑩其后不仅掌戎略,举凡军国大计,莫不总揽,逐渐取代了内阁的职权,成为清廷政令所自出之处。清史馆纂修《军机大臣年表稿本》原序云:"军机处名不师古,而丝纶出纳,职居密勿,何其隆也。初祇秉庙谟商戎略而已,厥后军国大计,罔不总揽,盖隐然执政之府矣。自高宗后百七十年,威命所寄,不于内阁,而于军机处,虽处之僚属,百尔执事,且羡之惮之,而况乎所谓大臣者哉。"⑪故此探究权力中枢在当时面对台湾事务所采取的态度,出自军机处的档案是最需注意的部分。

办理军机处所抄录的奏折副本,是按月分包储存的,所以叫月折包,简称折包。据《枢垣记略》中描述:"凡发交之折片,由内阁处交还及汇存本处者,每日为一束,每半月为一包,谓之月折。"⑫惟月折与月折包不同,不可混为一谈。清代文书制度,奏折可分为不定期与定期

---

⑨ 赵翼:《檐曝杂记》第1卷,寿春白鹿堂重刊本,台湾中华书局1957年版,第1页。

⑩ 李宗侗:《办理军机处略考》,台湾《幼狮学报》第1卷第2期,1959年。转引自庄吉发:《故宫档案述要》,台北"故宫博物院"1983年版,第119、194页。

⑪ 《清史馆纂修·军机大臣年表稿本》,台北"故宫博物院"藏原序。转引自庄吉发:《故宫档案述要》,台北"故宫博物院"1983年版,第126、195页。

⑫ 梁章巨纂辑:《枢垣记略》卷22,第6页。转引自庄吉发:《故宫档案述要》,台北"故宫博物院"1983年版,第134、196页。

等类，臣工具折，凡有闻见，或经办事件，均应随时缮折入告，至于京中各部院衙门按月汇报的清单等文书就称为月折，其内容多属例行公事。例如，雍正4年10月，雍正谕大学士、九卿等关于用人行政，略谓："朕在藩邸时，从未与外廷诸臣往，还即认识者甚少，及即位后，有内外员缺，宁能不用人乎？而素无认识之人，不得不博采旁求以用之，及用之而徐观其人，实不可用则不得不更易之，故大自督抚提镇，至于道府参游州县，每一缺出，苟不得其人，朕将吏兵二部月折，翻阅再四，每至终夜不寝，必得其人，方释然于中，此为君之难，实不可以言语形容者也。"⑬

在记档登录时，其谕旨明发者，即注明"交"或"交内发"，或同部折交，即交内阁。折片注明"存"字者，即留中不发，多归入月折包内。凡谢恩，陛见例不录副存档者，则注明"不抄"字样。其交兵部由驿站驰递的谕旨及发回的折件，多注明马递里数，如"马上飞""四百里""五百里""六百里"或"六百里加紧又紧分寄"等字样。此乃每日传递之最低速限的规定，亦即一日至少行四百里或六百里，最高可达八百里。有清一代的谕旨，性质种类不一，据《钦定大清会典》所载，"凡特降者为谕，因所奏请而降者为旨，其或因所奏请而即以宣示中外者亦为谕。其式，谕曰内阁奉上谕，旨曰奉旨，各载其所奉之年月日"。⑭另据《枢垣记略》云："……述旨发下后即交内阁传钞，谓之明发，其谕

---

⑬ 《大清世宗宪皇帝实录》第49卷，雍正4年10月甲戌，上谕，台北"故宫博物院"藏，第20页。转引自《故宫档案述要》，台北"故宫博物院"1983年版，第134、196页。

⑭ 《钦定大清会典》第3卷，台北"故宫博物院"藏，第2页。转引自庄吉发：《故宫档案述要》，台北"故宫博物院"1983年版，第213、286页。

令军机大臣行,不由内阁传钞者,谓之寄信。”⑮君主持降的谕旨,由内阁传钞后宣示中外,故又称为明发上谕,并冠以“内阁奉上谕”字样。明发上谕最早系由大学士撰拟,乾隆间以降,已由军机大臣撰拟。寄信上谕由军机大臣撰拟呈览,经述旨后交兵部,以寄信方式由驿驰递,因其寄自内廷即军机处,故习称廷寄。⑯

“揭帖”乃清代题本复份之一种,题本所涉之事应经有关部院复议者,具题之人应另备复份曰“揭帖”,以知会相关之部院及各该科。⑰“程限”是指二地间传递官文书之法定时限。清制,传递公文书以日行 50 里为常,计二地之距离乃得其程限。本案州距府 590 里应限 12 日,府距省 1080 里应限 22 日,故此处称:“共扣程限三十四日。”⑱应注意者系此处之所指,非以驿站传递公文书,当系以行走之方式来计算,其与前处所指之日行 300 里(清代驿站传输公文之最低日行速限),并不相同。⑲

乾隆之后奏折已可用作公文,保密不易,臣工乃于一折之内附以“夹片”,或以密陈机要,或以附述他事。嘉庆斥为恶习,谕令禁止附叙他事之片,但“有实当紧密事件,不得不夹片密陈者,仍听之”。然

---

⑮ 梁章巨:《枢垣记略》,卷 13,第 12 页。转引自庄吉发:《故宫档案述要》,台北“故宫博物院”1983 年版,第 214、286 页。

⑯ 庄吉发:《清代上谕文件的史料价值》,台湾《故宫季刊》第 12 卷,1984 年版,第 70 页。

⑰ 张伟仁编著:《清代法制研究(二)》,台湾“中央研究院”历史语言研究所 1983 版,第 5 页。

⑱ 张伟仁编著:《清代法制研究(一)》,台湾“中央研究院”历史语言研究所 1983 版,第 291 页。

⑲ 庄吉发教授于台北故宫图书馆向笔者口述解释。

此谕亦未严行,故夹片之用日广。⑳

三、清初三朝奏折选录

康、雍二朝的折子,故宫并未辑录,盖为清朝其时亦未刻意妥善整理分类。至于乾隆以后,故宫依照时间顺序汇集成册;仅乾隆一朝即有超过500涉及台湾事务,发自内廷由皇帝亲自批过的折子,此后的年代言及台湾的频率则越来越高。在一个偌大的专制帝国中,交通又极不便利,海外边疆的台湾会被投注这样的关切,实在是有些出乎意料的。本文系依据《清宫谕旨档台湾史料辑》中之年代序列,略去单纯的人事任命奏折,选录部分乾隆中期以前的折子以为介绍。

(一)康熙朝

台湾为海外要地,也是东南沿海的屏障,所以特设重镇,兵丁皆从内地调戍,其总兵一职,必须宽严相济,始足以资弹压,惟历任总兵居官平常,废弛营伍,河南巡抚杨宗义就曾经具折指出:"闻得有在台湾出者云,台湾之兵,有换班之名,而无换班之实,大废立法之意也。"例如总兵王元年齿已衰,调任台湾以后,驭兵不善,以致兵丁哗变。康熙47年3月3日,闽浙总督梁鼐与漕运总督桑格在浙江湖州府会勘建闸疏河处,所接到福建威略将军水师提督吴英手字,其函札略谓:"台

⑳ 张伟仁先生说过:"同时,我们为了了解本所一些特殊档的性质和由来,又曾再三向庄吉发先生请教清代的奏折制度和宫中档及军机处档的情形,承他耐心地说明,帮助我们解决了许多重要的基本问题。"所以我们清楚地知道,庄先生的看法是有权威性的。

湾镇标戎旗兵丁为赌博之事,有该镇传事领旗袒护随丁,只责营兵,众兵以其端擅不公,赴该镇呈诉。而总兵王元听信先入之言,竟无发付,遂至众兵諠噪,勒令罢市,赴道擂鼓,齐集校场。经道府厅县暨台澎贰协副将多方晓谕,众兵勒要责革传事领旗随丁参人,并保众人日后无事。该镇无奈依行,然后解散。又称该履任以来,日以沈醉为事,兼之传事诸人壅蔽,致有是举等情。"㉑

台湾镇总兵员缺,原系奉旨拣选,其后改为论俸挨次调补,其缺点在论俸调补时,未必皆得其人。闽浙总督梁鼐接获吴英手札后即具折奏请将总兵王元革职,另简贤能捕授。在原折内附朱笔谕旨一道云:"王元即黄元,先任沙虎口副将,朕向所深知,为人胆量虽好,做官平常,所以不得官兵之心,原不欲用,因他海贼出身,惯晓海外情形,故亦勉强用去,近日果有此事,尔等再细察访奏闻。"梁鼐遵旨将王元偏听轻躁,嗜酒废事,出言不善,致激众兵諠噪实情,具折覆奏。王元因患吐血病症,于康熙 47 年闰 3 月 28 日身故。梁鼐后来又指出总兵一官,关系封疆,其员缺尤为紧要,闽人生长海滨,熟悉海上情形,惟台湾兼统水陆,地方辽阔,番社杂处,以闽人而居总兵之任,则其左右用事者必皆闽人,其亲戚知交到台郡探望贸易,因而藉势招摇,俱所不免。至于从内地调戍的兵丁亦多有本官同里共族之人,遇事未免徇情。因此梁鼐认为台湾总兵一缺,闽人"似非所宜"。定例台湾一郡,其大小各官,概从内地调补,自同知、知县等官,向由福建巡抚会疏保题。康熙 47 年 10 月间,因有台湾同知孙元衡升任等缺,梁鼐以浙江杭州府理事同知岳色勤慎练达,实心办事,调补台湾府同知员缺,最属相宜,

---

㉑　参见《宫中档康熙朝奏折》第 1 辑,第 61 页。转引自庄吉发:《故宫档案述要》,台北"故宫博物院"1983 年版,第 23 页。

但因岳色为浙省官员,又是满洲,福建巡抚不便越例题调,梁鼐具折奏请圣裁,清圣祖批谕云:“满州从未用过,另题。”㉒

清初三朝为清帝国之盛世,大臣们多能勤勉任事。康熙对用人施政地方利弊,多能了如指掌;满人自然有处事干练的能员,但一来言语不通,二来对南方及海外岛屿情况不易有全面了解;为了避免贵族子弟涂炭台湾百姓,康熙皇帝的看法是值得赞同的。

(二)雍正朝

有清一代,盛行于南方的会党,在性质上属于一种异姓结拜组织与械斗团体,其起源与闽粤的社会经济背景有密切关系。福建泉、漳二府各族姓之间,动辄聚众械斗。㉓ 雍正5年11月17日,福建总督高其倬即曾具折指出:“查福建泉漳二府民间大姓欺凌小族,小族亦结连相抗持械聚众,彼此相杀,最为恶俗。”雍正7年10月16日,福建观风整俗使刘师恕具折奏亦称:“查泉属七县,晋江、南安、同安最为难治,安溪、惠安次之,永春、德化又次之。其初大姓欺压小姓,小姓又连合众姓为一姓以抗之。从前以包为姓,以齐为姓。近日又有以同为姓,以海为姓,以万为姓者。现在严饬地方官查拏禁止,伊等稍知敛戢,无有械斗之事。其晋江之施家即施世纶、施世骠之族也,人丁最多,住居衙口、石下、大仑诸村,贩私窝匪,强横无比(下略)。”㉔晋江

㉒　庄吉发:《故宫档案述要》,台北“故宫博物院”1983年版,第23~24页。

㉓　同上书,第27页。

㉔　《刘师恕奏折》,《宫中档》第76箱第30包第2268号,雍正7年10月16日,台北“故宫博物院”藏。转引自庄吉发:《故宫档案述要》,台湾故宫博物院1983年版,第27页。

人施琅降清后，屡立战功，康熙35年卒于官，其子世纶仕至漕运总督，世骠仕至福建提督，世范袭三等候。晋江小姓苦于施家等大族的凌虐，故结连相抗，秘密会党就是由异姓结拜组织或械斗团体发展而来的犯罪组织。㉕

雍正6年(1728年)8月10日，福建总督高其倬于奏报台湾汤完等结盟拜把一折内云："臣查台湾地方，远隔重洋，向因奸匪曾经为变，风习不纯，人情易动，此等之事惩治当严。况福建风气，向日有铁鞭等会，拜把结盟，奸棍相党，生事害人，后因在在严禁，且铁鞭等名，骇人耳目，遂改而为父母会，乃其奸巧之处。臣查结盟以连心，拜把以合党，党众渐多，即谋匪之根。"㉖据高其倬称台湾父母会是由铁鞭改名而来。铁鞭会是因会中弟兄各执鞭而得名，父母会则因拜把结盟的会员，每人出银一两，"如有父母老了，彼此帮助"。由于父母年老，会中弟兄彼此出钱帮助，故称父母会。㉗ 由此可知，台湾早期的泉、漳械斗是历史性的仇恨所致。非仅因在台地权、水权分派不均缘故。

闽省漳泉两府，地窄人稠，所产米谷，不敷民食，向来是由台湾道府于每年正月起至5月止，每月碾米1万石，以5000石运往漳州，以5000石运往泉州，交各道府平价粜卖。㉘ 福建水师提督蓝廷珍具折时亦云："台湾虽属悬海一区，见今地辟民聚，乃圣祖仁皇帝开拓疆土，与我皇上之收服西海，先后一辙，昭垂史册，照耀万古，必须规画尽善，

㉕ 庄吉发：《故宫档案述要》，台北"故宫博物院"1983年版，第27页。

㉖ 《高其倬奏折》，《宫中档》第79箱第320包第6470号，雍正6年8月10日，台北"故宫博物院"藏。转引自庄吉发：《故宫档案述要》，台北"故宫博物院"1983年版，第50页。

㉗ 庄吉发：《故宫档案述要》，台北"故宫博物院"1983年版，第50页。

㉘ 同上书，第31页。

使有盘石之安。溯自归入版图以来,其地所出米谷豆麦,闽省数十年来,民食大有攸赖,即如浙江米价腾昂。督臣觉罗满保亦系雇备商船买籴,源源运赴接济。再如江浙两省民间所需糖货,均为仰赖台地帆贩贸易,且沿海州县数十年并无海寇之警,亦无匪类久聚者,诚以台湾要地扼在海外,其余即有零星孤岛,不堪容足以为巢穴故也。是台湾安,则不特闽地安,即江浙以北,亦可以无匪类出没之虑,是不特八闽屏蔽,直且拱卫神京矣。"㉙上面这个折子说明了雍正初年以前,大陆东南省,在经济上对台湾就已经十分依赖,为政者不仅清楚此点,并且看见了台湾岛的军事要塞地位,以及台湾治则江南治的相互影响情形。

(三)乾隆朝

1. 乾隆6年5月

五月十五日内阁奉上谕,台湾地方上年秋间缺雨,收成较常欠薄,乾隆三年以前未完人丁正杂钱粮税银等多年旧欠,概行豁免。㉚

2. 乾隆10年9月

九月二十日奉上谕,着将台湾府属一厅四县,丙寅年额征供粟全数豁免。㉛

第一个折子,系因欠收而降旨免征,第二个折子提及台湾向来只

㉙　《蓝廷珍奏折》,《宫中档雍正朝奏折》第3辑,雍正2年9月3日,台北"故宫博物院"藏,第12页。转引自庄吉发:《故宫档案述要》,台北"故宫博物院"1983年版,第31页。

㉚　洪安全编:《清宫谕旨档台湾史料(一)》,载《清代台湾文献丛编》,台北"故宫博物院"藏1996年版,第1页。

㉛　同上书,第4页。

征粮粟，不征银两，今上既已免闽省钱粮，若不连台湾同免，非其普遍加恩之意。

3. 乾隆 11 年 12 月

十二月十一日奉上谕，台郡采买之弊由地方官乘机私买射利，着传旨巡台御史六十七等，令协同地方官妥协办理。㉜

台湾开垦渐多，大量谷粮卖往内地，其价理应低反高，中有不肖官员趁机私售私买谋利，乾隆下旨察明原委。

4. 乾隆 12 年 3 月

三月初三日奉上谕，陈大受奏，巡台御史于养廉外，又分派台凤诸彰四县轮值每季约需银三四百金等，历任巡台御史俱着交部严察。㉝

议奏本折指出在台御史搜刮民脂，“清廷以台湾为海外要区设立巡察御史以表正风俗，稽查弹压，除剔弊端”。但其玩忽职守，公然勒索，交部从严议处。

5. 乾隆 19 年 4 月

四月二十日内阁奉上谕，诸罗县奸民吴典等纠夺犯等两案内为从各犯，着入于本年秋审情实具题。㉞

本折说明，纵于停止勾决 6 年，如遇重犯与寻常谋故斗杀等不同者，予以斩监候，属法外施仁；久未显戮，地方百姓渐忘肃刑昭炯戒，故重案者，即使停决之年，亦请旨正法。

㉜　洪安全编：《清宫谕旨档台湾史料（一）》，载《清代台湾文献丛编》，台北“故宫博物院”藏 1996 年版，第 6 页。

㉝　同上书，第 8 页。

㉞　同上书，第 14 页。

6. 乾隆20年2月

二月十七日奉上谕闽省赴台换班及班满撤回各兵间，有遭飘风至粤境，嗣后着分别酌量赏给月饷着为定例。㉟

折中指出，渡海换班时间有因风灾而飘至广东境，沿途告借州县，以往均降旨豁免，非为成例。日后定例视受困轻重赏给月饷。

7. 乾隆21年5月

五月十四日内阁奉上谕大学士票拟误将台湾令章士凤革职拏问，签为革职着交部察议。㊱

台湾令章士凤等，渔利剥商纵囚匿报派赃累累，原应革职拿问，大学士等票签错误，为乾隆发觉，失察之大学士交部议处。

8. 乾隆22年6月

六月初三日奉上谕福建水师将弁多用本地之人所属兵民多朋侪姻戚不避嫌疑，往来杂沓，嗣后伍弁任本地务宜湔除旧习恪守官方。㊲

此为两难，概可避嫌免亲朋之累者，于洋面风涛不克胜任。本地之人又难以回避，故下旨再晓谕要时相规勉，勿徇私亵体。有学者以为，清廷不信任台人，故不任用之，其论点未虑及前折所虑便得结论，若干见解似可再议。

9. 乾隆24年11月

十一月二十日兵部遵旨议奏，绿营千总俸满(任官到期)甄别及

㉟ 洪安全编:《清宫谕旨档台湾史料(一)》，载《清代台湾文献丛编》，台北"故宫博物院"藏1996年版，第17页。

㊱ 同上书，第19页。

㊲ 同上书，第22页。

按年汇奏之处。[38]

例限绿营千总以6年俸满离任，各省升迁未尽遵此例，在台者有3年，俸满回省后缺者；新职尚且不明旧缺无人递补，日后各项回任候升及留原任者，俱换给札付令其照旧任事。

10. 乾隆28年10月

十月十九日兵部题闽浙二省，于学习世职及澎台俸满把总候补千总之武举等，通行调取考验详加甄别，于戎政营伍不无裨益，恭候命臣部通行直省一体钦遵办理。[39]

此折原档残缺，大意为加强武职人员本质学能，以免遇缺无堪用人才可补。

11. 乾隆29年9月

九月十一日内阁奉上谕御史李宜青条奏台湾事宜，用意取巧器小，着传旨申饬。[40]

此折显示出了乾隆问政英明，用人施政之正大平和取向：李宜青在台即已发现弊端，依其官职，本应即刻向驻台地方官员商研谋改进之道而不为。未料回京却以在台所见为其独得之秘，条陈其弊上邀恩宠以博高名，置民政、僚属之谊不顾，用心鄙琐，传旨申饬。但所奏各条不必以人废言仍交部议处，本旨之弦外之音，系为李宜青所陷于不义者系满员。乾隆此举是否有偏颇之意不能肯定，但申饬李宜青之谕旨反映出了当时在台满员的玩忽职守。

---

[38] 洪安全编：《清宫谕旨档台湾史料（一）》，载《清代台湾文献丛编》，台北"故宫博物院"藏1996年版，第25页。

[39] 同上书，第37页。

[40] 同上书，第47页。

12. 乾隆33年12月

十二月初一日奉上谕贼匪黄教纠众不法,台湾镇总兵王巍观望畏葸,着革职,所遗员缺着叶相德补授。㊶

十二月十四日奉上谕台湾道张珽,于办逆匪黄教案不亲往督捕,存心讳饰,着革职,孙孝愉着以按察使衔管理台湾道事务。㊷

黄教因伙窃牛只闻捕潜逃,及捕快前往拿取时持刀拒捕伤人。总兵王巍,台湾道张珽未亲往剿匪,仅派把总搜山围捕,一个月后才亲自带兵查捕。难胜大员之任革职查办。

13. 乾隆45年2月

二月初八日尚书额驸公福隆安,字寄大学士,管闽浙总督三宝等,奉上谕台湾各属本年额征供粟全行豁免,闽省民间米粮是否充盈无须台粟接济。㊸

二月初八日内阁奉上谕台湾府属本年额征供粟全行蠲免。㊹

据前次豁免征供(乾隆19年),已有26年,据折中所示可知,乾隆10年之年额征供为16万石,至45年依然为16万石,并未增减。

14. 乾隆46年10月

十月十三日奏为遵旨,传询巡视台湾给事中塞岱等,奏折传送到京系经福建督抚衙门情形。㊺

折中载明,向来台湾御史有寻常上奏事件,系由台湾差家人送至

㊶ 洪安全编:《清宫谕旨档台湾史料(一)》,载《清代台湾文献丛编》,台北"故宫博物院"藏1996年版,第59页。

㊷ 同上书,第60页。

㊸ 同上书,第71页。

㊹ 同上书,第73页。

㊺ 同上书,第78页。

福建督抚衙门,复由福建督抚差人送京。

15. 乾隆 46 年 11 月

十一月初三日尚书额驸公福隆安,字寄云贵总督富纲等,奉上谕富纲在闽抚任内诸事废弛,姑准其议罚,着将此项罚交银两解送浙江海塘留备工程之用。[46]

十一月初六日内阁奉上谕,台湾书吏诈赃滋扰道府厅官通同一气作弊闽省诸事废弛,富纲陈辉祖着交部议处。[47]

十一月初六日尚书和坤字寄云贵总督富纲,奉上谕富纲前于诸罗凤山两案从宽交部议处,着传旨令其再行议罪。[48]

十一月十二日尚书和坤字寄云贵总督富纲,奉上谕富纲于台湾生番逞凶之案,应办不办诸事废弛,再传旨严行申饬。[49]

16. 乾隆 46 年 12 月

十二月十七日内阁奉上谕,巡台御史塞岱雷轮,于台湾所属诸事废弛,所无一语入告,塞岱雷轮俱着交部察议。[50]

十二月十七日尚书和坤字寄云贵总督富纲,奉上谕闽省诸事废弛,富纲前任巡抚今已擢授总督,若仍复模棱将难逃罪将此谕令知之。[51]

上列这几个折子大概说明了台湾书吏任内因循废弛政务,朝廷仅降旨略表责难之意;该员竟仍高升总督。由此可见,乾隆晚年政事败

---

[46] 洪安全编:《清宫谕旨档台湾史料(一)》,载《清代台湾文献丛编》,台北"故宫博物院"藏 1996 年版,第 81 页。

[47] 同上书,第 83 页。

[48] 同上书,第 85 页。

[49] 同上书,第 88 页。

[50] 同上书,第 91 页。

[51] 同上书,第 94 页。

坏已露显兆。

17.乾隆47年6月

六月十三日尚书额驸公福隆安等,字寄闽浙总督陈辉祖等,生番戕杀多命,应交该镇道办理。[52] 其内容略为:“戕杀多命之凶番茅歪等十二名……押解至省率同两司详细审案问明定拟后,即一面奏闻一面先行正法,传首台湾俾各番知警惧。福隆安等认为生番胆敢于村民林妈等出界采樵即肆行杀害二十余命,并割去头颅。此等凶番应就近审明后即予正法,何必过海解省,正法后又传首回台,真正多此一举。”

18.乾隆47年10月

十月二十一日内阁奉上谕,台湾地方有漳泉二府民人聚众械斗,泉州府属有伤兵夺犯之盗该镇道不前往该抚安坐,省署陆路提督亦不亲往俱着严行申饬。[53]

十月二十一日尚书额驸公福隆安等,字寄钦差大学士阿桂等,奉上谕台湾地方有漳泉二府民人聚众械斗泉州有夺犯砍伤兵丁总督陈辉祖一味牟利武备废弛,着将陈辉祖严讯归案定罪。[54]

十月二十四日尚书额驸公福隆安等字寄福建水师提督黄仕简奉上谕台湾地方有漳泉二府民人互相械斗,黄仕简迅即带兵渡台查办,殊属可嘉,着勉力将首伙要犯严拏。[55]

十月二十六日尚书额驸公福隆安等,字寄闽浙总督富勒浑等,传

---

[52] 洪安全编:《清宫谕旨档台湾史料(一)》,载《清代台湾文献丛编》,台北“故宫博物院”藏1996年版,第106页。

[53] 同上书,第111页。

[54] 同上书,第117页。

[55] 同上书,第123页。

谕按察使衔台湾道杨廷桦，奉上谕，台湾地方漳泉二郡民人械斗该府苏泰奏情形已宁帖，恐不无姑息了事，着责成黄仕简、杨廷桦二人办理，务将杀害汛弁各庄械斗伤人及放火抢夺各要犯上紧缉拿。[56]

上列数折略为，台湾械斗，除漳、泉二府民俗素称犷悍外，陈辉祖在浙一味营利谋私以致武备废弛，遇事又推诿观望。而雅德及李奉尧二人未能立即亲往，一并议处。10 月 25 日折子言及防在台官员粉饰太平，以 600 里加紧传谕相关人员，务将匪徒一网成擒，之后到来的六七个上谕均与此事有关。

四、结　论

研究清代官式文书，其包含的范围极为广阔，除了对清朝有全面的一手认识，故纸堆儿里翻阅检索，亦饶富史趣。400 年以前，两岸之间虽然血缘相系，但是大陆对台湾的官方统治关系却显得相对微弱。不过到了郑成功收复台湾之后，两岸无论在政治上、经济上，以及人口的快速迁移上，都有了大幅度的进展。[57] 虽然清朝在击溃郑氏后的初期，对台的治理政策过于保守；但是研究清代所遗留下来的奏折可知，清初的几位皇帝对台湾都是十分关注的。甲午战败，日人要求割台，光绪皇帝曾言："台湾割则天下人心皆去，朕何以为天下主？"《马关条约》是光绪皇帝在"绕殿急步约时许，乃顿足流涕，奋笔书之"的悲痛

[56] 洪安全编：《清宫谕旨档台湾史料（一）》，载《清代台湾文献丛编》，台北"故宫博物院"藏 1996 年版，第 125 页。

[57] 王泰升：《台湾日治时期的法律改革》，台湾地区，作者发行 1999 年版，第 30 页。

心情下签批完成的,而朝野的反应更是空前激烈。[58] 以涉台奏折为研究对象,能说明的问题有限,但至少能清楚地看出两岸间源远流长的关系;惟其必须期待各界方家将研究领域扩及此一领域,以让更丰富的典籍史料来说明史实。

---

[58] 签订《马关条约》后不到一个月,各级大小官员以至督抚将军、宗室贝勒等共500余人次上折上书共100余件次,为清朝前所未有。康有为连夜写成了著名的《公车上书》,主张"下诏鼓天下之气""迁都定天下之本""练兵强天下之势""变法成天下之治"。梁启超、林缵统等八十余人亦指出:"割让台湾等地,天下闻之,未有不震动发愤、痛心疾首者也。"陈孔立教授在其主编的《台湾历史纲要》中总结道:"从4月17日《马关条约》签约到5月8日烟台换约止,前后22天,先后有在京的各省举人3000余人次共上书38件次,这是中国近代史上空前未有的壮举。"而《马关条约》签约的消息传到台湾,"台人骤闻之,若夜午暴闻轰雷,惊骇无人色,奔走相告,聚哭于市中,夜以继日,哭声达于四野。是时,风云变色,若无天地,澎湖之水为之不流"。实际上,最后日军进犯台湾的死伤人数超过了其在甲午战争中的伤亡数字。参见李家怡:《甲午战争与马关条约:中日命运的决定战》,载 http://www.japanresearch.org.tw/china/twhistory-43.asp,最后访问日期:2005年2月28日。

图书在版编目(CIP)数据

民事法律与基础法学. 一 / 王冠玺著. -- 北京 :
法律出版社, 2017
ISBN 978 -7 -5197 -1803 -9

Ⅰ. ①民… Ⅱ. ①王… Ⅲ. ①民法-研究-中国②法的理论-中国 Ⅳ. ①D923.04②D920.0

中国版本图书馆CIP数据核字(2017)第317663号

民事法律与基础法学(一)
MINSHI FALÜ YU JICHU FAXUE(YI)

王冠玺 著

策划编辑 张 岩
责任编辑 张 岩
装帧设计 李 瞻

出版 法律出版社
总发行 中国法律图书有限公司
经销 新华书店
印刷 北京京华虎彩印刷有限公司
责任校对 王晓萍
责任印制 张建伟

编辑统筹 独立项目策划部
开本 A5
印张 10.375
字数 240千
版本 2017年12月第1版
印次 2017年12月第1次印刷

法律出版社/北京市丰台区莲花池西里7号(100073)
网址/www.lawpress.com.cn
投稿邮箱/info@lawpress.com.cn
举报维权邮箱/jbwq@lawpress.com.cn
销售热线/010-63939792
咨询电话/010-63939796

中国法律图书有限公司/北京市丰台区莲花池西里7号(100073)
全国各地中法图分、子公司销售电话:
统一销售客服/400-660-6393
第一法律书店/010-63939781/9782
西安分公司/029-85330678
重庆分公司/023-67453036
上海分公司/021-62071639/1636
深圳分公司/0755-83072995

书号:ISBN 978-7-5197-1803-9
定价:60.00元
(如有缺页或倒装,中国法律图书有限公司负责退换)

经济社会视域下科技

经济社会视域下科技与教育文集 第一卷
科技教育创新与
新经济
Technological and Educational
Innovation and New Economy
周绍森 ◎著